Sobre o tipo feminino

CONSELHO EDITORIAL

André Costa e Silva

Cecilia Consolo

Dijon de Moraes

Jarbas Vargas Nascimento

Luis Barbosa Cortez

Marco Aurélio Cremasco

Rogerio Lerner

pequena
biblioteca
invulgar

Blucher

Lou Andreas-Salomé

Sobre o tipo feminino

e outros textos

Organização
Paulo Sérgio de Souza Jr.

Prefácio
Cornelia Pechota

Posfácio
Nina Virgínia de Araújo Leite

Tradução
Renata Dias Mundt

Sobre o tipo feminino e outros textos, de Lou Andreas-Salomé
Série pequena biblioteca invulgar, coordenada por Paulo Sérgio de Souza Jr.
© 2022 Editora Edgard Blücher Ltda.

Publisher Edgard Blücher
Editor Eduardo Blücher
Coordenação editorial Jonatas Eliakim
Produção editorial Thaís Costa
Tradução Renata de Souza Dias Mundt
Preparação de texto Ana Carolina do Vale, Antonio Castro e Bonie Santos
Diagramação Negrito Produção Editorial
Revisão de texto Danilo Villa
Capa e projeto gráfico Leandro Cunha

Blucher

Rua Pedroso Alvarenga, 1245, 4º andar
04531-934 – São Paulo – SP – Brasil
Tel.: 55 11 3078-5366
contato@blucher.com.br
www.blucher.com.br

Segundo o Novo Acordo Ortográfico,
conforme 5. ed. do *Vocabulário Ortográfico
da Língua Portuguesa*, Academia Brasileira de
Letras, março de 2009.

É proibida a reprodução total ou parcial por
quaisquer meios sem autorização escrita
da editora.

Todos os direitos reservados pela Editora
Edgard Blücher Ltda.

DADOS INTERNACIONAIS DE CATALOGAÇÃO
NA PUBLICAÇÃO (CIP)
ANGÉLICA ILACQUA CRB-8/7057

Andreas-Salomé, Lou, 1861-1937
Sobre o tipo feminino e outros textos / Lou
Andreas-Salomé ; organização de Paulo Sérgio
de Souza Jr. ; prefácio de Cornelia Pechota
; posfácio de Nina Virgínia de Araújo Leite ;
tradução de Renata de Souza Dias Mundt. – São
Paulo : Blucher, 2022.
296 p. (Pequena biblioteca invulgar)

Bibliografia
ISBN 978-65-5506-445-2

1. Psicanálise. 2. Andreas-Salomé, Lou, 1861-
1937 – Biografia. I. Título. II. Souza Junior, Paulo
Sérgio de. II. Mundt, Renata de Souza Dias. III.
Pechota, Cornelia. IV. Araújo, Nina Virgínia de.

22-4254   CDD 150.1952

Índice para catálogo sistemático:
1. Psicanálise

Apresentação da série pequena biblioteca invulgar

São muitos os escritos e autores excepcionais que, apesar de mencionados em obras amplamente divulgadas no Brasil, ainda não se encontram acessíveis aos leitores. Surgindo muitas vezes como referências em textos consagrados, é comum conhecermos pouco mais que seus nomes, títulos e esboços de ideias. A partir da psicanálise como eixo organizador, a **pequena biblioteca invulgar** coloca em circulação, para psicanalistas e estudiosos das humanidades em geral, autores e escritos como esses. A série abrange desde títulos pioneiros até trabalhos mais recentes que, por vezes ainda excêntricos ao nosso panorama editorial, ecoam em diversas áreas do saber e colocam em cena as relações do legado freudiano com outros campos que lhe são afeitos. Também abriga novas traduções de textos emblemáticos da teoria psicanalítica para o português brasileiro a fim de contribuir, ao seu modo, com a rede de referências fundamentais às reflexões que partem da psicanálise ou que, advindas de outras disciplinas, nela também encontram as suas reverberações.

Conteúdo

Lou Andreas-Salomé: pioneira da Modernidade **9**
Cornelia Pechota

O erotismo   **59**
Sobre o tipo feminino **131**
Anal e sexual   **161**
Psicossexualidade   **211**

Lendo Lou-Andreas Salomé com Hélène Cixous **261**
Nina Virgínia de Araújo Leite

Índice onomástico   **287**
Índice remissivo   **289**

Prefácio

Lou Andreas-Salomé: pioneira da Modernidade

Lou Andreas-Salomé: Pionerin der Moderne (2020)

CORNELIA PECHOTA (1947-) é uma acadêmica, jornalista e tradutora literária que vive em Genebra. Após muitos anos de trabalho no ramo editorial — atuando como tradutora e editora no contexto dos idiomas alemão, francês e inglês —, estudou literaturas alemã e inglesa, assim como assiriologia, na Universidade de Genebra. Doutora pela Universidade de Lausanne com uma tese sobre escritoras alemãs do *fin de siècle*, é autora de livros acerca desse universo. Ministrou palestras sobre os seus temas de pesquisa em países como Alemanha, França, Itália, Polônia, Rússia e Suíça. Escreveu resenhas e artigos para a Sociedade Internacional Rilke, bem como para o *Nietzscheforschung* e outros anuários, periódicos e antologias. Tem particular interesse no relacionamento entre Rainer Maria Rilke e Lou Andreas-Salomé, tema ao qual dedicou um longo estudo e diversos artigos.

Lou Andreas-Salomé: pioneira da Modernidade[1]

Apresentar a amiga russa-alemã de Rilke que acompanhou o poeta quase 15 anos mais jovem em suas duas viagens à Rússia em 1899 e 1900 significa honrar a vida e o trabalho de uma mulher que, entre seu nascimento em São Petersburgo em 12 de fevereiro de 1861 e sua morte em Göttingen, Alemanha, em 5 de fevereiro de 1937, tornou-se o destino de pessoas relevantes, mas que também deve seu próprio destino extraordinário a essas pessoas. As personalidades inovadoras com as quais Lou Andreas-Salomé é associada com mais frequência são Friedrich Nietzsche (1844-1900), Rainer Maria Rilke (1875-1926) e Sigmund Freud (1856-1939). O fato de tê-los conhecido justificou durante longo tempo a sua classificação

---

1 Texto originalmente publicado em Kemper, D.; Bülow, U. von & Lileev, J. (org.). (2020). *Kulturtransfer um 1900. Rilke und Russland* [*Transferência cultural por volta de 1900: Rilke e a Rússia*]. München: Wilhelm Fink Verlag, pp. 47-73. A editora Wilhelm Fink, detentora dos direitos autorais, integra o Grupo Brill (Koninklijke Brill NV, Leiden, Niederlande; Brill USA Inc., Boston MA, USA; Brill Asia Pte Ltd, Singapore; Brill Deutschland GmbH, Paderborn, Deutschland).

como amiga de homens renomados, apesar de eles ainda não estarem no auge da fama à época do primeiro encontro com Lou.

Somente a partir do final do século XX as pesquisas passam a se ocupar daquilo que impulsionou a própria Andreas-Salomé, e o reconhecimento póstumo de seu trabalho como pioneira da Modernidade tardou a chegar. Além de textos ficcionais, correspondências e estudos críticos, sua obra inclui cerca de 130 ensaios e críticas publicados, nos quais ela perfila conceitos discursivos e psicanalíticos por meio de sua visão pessoal e de suas experiências. Tratarei a seguir de alguns aspectos dos testemunhos legados por Andreas-Salomé, os quais incluem traços autobiográficos em todas as suas variantes.

A obra póstuma *Lebensrückblick* [*Retrospectiva de vida*] (1951) — que delineia as mais importantes etapas do desenvolvimento de Salomé como "experiências" ou "vivências" — adequa-se, apesar da autocensura e da revisão editorial, como porta de entrada no mundo de uma pensadora que pode ser compreendido como compensação metafísica de uma "oniplenitude" pré-natal,[2] para a qual a religião que lhe fora ensinada revelou-se insuficiente. O capítulo introdutório — que, sob o título "a experiência Deus", descreve a perda precoce de sua fé — já indica o caminho que levou Andreas-Salomé às suas decisões posteriores, que a colocaram no campo de influência de

---

2 "Ainda há pouco éramos tudo, [...] então fomos pressionados a nascer, nos tornamos um fragmento restante disso, que a partir de então terá de se empenhar sempre [...] para se impor no mundo oposto que se eleva cada vez mais amplo diante dele, no qual ele caiu de sua oniplenitude como em... um vazio inicialmente tolhedor." (Andreas-Salomé, L. (1974). *Lebensrückblick. Grundriß einiger Lebenserinnerungen* (E. Pfeiffer, org.). Frankfurt: Insel, p. 9)

pessoas de caráter semelhante. A começar em São Petersburgo, pelo pastor liberal Hendrik Gillot (1836-1916), que educou filosoficamente a menina de 17 anos, ela sempre encontrou pessoas com esse perfil em um contexto vanguardista. Foi o holandês Gillot que, no lugar de seu nome "Liôlia" [Лёля] — variante russa de "Louise" de difícil pronúncia para ele —, lhe deu o nome de "Lou", o qual ela posteriormente adotaria não como habitual prenome feminino, mas como nome artístico. Assim, aos 24 anos ela publicou — ainda orbitando ao redor de Nietzsche — o seu primeiro romance, *Im Kampf um Gott* [*Na batalha por Deus*] (1885), sob o pseudônimo "Henri Lou", honrando com o prenome seu mentor de São Petersburgo.[3] Sua correspondência pessoal com contemporâneos congeniais atesta que durante toda sua vida ela se sentiu à vontade em ser chamada de "Lou". O próprio Sigmund Freud logo passou a dirigir suas cartas — mantendo a forma de tratamento formal e uma distância respeitosa — à "cara Lou".[4]

Olhando retrospectivamente para sua infância em São Petersburgo, a qual ela passou com seus três irmãos em um generoso apartamento no edifício dos generais em frente ao palácio de inverno do czar,[5] a lembrança mais marcante dessa filha de uma mãe alemã-dinamarquesa (1823-1913) e um pai

---

3 Cf. Andreas-Salomé, L. (2007). *Im Kampf um Gott* (H.-R. Schwab, org.). München: Deutscher Taschenbuch.

4 Cf. Freud, S.; Andreas-Salomé, L. (1966/1975). *Correspondência completa* (D. Flacksman, trad.). Rio de Janeiro: Imago.

5 Na época, Alexandre II (1818-1881), que aboliu a escravidão no ano do nascimento de Louise Salomé (1861).

Lou Andreas-Salomé: pioneira da Modernidade　　15

de ascendência francesa (1804-1879) era a de um Deus pessoal, a quem ela contava tudo o que vivera todos os dias, até que a confiança em sua onipotência desapareceu quando ele ficou lhe devendo uma resposta. *Se a pequena Louise tinha a ideia de um Deus particular que atendia a todos os seus desejos — nos moldes de seu amado pai, que tinha idade para ser seu avô e que, como conselheiro nobilitado, possuía autoridade e carisma*[6] —, a Louise adolescente encontrou em Hendrik Gillot um substituto mais jovem, porém terreno, para Deus, a cuja influência formadora ela faria referência durante toda a vida. O dinâmico pregador, cuja visão de mundo não ortodoxa tinha para ela algo de proibido, lhe pareceu logo muito mais atraente do que o dogmático pastor Dalton, que lhe

---

6 É lastimável que nas pesquisas alemãs sobre Lou Andreas-Salomé ainda subsista a imagem paterna, criada por ela mesma, de um soldado heroico que foi nobilizado e nomeado general graças a seus méritos militares — cf. Andreas-Salomé, L. (1974). *Lebensrückblick. Grundriß einiger Lebenserinnerungen* (E. Pfeiffer, org.). Frankfurt / Berlim: Insel, pp. 59-ss. Visto que na exposição "Rilke e a Rússia", de 2017/18 — cf. Schmidt, Th. (org.) (2017). *Rilke und Russland* [Catálogo para a exposição no Literaturmuseum der Moderne, Marbach am Neckar, de 3 de maio a 6 de agosto de 2017]. Marbach: Deutsche Schillergesellschaft —, Andreas-Salomé ainda foi apresentada como "filha de general", tenho de corrigir esse mito mais uma vez. O czar russo, como ainda hoje o executivo austríaco, podia conceder o título de general a um funcionário de alto escalão mesmo sem os méritos militares necessários. Isso deu a Gustav von Salomé a posição de um oficial que, tradicionalmente, mal atuaria como general. Cf. a esse respeito: Michaud, S. (2000). *Lou Andreas-Salomé. L'alliée e de la vie.* Paris: Seuil, pp. 21-38. A correção científica feita por Michaud acerca da retrospectiva de vida deveria ser adotada, principalmente considerando a origem de Andreas-Salomé, também no universo de língua alemã, na qual as pesquisas quase sempre se fundamentam apenas em seus testemunhos autobiográficos, que ela escreveu em um período no qual sua vida estava em risco.

dera aulas de confirmação.[7] A menina obstinada sujeitou-se ao fascinante Gillot, já que as aulas de língua alemã, das quais ela desfrutava como aluna particular, vinham ao encontro de um anseio por conhecimento que não convinha a pessoas do sexo feminino na Rússia daquele tempo. O mentor idealizado substituiu seu mundo de fantasia infantil por aulas de teologia e filosofia que lhe apresentaram, pela primeira vez, textos de Kant, Leibniz, Schopenhauer e, principalmente, Spinoza (1632-1677) — seu respaldo espiritual em todas as fases da vida.[8] Em seu romance autobiográfico *Ruth* (1895),[9] Lou descreve as aulas de Gillot como adestramento rigoroso, mas estimulante, de uma talentosa criança selvagem por uma espécie de Pigmalião que, por fim, falha como pedagogo ao se apaixonar por sua "obra" e desejá-la como esposa.[10] A *Lebensrückblick* [*Retrospectiva de vida*] apresenta essa experiência real como vivência chocante que roubou da jovem Lou, mais

---

7 Entre os luteranos, os adolescentes realizam a confirmação, um rito complementar ao batismo e semelhante ao crisma católico, durante a qual confirmam sua pertença à comunidade e à Igreja luteranas [N.T.].

8 Para Andreas-Salomé, Baruch (Benedictus) de Spinoza, como "filósofo da psicanálise", retorna também em Freud — entre outros, no conceito da "sobredeterminação". Cf. a esse respeito: Andreas-Salomé, L. (2017). *In der Schule bei Freud. Tagebuch eines Jahres 1912/13* (M. Klemann, org.). Taching: MedienEdition Welsch, pp. 51-ss.

9 Cf. Andreas-Salomé, L. (1904). *Ruth* (E. Pfeiffer, org.). Stuttgart: Cotta; Andreas-Salomé, L. (2017). *Ruth. Erzählung* (2a ed., M. Wiesner-Bangard, org.). Taching: MedienEdition Welsch.

10 Cf. a respeito: Pechota Vuilleumier, C. (2005). *"O Vater, laß uns ziehn!" Literarische Vater-Töchter um 1900. Gabriele Reuter, Hedwig Dohm, Lou Andreas-Salomé*. Hildesheim: Olms, pp. 227-334.

Lou Andreas-Salomé: pioneira da Modernidade

uma vez, um "deus": "De um só golpe, o que era venerado por mim caiu de meu coração e minha mente no alheio. Algo que impunha demandas *próprias*, algo que não trazia mais apenas a minha satisfação, mas, pelo contrário, a ameaçava, [...] anulou o outro, como um raio, mesmo para mim".[11]

Quando Lou se desligou do professor após seu desconcertante pedido de casamento, sentiu-se madura o suficiente para sair da Rússia e continuar os estudos no exterior. Acompanhada pela mãe, o seu anseio apaixonado pela educação a levou, em 1880, para Zurique, onde queria usar os conhecimentos adquiridos com Gillot para estudar em uma universidade. A Universidade de Zurique era, na época, uma das primeiras da Europa a admitir mulheres em seus cursos. Como ouvinte das disciplinas de teologia, filosofia e história da arte, Lou colhia elogios de seus professores devido a seu entusiasmo. Assim, o teólogo Alois Biederman (1819-1885), famoso à época, a descreveu como "um ser de espécie totalmente incomum: de uma pureza infantil e inocência dos sentidos, mas ao mesmo tempo de uma orientação não infantil, quase não feminina do espírito e autonomia da vontade, e em ambos um *diamante*".[12] Por motivos de saúde, Lou teve de abandonar os estudos no verão seguinte e mudar-se para uma

---

11 Andreas-Salomé, L. (1974). *Lebensrückblick. Grundriß einiger Lebenserinnerungen* (E. Pfeiffer, org.). Frankfurt: Insel, p. 29.

12 Carta de Alois Biedermann à mãe de Lou de 7 de julho de 1883. In Andreas-Salomé, L. (1974). *Lebensrückblick. Grundriß einiger Lebenserinnerungen* (E. Pfeiffer, org.). Frankfurt: Insel, p. 239.

região mais quente, depois que um tratamento em Schevenin-
gen não trouxe melhoras.

1

Na primavera de 1882, Lou conheceu em Roma, na casa de
Malwida von Meysenbug (1816-1903),[13] à época com 48 anos,
os filósofos Paul Rée (1849-1901) e Friedrich Nietzsche. Os
dois amigos logo identificaram na jovem um espírito con-
genial que estava à sua altura como pensadora versada em
filosofia, ou talvez mesmo os superasse. Lou manteve uma
estreita amizade com Rée até casar-se com o orientalista Friedrich Carl Andreas (1846-1930), enquanto o relacionamento
com Nietzsche fracassou devido ao ciúme que transformou
sua escolhida — a qual ele cortejara sem sucesso — em um
monstro impiedoso, do que ele, afinal, se arrependeu posteriormente.[14] Não foi a discípula, o "cérebro irmão", que Nietzsche queria transformar em sua herdeira espiritual, mas a
pensadora independente que trilhou seu próprio caminho e
viveu um casamento platônico com outro homem a partir de
1887; aquela que escreveu o livro *Friedrich Nietzsche in seinen
Werken* [*Friedrich Nietzsche em suas obras*] (1894), que erigiu

---

13 Cf. Meysenbug, M. von (1876/1998). *Memoiren einer Idealistin (1869-1876)*.
Sulzbach (Taunus): Ulrike Helmer.

14 Cf. o esboço de carta escrito por Nietzsche em janeiro/fevereiro de 1884. In
Nietzsche, F. (2003). *Sämtliche Briefe. Kritische Studienausgabe in 8 Bänden*, Vol. 6.
Berlin/Boston: De Gruyter, pp. 468-470.

Lou Andreas-Salomé: pioneira da Modernidade

um honroso memorial póstumo ao filósofo.[15] A divisão, por Andreas-Salomé, da criação de Nietzsche em fases fez escola entre os pesquisadores; e Mazzino Montinari considerava o seu estudo, ainda em 1975, um dos melhores livros já escritos sobre Nietzsche, porque "partiu de um intercâmbio de ideias curto, porém intenso, entre a jovem Lou e Nietzsche".[16]

Se Lou não se deixou monopolizar por Nietzsche, sua relação ambivalente com a emancipação da mulher, no entanto, parece tê-la influenciado. Com a exaltação biologista de uma "natureza" feminina autossuficiente, latente em si — como o seu ensaio *Der Mensch als Weib* [*O ser humano como mulher*][17] a apresenta, em 1899 —, ela atraiu para si a crítica da belicosa Hedwig Dohm (1831-1919), que se viu levada a acusar a colega, normalmente tão estimada, de tendências antifeministas.[18] Contudo, em seu ensaio *O erotismo* — que ela publicou em 1910, por iniciativa de Martin Buber (1878-1965), como trigésimo terceiro volume da série de publicações organizada por ele e denominada *Die Gesellschaft* [*A sociedade*] —, Andreas-Salomé comprovaria que "seus pensamentos ousavam ultrapassar as fronteiras do que era permitido às

---

15 Cf. Andreas-Salomé, L. (2000). *Friedrich Nietzsche in seinen Werken*. Frankfurt: Insel.

16 Montinari, M. (1991). *Friedrich Nietzsche. Eine Einführung*. Hamburg: Junius, p. 133.

17 Cf. Andreas-Salomé, L. (1899/1992). Der Mensch als Weib. Ein Bild im Umriß. In *Die Erotik*. Frankfurt: Ullstein, pp. 7-44.

18 Sobre o conceito de "antifeminismo" cf. <pt.wikipedia.org/wiki/Antifeminismo>. Sobre o biologismo típico da época, que influenciara Lou, cf. Bölsche, W. (1898). *Das Liebesleben in der Natur*. Jena: Diederichs.

mulheres".[19] Isso permitiu à "filhinha do papai" tardiamente amadurecida uma vida amorosa extraconjugal que a ajudou a chegar a entendimentos objetivos; entendimentos que hoje evocam o pós-estruturalista Jacques Lacan (1901-1981), para quem o desejo é sempre "desejo do Outro". Entre convenção e não conformismo, Lou mantinha cada vez mais contato com contemporâneas empenhadas de cuja admiração ela gozava. Faziam parte de seu círculo de conhecidas, além de sua amiga mais íntima Frieda von Bülow (1857-1909), mulheres "inquietas" como Helene Stöcker (1869-1943), Helene Lange (1848-1930) e Rosa Mayreder (1858-1938), e consta em seu diário que ela se encontrou até mesmo com a mordaz Dohm. A frequente recriminação de que, para Lou, apenas a sua emancipação pessoal importava, sem que ela se ocupasse dos problemas de suas "irmãs", é refutada também por suas obras ficcionais — em que, com frequência, diversos tipos de mulheres buscam uma vida autônoma. Quando resistências internas ou externas as levam ao fracasso, elas ainda são apresentadas como bem-sucedidas quando, amadurecidas pela experiência, accitam sua sina.

O estudo precoce realizado por Lou acerca das figuras femininas em Ibsen (1892)[20] é, nesse sentido, emancipatório.

---

19 Afirmação de Peter Gast — na verdade, Heinrich Köselitz (1854-1918) — a Franz Overbeck (1837-1905) em 20/12/1882. Cf. Overbeck, F. & Köselitz, H. (1998). *Briefwechsel* (D. M. Hoffman, N. Peter & T. Salfinger, org.). Berlin / New York: De Gruyter, p. 124.

20 Cf. Andreas-Salomé, L. (1892/2012). *Henrik Ibsens Frauengestalten. Nach seinen sechs Familiendramen: Ein Puppenheim / Gespenster / Die Wildente / Rosmersholm / Die Frau vom Meere / Hedda Gabler.* Taching: MedienEdition Welsch.

Ademais, os contos "Fenitschka" e "Eine Auschweifung" ["Um desvario"] (1898),[21] publicados em um único volume, ilustram a luta pela harmonia postulada por Lou ao permitirem a uma acadêmica e artista refletir sobre atribuições culturais cuja aceitação lhes dificulta o caminho para a liberdade. Mas a autora não facilita a vida de seus leitores e leitoras; e a constatação de sua amiga mais íntima, Frieda Bülow, de que precisamos "sempre ler e reler" os livros de Lou a fim de "compreender [...] toda a sua plenitude",[22] aplica-se principalmente à literarização da questão feminina em seus contos. A relação desigual entre gêneros, que faz Lou malograr em seu romance autobiográfico *Ruth*, pré-forma a problemática a partir da qual o processo de emancipação se desenvolve em "Fenitschka" e "Eine Ausschweifung". A russa fictícia Fenitschka é frequentemente mencionada em referência às experiências e visões pessoais de Lou, assim como para remeter a preconceitos culturais cujo questionamento desencadeou a discussão sobre gênero. Na batalha discursiva dos gêneros no *fin de siècle*, os estereótipos culturais ficaram extremamente desgastados e chegou-se a uma transbordante produção de imagens da feminilidade surgidas do medo masculino diante da emancipação da mulher. A compreensão por Andreas-Salomé do efeito limitador das atribuições específicas de um gênero — com as

---

21 Cf. Andreas-Salomé, L. (1898/1983). *Fenitschka/Eine Ausschweifung* (E. Pfeiffer, org.). Frankfurt: Ullstein; Andreas-Salomé, L. (1898/2017). *Fenitschka/ Eine Ausschweifung. Zwei Erzälungen* (2a ed., I. Schäfer, org.). Taching: MedienEdition Welsch.

22 Bülow, F. von (1902). Neue Bücher. *Vom Fels zum Meer*. Setembro-Fevereiro, p. 474.

quais Ruth, quase um moleque, já lida de forma lúdica — é assumida em "Fenitschka" não pela heroína, mas por um homem que procura classificá-la entre Virgem Maria e *femme fatale*,[23] mas sempre fazendo objeções aos clichês que o importunam. O problema do corpo e do espírito, o qual Fenischka tampouco resolve — já que, acadêmica emergente, ela se refugia em uma "revirginização" —, cria a conexão com o segundo texto do volume, cujo título, "Eine Ausschweifung" ["Um desvario"], já implica uma libertação problemática. A narradora em primeira pessoa, Adine, que consegue se estabelecer como artista em Paris, parece se convencer de que, devido a sua constituição psicossexual, a mulher não pode realizar-se de forma satisfatória fora de seu amor pelo homem. A incompatibilidade de suas metas profissionais com as qualidades femininas convencionais, defendidas por sua mãe, lança Adine em uma terra de ninguém entre comportamentos novos e tradicionais. Enquanto mostra compreensão com o trato libertário de moças mais jovens com o outro sexo, ela inflige a seu próprio "desencadeamento" o estigma da tragédia.

O fato de Lou associar frequentemente a emancipação da mulher a uma perda está ligado ao seu respeito por estruturas tradicionais, com as quais ela não quer romper mesmo em nome da liberdade. Apesar de ela própria ter ignorado as normas vigentes quando isso foi conveniente a seus planos e necessidades, a sua caligrafia e o seu estilo narrativo já revelavam sua fidelidade às convenções.[24] Assim, qualidades

---

23 Do francês, "mulher fatal" [N.E.].

24 Sobre a caligrafia de Andreas-Salomé, cf. Klaiber, R. (1996). *Schriftbilder*

Lou Andreas-Salomé: pioneira da Modernidade

burguesas muitas vezes são reafirmadas em suas narrativas, e a libertação que ela concede a suas personagens femininas é com frequência obtida por meio de uma concessão. O casamento nunca consumado de Lou, mas que durou a vida toda, ao qual ela estava "vinculada de forma tanto autônoma quanto trágica", fornece o exemplo autobiográfico de tal fato.[25] "Existências [femininas] no âmbito intermediário", no qual diversas gamas de valores concorriam, no entanto, não eram algo raro na época,[26] de forma que sua abordagem costumava ter boa repercussão. Lou se mostra mais ofensiva na concepção literária de adolescentes, as quais ainda apenas pressentem essa problemática. As cinco narrativas que ela publicou em 1902 sob o título *Im Zwischenland. Fünf Geschichten aus dem Seelenleben halbwüchsiger Mädchen* [*No país do meio. Cinco histórias da vida psíquica de meninas adolescentes*] são, ainda hoje, especialmente comoventes.[27] A adolescência de meninas russas é aqui revelada a partir de um ponto de vista psicológico, o que era uma novidade no *fin de siècle*.[28] Por meio de

---

berühmter Frauen. Analyse und Interpretation. Ostfildern-Ruit: Hatje Cantz, pp. 36-51.

25 Cf. o posfácio de Ernst Pfeiffer em: Andreas-Salomé, L. (1898/1983). *Fenitschka/Eine Ausschweifung* (E. Pfeiffer, org.). Frankfurt: Ullstein, p. 124. Cf. também o capítulo dedicado a F. C. Andreas em: Andreas-Salomé, L. (1974). *Lebensrückblick. Grundriß einiger Lebenserinnerungen* (E. Pfeiffer, org.). Frankfurt: Insel, pp. 185-197, assim como o capítulo seguinte, pp. 199-216.

26 Cf. Lessing, Th. (1910). *Weib, Frau, Dame. Ein Essay.* München: Otto Gmelin.

27 Cf. Andreas-Salomé, L. (1902/2013). *Im Zwischenland. Fünf Geschichten aus dem Seelenleben halbwüchsiger Mädchen.* Taching: MedienEdition Welsch.

28 Sobre a negligência em relação à "questão das meninas" no discurso do *fin de*

sua percepção diferenciada dos conflitos psíquicos já elogiada pela crítica da época, Lou se revela nesse ciclo, ainda antes de seu encontro com Freud, uma analista sensível.[29] As heroínas que, entre sonhos pueris e visões de futuro ousadas, provam o seu potencial criativo e gostam mais de pessoas criativas são, ao mesmo tempo, testemunhas da veracidade dos comentários posteriores de Lou sobre a proximidade entre a criança e a arte — a qual, em 1914, ela demonstra em um ensaio.[30] Os adultos são tomados como exemplos por suas personagens meninas somente quando eles oferecem um "refúgio" a "todas as coisas deste mundo" por meio da arte e da poesia.[31]

O desejo de harmonizar a origem e o futuro, ao qual o ciclo de *Zwischenland* confere um tom poético, pode ser

---

siècle, cf. Gutjahr, O. (1997). Jugend als Epochenthema um 1900. In Cremerius, J. et al. (org.). *Adoleszenz*. Würzburg: Königshausen & Neumann, pp. 117-147. Sobre as novelas em *Zwischenland*, cf. sob este ponto de vista: Roebling, I. (1997). Die Darstellung weiblicher Jugend in Lou Andreas-Salomés Erzählzyklus "Im Zwischenland". In Cremerius, J. et al. (org.) *Adoleszenz*. Würzburg: Königshausen & Neumann, pp. 149-169.

29 Cf. Hug-Hellmuth, H. von (1914). Vom wahren Wesen der Kinderseele. *Imago: Zeitschrift für Anwendung der Psychoanalyse auf die Geisteswissenschaften*, Vol. III, n. 5, pp. 85-95.

30 Cf. Andreas-Salomé, L. (1914). Kind und Kunst. *Das literarische Echo*, Vol. XVII, n. 1, 1º de outubro, Col. 1-3.

31 Cf. por exemplo o final do conto "Vaters Kind" ["Filhinho do papai"] em: Andreas-Salomé, L. (1902/2013). *Im Zwischenland. Fünf Geschichten aus dem Seelenleben halbwüchsiger Mädchen*. Taching: MedienEdition Welsch, p. 151. Sobre a ambivalência típica daquela época perante a criatividade feminina e sua idealização pela maternidade em Andreas-Salomé, cf. Benert, B. (2011). *Une lecture de "Im Zwischenland". Le paradigme de l'altérité au cœur de la création romanesque de Lou Andreas-Salomé*. Brüssel: European Interuniversity Press, pp. 81-84.

Lou Andreas-Salomé: pioneira da Modernidade

vislumbrado mais tarde também por trás da forma como Lou lida com a psicanálise freudiana. Seu interesse pelo novo campo de pesquisa é motivado em *Lebensrückblick* [*Retrospectiva de vida*] por duas influências relevantes: "a possibilidade de presenciar a extraordinariedade e a singularidade do destino anímico de um indivíduo — e o crescer sob a influência da cultura de um povo com uma interioridade existente por si mesma".[32]

2

Com o termo "cultura de um povo" Lou se referia à própria infância na Rússia; e com "indivíduo", referia-se ao poeta Rainer Maria Rilke, cujos problemas ela atribuía ao recalcamento de traumas da primeira infância. Como musa empática que marcou de forma decisiva o poeta extremamente sensível e psiquicamente instável, e o apoiou durante suas crises existenciais e criativas, é impossível não associar Lou à sua vida. Aos vinte e um anos, quando o jovem René Maria Rilke conheceu Lou Andreas-Salomé, à época com trinta e seis anos, na primavera de 1897 em Munique, ele realmente já contava com algumas obras iniciais, porém ainda se encontrava no início de seu desenvolvimento literário. Em comparação com

---

32 Andreas-Salomé, L. (1974). *Lebensrückblick. Grundriß einiger Lebenserinnerungen* (E. Pfeiffer, org.). Frankfurt: Insel, p. 151. Sobre sua formação psicanalítica, cf. Andreas-Salomé, L. (1958). *In der Schule bei Freud. Tagebuch eines Jahres 1912/13* (E. Pfeiffer, org.). Zürich: Niehans.

o ensaio de Lou "Jesus der Jude"[33] ["Jesus dos judeus"], que possui o estatuto de filosofia da religião, Rilke considerava que, em relação às suas primeiras *Christus-Visionen* [*Visões de Cristo*],[34] seu ensaio era como um "sonho frente à realidade", como "um desejo em relação à realização".[35] Ainda antes de ter vencido a resistência da já renomada mulher com seu cortejo tenaz, tornando-se o seu primeiro amante na cidadezinha rural de Wolfratshausen próxima de Munique, ele a elevou a figura maternal competente sobre a qual projetou sua meta poetológica. Diante do ceticismo com que Lou recebeu sua lírica amorosa inicial, Rilke colocou como meta para si criar uma obra que ela compreendesse e valorizasse. Com o disciplinamento que ela lhe recomendou, o qual logo de início levou à mudança de seu prenome "René" para "Rainer" e a uma nova caligrafia, surgiria uma obra que ultrapassou as expectativas de Lou. Rilke referiu-se repetidas vezes a esse desenvolvimento devido a sua versada musa. Em sua primeira carta endereçada a Göttingen, ele a lembrou mais uma vez, em 1903, da relevância do encontro que tiveram em Munique:

---

33 Cf. Andreas-Salomé, L. (1896). Jesus der Jude. *Neue Deutsche Rundschau*, Vol. VII, pp. 342-351. Reedição: Nendeln / Liechtenstein, 1970, pp. 342-351.

34 Elas englobam um total de 11 poemas. Os primeiros oito surgiram entre outubro de 1896 e o verão de 1897 em Munique; os três últimos, em julho de 1898. Publicados como conjunto apenas postumamente, em 1959 em: Rilke, R. M. (1987). *Sämtliche Werke in VI Bänden*, Vol. 3 (Rilke-Archiv & R. Sieber-Rilke, org.). Frankfurt: Insel, pp. 127-169.

35 Rilke, R. M. & Andreas-Salomé, L. (1989). *Briefwechsel* (E. Pfeiffer, org.). Frankfurt: Insel, p. 7.

Lou Andreas-Salomé: pioneira da Modernidade

Assim eu sentia à época e hoje eu sei que justamente na realidade infinita que te envolvia estava para mim o mais profundo acontecimento daquele tempo indescritivelmente bom, grande, generoso [...]. O mundo perdeu a nebulosidade para mim, esse modelar-se e desistir de si mesmo fluente que eram a espécie e a pobreza de meus primeiros versos; [...] eu aprendi uma simplicidade, aprendi lenta e custosamente, como tudo é singelo e amadureci, apto a falar da singeleza. E tudo isso ocorreu porque pude te encontrar naquela época, quando estive pela primeira vez em risco de me entregar à falta de forma. E se esse risco [...] retorna cada vez mais crescido, então cresce em mim e se torna grande a lembrança de ti, a consciência de ti.[36]

Quão facilmente Rilke pôde introjetar e modelar impressões sob a influência de Andreas-Salomé é algo que fica demonstrado em seu amor pela Rússia, o qual ela lhe transmitiu e que se tornou constitutivo de sua obra. Ela já representava para ele a personificação da cultura russa antes que conhecesse a Rússia pessoalmente. Dois anos antes de sua morte, ele transforma a amiga de ascendência não russa,[37] retrospectivamente, em código de um desenvolvimento poetológico, cujo direcionamento ela indicara desde o início como russa imaginária. Rilke escreve em 17 de agosto

---

36 Rilke, R. M. & Andreas-Salomé, L. (1989). *Briefwechsel* (E. Pfeiffer, org.). Frankfurt: Insel, pp. 124-ss.

37 Sobre a origem ocidental de seus pais, cf. Rilke, R. M. & Andreas-Salomé, L. (1989). *Briefwechsel* (E. Pfeiffer, org.). Frankfurt: Insel, p. 2.

de 1924: "então a Rússia me influenciou por meio de uma pessoa próxima que a sintetizava em sua própria natureza, dois anos antes que eu viajasse pelo país, e com isso [...] o retorno para a verdadeira individualidade estava preparado".[38] A partir de meados dos anos 1890, a própria Lou passou a se ocupar intensamente da filosofia, da arte e da literatura russas, e sua colaboração com o publicista russo Akim Volynsky (1863-1926), no estágio inicial de sua relação com Rilke, certamente incentivou sua eslavofilia.[39] Enquanto Lou inspirou-se em Volynsky para realizar seus próprios ensaios, o poeta deve a ele a publicação em russo, já em 1897, de seu conto "Alles in einer" ["Tudo em um"].[40]

As viagens para a Rússia que Lou fez com o marido e com Rilke (de 24 de abril a 18 de junho de 1899) e sozinha com Rilke (de 7 de maio a 24 de agosto de 1900) tiveram efeito perene para ambos os literatos. Lou relembrou mais uma vez

---

38 Rilke, R. M. (1924/1940). Carta a Hermann Pongs de 17 de agosto de 1924. In *Briefe aus Muzot 1921-1926* (R. Sieber-Rilke & C. Sieber, org.). Leipzig: Insel, p. 308.

39 Por meio de Volynsky, que ficou com o casal em junho e julho de 1897 em Wofratshausen, Rilke obteve pela primeira vez uma visão mais profunda da cultura e da literatura russas.

40 O conto foi publicado na revista *Severny Vestnik* [*Mensageiro do Norte*], que já publicara em 1896, em três números, a tradução do livro de Lou sobre Nietzsche (1894). Sob os nomes de Lou e Volynsky foi publicado ali o esboço "Amor" em setembro de 1897, ao qual se seguiram três outros textos de Lou entre 1897 e 1898. Cf. Andreas-Salomé, L. (2020). *Russische Texte aus der Zeitschrift Sewerny Westnik* (Ye. Korol, trad; G. Krupinska, org.). Taching: MedienEdition Welsch. Sobre Volynsky — na verdade, Khaim Flekser —, cf. Asadowski, K. (1986). *Rilke und Rußland. Briefe, Erinnerungen, Gedichte.* Frankfurt: Insel, pp. 9-12.

suas experiências individuais com o país e as pessoas em *Lebensrückblick* [*Retrospectiva de vida*]:

> A Rússia [...] tornou-se para nós uma vivência extraordinária: para [Rainer], em associação a um avanço em sua atividade criadora, para a qual a Rússia já oferecia o símbolo necessário enquanto ele ainda estava aprendendo e estudando sua língua; para *mim*, simplesmente a embriaguez do reencontro com a realidade russa em toda a sua amplitude [...]. O mais extraordinário no efeito dessa vivência dupla, porém, consistiu no fato de que obtivemos a compreensão nos mesmos momentos e com os mesmos e respectivos objetos que cada um de nós precisava — Rainer tornando-se, com isso, criativo, e eu vivenciando, vivendo minhas próprias necessidades e lembranças mais primevas.[41]

A safra criativa das viagens para a Rússia, todavia, não foi tão unilateral quanto Lou a apresenta aqui. Ela também obteve impulsos relevantes para a sua própria criação. Se Rilke, após a primeira viagem, começou a elaborar suas impressões russas com o *Buch vom mönchischen Leben* [*O livro da vida monástica*] e o conto "Wladimir der Wolkenmaler" ["Vladímir, o pintor de nuvens"], aos quais ele posteriormente atribuiu sua identidade como poeta,[42] Lou também escreveu, logo

---

41 Andreas-Salomé, L. (1974). *Lebensrückblick. Grundriß einiger Lebenserinnerungen* (E. Pfeiffer, org.). Frankfurt: Insel, p. 69.

42 As pesquisas citam como testemunho de sua experiência na Rússia o ciclo de poemas "Die Zaren" ["Os czares", 1899/1906] do *Buch der Bilder* [*Livro das*

30   *Cornelia Pechota*

após a volta da segunda viagem, vários textos em prosa nos quais fez reviver a "sua" Rússia. Em seu romance moscovita *Ma. Ein Portrait* [*Ma. Um retrato*] (1901),[43] uma mãe emocional torna-se defensora dos valores orientais perante as filhas "ocidentalizadas", enquanto *Rodinka. Russische Erinnerung* [*Rodinka. Uma lembrança russa*] (1902-1923)[44] trata de uma luta cultural entre russos que se dá em uma fazenda, que é uma reprodução da de Novinki, onde Lou e Rilke visitaram o conde Nikolai Tolstói. O romance sobre uma "pequena pátria" — significado de *Rodinka* em português — Lou dedicou à sua amiga Anna Freud (1895-1982), "para lhe contar sobre aquilo que amei mais profundamente". O volume já mencionado, *Im Zwischenland. Fünf Geschichten aus dem Seelenleben halbwüchsiger Mädchen* [*No país do meio. Cinco histórias da vida psíquica de meninas adolescentes*] (1902), também traz seu ambiente narrativo da Rússia, e o *Tagebuch der Reise mit Rainer Maria Rilke im Jahre 1900* [*Diário da viagem com Rainer Maria Rilke em 1900*],[45] publicado em 1999, nos revela

---

imagens], três contos das *Geschichten vom lieben Gott* [*Histórias do bom Deus*, 1900/1904], dois episódios e o final original do *Aufzeichnungen des Malte Laurids Brigge* [*Os cadernos de Malte Laurids Brigge*, 1910], assim como um "Sonet an Orpheus" ["Soneto a Orfeu"]. Formulações teóricas da compreensão da Rússia por Rilke encontram-se nos textos "Russische Kunst" ["Arte russa", 1900] e "Moderne russische Kunstbestrebungen" ["Aspirações artísticas russas modernas", 1901]. A eles se acrescem traduções do russo e seis poemas em língua russa que Rilke compôs no final de 1900 para Andreas-Salomé.

43 Cf. Andreas-Salomé, L. (1901/1996). *Ma. Ein Portrait*. Frankfurt: Ullstein.

44 Cf. Andreas-Salomé, L. (1923/1985). *Rodinka. Eine russische Erinnerung*. Frankfurt: Ullstein.

45 Cf. Andreas-Salomé, L. (1999). *Russland mit Rainer. Tagebuch der Reise mit*

aquele "retorno ao lar" no ambiente russo que o casal preparara por meio de estudos intensivos de língua, literatura, arte e história russas. Se Lou recorda Rilke por meio de relações figurativas e intertextuais em pelo menos dois de seus contos, ela, como ensaísta, também já havia influenciado o amigo.

Ensaios como *Russische Dichtung und Kultur* [*Poesia e cultura russas*] (1987), *Leo Tolstoi unser Zeitgenosse* [*Liev Tolstói, nosso contemporâneo*] (1898), *Das russische Heiligenbild und sein Dichter* [*A imagem russa dos santos e seu poeta*] (1898)[46] ou *Russische Philosophie und semitischer Geist* [*Filosofia russa e espírito semita*] (1898)[47] despertaram em Rilke a expectativa de "ter uma visão pessoal" do país no qual eles "ainda nem mesmo haviam estado".[48] Ao chegar à Rússia, ele percebeu nas "coisas russas" uma simbologia religiosa que lhe pareceu mais digna de conhecimento que qualquer outra coisa.[49]

Frequentemente se chama a atenção para o fato de Rilke, impregnado por suas projeções subjetivas, não ter percebido

---

Rainer Maria Rilke im Jahre 1900 (S. Michaud & D. Pfeiffer, org.). Marbach: Dt. Schillerges.

46 Reeditados em: Andreas-Salomé, L. (1898/2013). Grundformen der Kunst. Eine psychologische Studie. In Schwab, H.-R. (org.). *Lebende Dichtung*. Taching: MedienEdition Welsch, pp. 27-53, 67-86, 125-137.

47 Reeditado em: Andreas-Salomé, L. (1898/2010b). *Von der Bestie bis zum Gott* (H.-R. Schwab, org.). Taching: MedienEdition Welsch, pp. 249-273.

48 Andreas-Salomé, L. (1974). *Lebensrückblick. Grundriß einiger Lebenserinnerungen* (E. Pfeiffer, org.). Frankfurt: Insel, p. 141.

49 Cf. Carta de Rilke de São Petersburgo para a russa Yelena M. Voronina de 28 de maio (8 [9] de junho) de 1899. In Asadowski, K. (1986). *Rilke und Rußland. Briefe, Erinnerungen, Gedichte*. Frankfurt: Insel, p. 98.

a realidade russa. Lou foi mais atenta e seu romance *Rodinka*, no qual foram incluídas reminiscências do Rilke "russo",[50] deve seu drama psicológico ao mal-estar social que antecedeu a Revolução. Já na primeira parte do livro, ela aproxima o herói Vitali — o qual se torna "herói lendário"[51] como soldado na guerra contra a Sérvia — dos eruditos *narodniki*,[52] os "amigos do povo" russos, que abandonaram seu ambiente habitual para esclarecer os problemas sociais ao povo. Na personagem da belicosa Nádia, que pertence ao círculo de amigos de Vitali em São Petersburgo, ela eterniza a revolucionária Vera Zassúlitch (1849-1919), que, em 1878, atirou no general Fiódor Triêpov depois de ele ter maltratado um preso político. A jovem Louise von Salomé admirava essa corajosa compatriota e guardava uma foto dela em sua escrivaninha. Sem compreender os motivos que levaram alguém como Nádia ou Vitali ao povo, ou que tornaram seu irmão Dmitri um poeta do povo, ela não teria podido escrever *Rodinka*. A Rilke aplica-se aquela "outra visão" que Robert Musil (1880-1942) destacou[53] e que — como

---

50 O pequeno texto de Rilke, "Vitali erwachte..." ["Vitali despertou..."], funciona como eco intertextual a *Rodinka*: Rilke, R. M. (1987). *Sämtliche Werke in VI Bänden*, Vol. 4 (Rilke-Archiv & R. Sieber-Rilke, org.). Frankfurt: Insel, pp. 654-ss. Cf. a esse respeito, no mesmo volume, o comentário da p. 1027, assim como o comentário em: Andreas-Salomé, L. (1974). *Lebensrückblick. Grundriß einiger Lebenserinnerungen* (E. Pfeiffer, org.). Frankfurt: Insel, p. 284.

51 Cf. Andreas-Salomé, L. (1923/1985). *Rodinka. Eine russische Erinnerung*. Frankfurt: Ullstein, p. 28.

52 Do russo, народники: "populistas" — membros das elites urbanas que enxergavam no campesinato a força revolucionária capaz de unir as comunidades para alcançar o socialismo [N.E.].

53 Cf. Musil, R. (1978). Rede zur Rilke-Feier in Berlin am 16. Januar 1927. In *Prosa*

nota Lou sobre a imagem da Rússia de Rilke — percebia na "franqueza russa do semblante anímico" uma "uniformidade" primordial. Devido a uma "educação europeia exagerada", por ser "excessivamente ocidental", ele sentiu esse impulso para o Oriente "como para uma cura após a fusão interna de uma cisão secreta em sua estrutura".[54] Enquanto a primeira viagem à Rússia manifestou-se imediatamente na primeira parte do *Stundenbuch* [*Livro das horas*], a segunda, por sua vez, falhou como tratamento, já que Rilke sofreu uma recaída da ansiedade da qual acreditava estar livre. Em retrospectiva, Lou associou o ataque de pânico, que o impediu de passar ao lado de uma determinada árvore durante um passeio em Kiev, à sua alta exigência consigo mesmo como artista:

> Não foram decepções, autorrecriminações, desânimo (como a média das pessoas normais) que surgiram, mas uma explosão de sentimentos que se tornaram monstruosos, medonhos — como que sob uma compulsão de se deixar dominar por eles, quase como a bem-aventurada compulsão produtiva. Você a chamou de produtividade desencaminhada pelo medo, como um substituto desesperado para o comando de elaboração nascido de ti.[55]

---

und Stücke, kleine Prosa, Aphorismen, Autobiographisches, Essays und Reden, Kritik. Reinbek-Hamburg: Rowohlt, pp. 1229-1240.

54 Andreas-Salomé, L. (1974). *Lebensrückblick. Grundriß einiger Lebenserinnerungen* (E. Pfeiffer, org.). Frankfurt: Insel, p. 70.

55 Andreas-Salomé, L. (1974). *Lebensrückblick. Grundriß einiger Lebenserinnerungen* (E. Pfeiffer, org.). Frankfurt: Insel, pp. 144-ss.

Quando Lou passou os meses de julho e agosto de 1900 em Rongas, na Finlândia, com sua família que lá estava para as férias de verão, Rilke, que ficara em São Petersburgo, a perturbou com queixas de solidão e abandono, as quais ela percebeu como "recaída incompreensível" em seu antigo descomedimento. Ela ainda se sentia inclinada a ajudá-lo devido à "impetuosidade de [sua] problemática interna"; porém, esta afastou-a dele no final da segunda viagem à Rússia — longe da "realidade de [seu] início", em que ela se sentira com ele "como que uma única figura". No dia 22 de agosto de 1900, Lou e Rilke iniciaram o retorno à Alemanha. Depois de visitar o pintor Heinrich Vogeler (1872-1942) em Worpswede, Rilke mudou-se no início de setembro mais uma vez para Schmargendorf, em Berlim, perto da amiga, a qual já estava pronta para uma despedida. Os passeios pelo bairro Grunewald permitiram que o casal de amigos elaborasse suas impressões russas. O rompimento, no entanto, foi inevitável; e em seu "último chamado" de 26 de fevereiro de 1901, Lou justificou seu recuo não apenas devido à doença de Rilke, mas também por não se sentir mais capaz de suportar a sobrecarga psíquica. Mesmo não havendo naquele momento "nenhuma continuação por escrito" do "hábito absoluto" de dividirem tudo entre si, essa promessa poderia ser quebrada por Rilke "em um momento de maior aflição". Em um bilhete deixado por Lou, ela lhe assegurou que, caso mais tarde ele "se sentisse mal", encontraria nela "um abrigo para as piores horas". Rilke logo desrespeitaria a advertência "maternal" de Lou contra um novo vínculo, para estabelecer um lar com a escultora Clara Westhoff (1878-1954) em Westerwede, nas imediações

Lou Andreas-Salomé: pioneira da Modernidade

de Worpswede. O experimento fracassou um ano mais tarde; a família, com mulher e filha, se desfez e Rilke iniciou sua peregrinação como poeta sem morada. Lou, por sua vez, encontrou na cordilheira de Hainberg, em Göttingen — em cuja Universidade o marido passou a lecionar Língua e Cultura Orientais em 1903 —, uma casa a seu gosto, a qual batizou de "Loufried", como seu ninho de amor em Wolfratshausen.

Até o fim ela teria ali residência fixa, a qual dividiu com Andreas e na qual Rilke a visitou três vezes.[56] Logo o poeta postou-se novamente sob a proteção de sua "mãe espiritual", ao demandar a ajuda prometida por ela. De Paris, onde Auguste Rodin o contratara como secretário e onde dera continuidade a seus estudos sobre o admirado escultor, ele já escreveu a Lou em 23 de junho de 1903 sua primeira carta após a separação, pois temia não conseguir mais encontrá-la "em um momento de maior aflição". Em meu livro *Heim und Unheimlichkeit bei Rainer Maria Rilke und Lou Andreas-Salomé. Literarische Wechselwirkungen* [*O cômodo e a incomodidade em Rainer Maria Rilke e Lou Andreas-Salomé. Interações literárias*] (2010), apontei a forma diversa de os dois literatos lidarem com o medo, o que fez com que a amiga — superior nesse ponto — se tornasse conselheira vitalícia do poeta. Lou teve sucesso, na fase do relacionamento de pura amizade, principalmente no que diz respeito a *Os cadernos de Malte Laurids Brigge* (1910) de Rilke, seu único romance que conta entre os mais relevantes textos em prosa da Modernidade. A retrospectiva perturbada de Rilke acerca de seu tempo inicial em Paris — a qual ele enviou

---

56 13 a 24 de junho de 1905, 9 a 21 de julho de 1913 e 9 a 22 julho de 1914.

a Lou, em Berlim, no ano de 1903 — é, como esboço literário preliminar dessa obra, certamente o mais célebre documento de sua correspondência publicada, já que as experiências ali descritas remetem a recordações traumáticas de infância que o poeta posteriormente atribuirá ao seu herói, Malte. Por trás dessa literarização está o encorajamento de Lou para que ele não reprimisse experiências dolorosas, mas delas se libertasse por meio da escrita. Diferentemente de Rilke, que acreditava ter fracassado, a amiga sentiu que, com as descrições dos próprios terrores, ele havia feito um grande avanço como poeta em Paris. A horripilante miséria da cidade grande, o anonimato e a degradação social de pessoas marginalizadas — que, em *Malte*, ele descreve com palavras quase idênticas — foram por ela consideradas, em sua carta, o material criativo de um "criador, [de um] recriador", do qual ele já se havia apropriado poeticamente. Em forma epistolar, o relacionamento dos dois pôde ser continuado em uma esfera de empatia mútua certamente única na literatura. A correspondência, publicada pela primeira vez em 1975, inclui 134 cartas de Rilke e 65 cartas de Lou, depois de ambos terem destruído uma grande quantidade de mensagens da primeira fase e de cartas posteriores terem se perdido. O material de âmbito intersubjetivo do casal de amigos que chegou à posteridade comprova, porém, que por meio dos processos criativos com os quais Lou viu Rilke sofrer e amadurecer, ela também chegou a conclusões que pôde implementar literariamente e que contribuíram gerando frutos psicanalíticos. Ela não pode ser recriminada pelo fato de não ter tido conhecimento da real doença de Rilke — da qual ele morreria, precocemente, em 1926 — e pelo fato de os

Lou Andreas-Salomé: pioneira da Modernidade

seus últimos diagnósticos, consequentemente, terem passado ao largo de seus verdadeiros problemas. Eles não se viram durante muito tempo e a distância geográfica entre Göttingen e o Valais era grande demais. O afetuoso livro de memórias que ela dedicou à vida e à criação de Rilke um ano após a morte do amigo pode, todavia, ter se originado de um sentimento de culpa que, por meio de uma empática apresentação de sua personalidade, ela quisera eliminar não apenas analiticamente.

3

Lou chegou à psicanálise depois de ter conhecido o neurologista Poul Bjerre (1876-1964) na Suécia, com o qual manteve um relacionamento durante um período. Ela o acompanhou a Weimar em 1911 para participar do Congresso da Sociedade Internacional de Psicanálise, onde Bjerre a apresentou pessoalmente a Freud, gerando prontamente um entusiasmo pela temática. Pouco depois, Lou obteve de Freud o consentimento para participar de seus colóquios às quartas-feiras em Viena e aprender com ele a teoria e a prática de sua ciência. Do seu período de aprendizagem com Freud, que durou de 25 de outubro de 1912 a 6 de abril de 1913, nasceu uma inquebrantável amizade que se manifestou em 200 cartas no decorrer de 25 anos. A psicanálise, em direção à qual o seu pensamento e os seus escritos já avançavam há tempos, representaria para Lou uma reviravolta em sua vida. "Rememorando", ela escreve em 1931 no seu famoso *Dank an Freud* [*Agradecimento a Freud*], "tenho a impressão de que minha vida aguardava a psicanálise".[57] A ambivalência de sua recepção do modelo explicativo de Freud fica expressa em suas últimas *Eintragungen* [*Anotações*], as quais ela escreveu em março de 1936, um ano antes de sua morte:

> Se quisesse informar onde, durante uma vida toda, me senti mais convincentemente em casa *em meu pensamento*, onde me domiciliei com maior gratidão, então teria de tentar nomear ao mesmo tempo aquilo onde mais me destaquei como uma estranha. [...] Trata-se, aqui, da *psicanálise de Freud*.[58]

Uma estranha confissão para uma mulher que, após os estudos em Viena, acompanhou pacientes em seu consultório durante 20 anos, apoiou Freud na análise de sua filha Anna e permaneceu em contato com o reverenciado pai da psicanálise até o último momento. Como primeira psicanalista em Göttingen, o Instituto de Psicanálise e Psicoterapia local adota hoje o seu nome como homenagem. O que significa então a sua confissão posterior segundo a qual, entre ela e a escola freudiana — onde ela, *"em pensamento"*, se sentia tão "em casa" —, existira uma contradição latente? Para uma palestra em Estrasburgo por ocasião do 80° aniversário da morte de Lou Andreas-Salomé, em fevereiro de 2017, eu me aprofundei nessa questão. Partindo da filosofia de vida do *fin de siècle* —

---

57 Andreas-Salomé, L. (1931/2012). *Mein Dank an Freud* (B. Rempp & I. Weber, org.). Taching: MedienEdition Welsch, p. 369.

58 Andreas-Salomé, L. (1986). *Eintragungen. Letzte Jahre* (E. Pfeiffer, org.). Frankfurt: Insel, p. 111.

Lou Andreas-Salomé: pioneira da Modernidade

cuja influência permanece reconhecível em seus textos sobre psicanálise e, ademais, estrutura a sua *Lebensrückblick* [*Retrospectiva de vida*][59] —, pude perceber em Lou uma necessidade crescente de transcender filosoficamente as teorias de Freud e reescrevê-las no sentido daquela existência corpórea em relação ao mundo à qual Maurice Merleau-Ponty dedicaria posteriormente a sua obra fenomenológica.[60] Apesar de a discípula de Freud ter admirado e respeitado profundamente a "pureza e o rigor" sem concessões do mestre como "renúncia" racional,[61] a sua própria preocupação era de outra espécie. *Sua* habilidade especial, como Freud mesmo percebeu elogiosamente, consistia em "reun[ir] os *disjecta membra*[62] adquiridos através da análise" e "revesti[-los] de um tecido vivo".[63]

---

59 Sobre a influência do filósofo alemão Wilhelm Dilthey (1833-1911) sobre a classificação feita por Andreas-Salomé de suas lembranças, no sentido de "experiências" ou "vivências", cf. Dilthey, W. (2013) *Der Aufbau der geschichtlichen Welt in den Geisteswissenschaften*. Berlin: Edition Holzinger; Dilthey, W. (1970-ss.). *Gesammelte Schriften in 26 Bänden*. Göttingen: Vandenhoeck & Ruprecht.

60 Cf. por exemplo: Merleau-Ponty, M. (1945/1999). *Fenomenologia da percepção* (2a ed., C. A. R. de Moura, trad.). São Paulo: Martins Fontes. Cf. a esse respeito: Pechota, C. (2019). Existenz als Experiment. Dimensionen der Wahrnehmung bei Lou Andreas-Salomé. In *Lou Andreas-Salomé: Zwischenwege in der Moderne / Sur les chemins de traverse de la modernité*. Forschungsband zur Internationalen Konferenz aus Anlass des 80. Todestages von Lou Andreas-Salomé, Straßburg, 9.-11. Februar 2017. Taching: MedienEdition Welsch, pp. 100-138.

61 Andreas-Salomé, L. (1986). *Eintragungen. Letzte Jahre* (E. Pfeiffer, org.). Frankfurt: Insel, p. 114.

62 Do latim, "membros despedaçados" — fragmentos não organizados coerentemente [N.E.].

63 Freud, S.; Andreas-Salomé, L. (1966/1975). *Correspondência completa* (D. Flacksman, trad.). Rio de Janeiro: Imago, p. 94.

Eu já me ocupei anteriormente do papel de Lou como "crítica latente de Freud"[64] em associação com o seu ensaio *Narzissmus als Doppelrichtung* [*Narcisismo como dupla orientação*] (1921),[65] que despatologiza a compreensão de narcisismo freudiana e a amplia para um conceito de criatividade com clara inspiração em Rilke.[66] Segundo a sua versão pessoal, o mito de Narciso trata de um adolescente enamorado de si mesmo que se desvanece entre o "arrebatamento" e a "melancolia" porque se vê no espelho da natureza "ainda como *tudo*";[67] e, assim, Lou confirma no narcisismo o anseio regressivo por uma "incorporação passiva naquilo ainda não totalmente diferenciado de nós"[68] que antecede o surgimento de um eu consciente. Ela apresenta a sua análise do antigo mito antes da impressão precoce diante da própria imagem

---

64 Cf. a esse respeito: Wieder, Ch. (2011). *Die Psychoanalytikerin Lou Andreas-Salomé. Ihr Werk im Spannungsfeld zwischen Sigmund Freud und Rainer Maria Rilke.* Göttingen: Vandenhoeck & Ruprecht.

65 Cf. Andreas-Salomé, L. (1921/2012). Narzissmus als Doppelrichtung. In *Mein Dank an Freud* (B. Rempp & I. Weber, org.). Taching: MedienEdition Welsch, pp. 117-153.

66 Refiro-me aqui à minha palestra publicada: Pechota, C. (2011). Kunst als Therapie in Lou Andreas-Salomés Roman *Das Haus*. Die kreative Heilung im Lichte ihrer Narzissmus-Theorie. In Lou Andreas-Salomé Institut (org.). *Ihr zur Feier. Lou Andreas-Salomé. Interdisziplinäres Symposium aus Anlass ihres 150. Geburtstages.* Taching: MedienEdition Welsch, pp. 75-98.

67 Andreas-Salomé, L. (1921/2012). Narzissmus als Doppelrichtung. In *Mein Dank an Freud* (B. Rempp & I. Weber, org.). Taching: MedienEdition Welsch, p. 125.

68 Andreas-Salomé, L. (1921/2012). Narzissmus als Doppelrichtung. In *Mein Dank an Freud* (B. Rempp & I. Weber, org.). Taching: MedienEdition Welsch, p. 120.

Lou Andreas-Salomé: pioneira da Modernidade

refletida, a qual identificou como súbita "exclusão de todo o resto", como "despatriamento, desabrigo".[69] Lou considera que algo "que não é mais" e que "ainda *poderia* ter sido"[70] é o verdadeiro motivo das aspirações narcisistas, as quais ela deriva do *narcisismo primário*. O narcisismo inclui, para ela, além da "referência da libido a nós mesmos", um direcionamento positivo para aquele "estado original ao qual nos mantemos ligados mesmo saindo dele, como a planta com a terra, apesar de seu crescimento na direção oposta, na direção da luz".[71] Com isso, ela amplia a *Introdução ao narcisismo* (1914) de Freud, a qual trata principalmente do narcisismo secundário, que tem uma conotação negativa como afastamento do objeto de amor e regressão ao investimento libidinal primário do eu. Para Lou, o narcisismo primário, graças a sua "duplicidade" — que, além do amor-próprio, inclui uma "identificação sentimental com tudo" —, permanece efetivo também para aquela pessoa que já atingiu a "solitude", já que ele permite um regresso do eu ao que é "aglutinante, amalgamante".[72]

---

69 Cf. Andreas-Salomé, L. (1921/2012). Narzissmus als Doppelrichtung. In *Mein Dank an Freud* (B. Rempp & I. Weber, org.). Taching: MedienEdition Welsch, pp. 122-ss.

70 Cf. Andreas-Salomé, L. (1974). *Lebensrückblick. Grundriß einiger Lebenserinnerungen* (E. Pfeiffer, org.). Frankfurt: Insel, 1974, p. 9.

71 Andreas-Salomé, L. (1921/2012). Narzissmus als Doppelrichtung. In *Mein Dank an Freud* (B. Rempp & I. Weber, org.). Taching: MedienEdition Welsch, p. 118.

72 Andreas-Salomé, L. (1921/2012). Narzissmus als Doppelrichtung. In *Mein Dank an Freud* (B. Rempp & I. Weber, org.). Taching: MedienEdition Welsch, p. 118.

A constatação de Freud segundo a qual o "desenvolvimento do eu" consiste "em um distanciamento do narcisismo primário" e gera "um anseio intensivo [...] de recuperá-lo" é diferenciada e valorizada por Lou na medida em que ela atribui uma função criativa à "parcela de autossenso" que permanece "primária" também para Freud como "resto do narcisismo infantil".[73] Se ela reconhece na idealização posterior de objetos amorosos a transferência narcisista de uma "unidade do sujeito-objeto ainda não dividida"[74] que leva a um engano, ao mesmo tempo ela reconhece e atribui uma posição muito mais nobre à produtividade do narcisismo na arte. No sentido das teorias estéticas que defendeu antes e depois de Freud e as quais formulou inicialmente em seus ensaios *Grundformen der Kunst* [*Formas básicas da arte*] (1898/1899) e *Vom Kunstaffekt* [*Do afeto artístico*] (1899),[75] Lou torna o artista amplamente independente de metas externas desejadas no processo de criação narcísica. O criador artístico que tem sua origem nas "realizações" apenas dá continuidade àquilo "que a criança ainda viveu e teve de sacrificar em nome do

---

73 Cf. Freud, S. (1914/2010). Introdução ao narcisismo. In *Introdução ao narcisismo, ensaios de metapsicologia e outros textos* (P. C. de Souza, trad.). (Obras completas, Vol. 12). São Paulo: Companhia das Letras, 2010, p. 48; trad. modificada.

74 Andreas-Salomé, L. (1921/2012). Narzissmus als Doppelrichtung. In *Mein Dank an Freud* (B. Rempp & I. Weber, org.). Taching: MedienEdition Welsch, p. 127.

75 Cf. Andreas-Salomé, L. (1898-99). Grundformen der Kunst. Eine psychologische Studie. *Pan*, Vol. IV, n. 3, pp. 177-182; Andreas-Salomé, L. (1899). Vom Kunstaffekt. *Die Zukunft*, Vol. XXVII, 27 de maio de 1899, pp. 366-372. Para depois de Freud, cf. Andreas-Salomé, L. (1914). Kind und Kunst. *Das literarische Echo*, Vol. XVII, n. 1, 1º de outubro.

adolescente para a prática de sua existência". Em suas reflexões teóricas sobre o artista, o qual é para ela principalmente um poeta, Lou defende por profunda convicção uma positivação do narcisismo, que, segundo ela, possibilita a "realização poética" da "lembrança que se tornou perfeita".[76] No ano de 1904, em seu romance *Das Haus* [*A casa*], sobre um artista inspirado em Rilke, ela já ficcionalizara a sua problemática criativa nesse sentido.[77] Se ela, por um lado, complementou a teoria do narcisismo freudiana como confidente de Rilke, antes de mais nada, estimulou também o poeta à criação literária.

Rilke, por sua vez, conferiu grande relevância a três textos que Lou lhe enviara em fevereiro de 1914 para um parecer e dos quais ela havia escrito a última parte em 1913, após concluir os estudos com Freud. Trata-se dos ensaios *Drei Briefe an einen Knaben* [*Três cartas a um menino*],[78] que surgiram a partir de sua correspondência com o jovem filho de uma amiga e que, posteriormente, se refletiram na obra literária de Rilke. Não existe uma só interpretação das *Elegias de Duíno* em que falte uma referência à influência das "cartas a um menino" sobre sua "Oitava elegia", e essa interação é

---

76 Andreas-Salomé, L. (1921/2012). Narzissmus als Doppelrichtung. In *Mein Dank an Freud* (B. Rempp & I. Weber, org.). Taching: MedienEdition Welsch, p. 144.

77 Cf. Andreas-Salomé, L. ([1904]1921/1987). *Das Haus. Familiengeschichte vom Ende des vorigen Jahrhundert*s. Frankfurt: Ullstein. Escrito em 1904, o romance foi publicado como livro apenas em 1921.

78 Cf. Andreas-Salomé, L. (2008). *Drei Briefe an einen Knaben* (B. Rempp & I. Weber, org.). Taching: MedienEdition Welsch.

também a mais representativa da relação "de nascença" que uniu Lou e Rilke até o final. Apesar de a autora ter revestido a "lenda [sexual] dos adultos" em suas *Drei Briefe* [*Três cartas*] com comparações entre plantas e animais mais adequadas a adolescentes, Rilke as recebeu entusiasmado como textos de esclarecimento sexual que ele gostaria de ter lido em sua própria infância, cuja "sobrevivência" lhe parecia ainda mais "enigmática".[79] Ele atesta sua leitura da obra em 20 de fevereiro de 1914, quando estava em Paris, por meio de uma nota em uma caderneta de bolso. Ela já antecipava a perspectiva biologista da "Oitava elegia", na qual contrapõe o ser humano sem morada à segurança de outros seres vivos que nunca sofrem a perda de seu primeiro lar:

> Que inúmeros seres que se originam de uma semente lançada para fora têm *isso* como útero, esse amplo ar-livre excitável — como ali se sentem provavelmente em casa durante toda a vida, não fazem nada além de saltar de alegria no ventre de sua mãe como o pequeno Johannes; pois este mesmo espaço os concebeu e gestou, eles nunca saem de sua segurança.[80]

De forma semelhante, está registrado em 1922 na "Oitava elegia": "Bem-aventurada / a *pequena* criatura que sempre

---

79 Rilke, R. M. & Andreas-Salomé, L. (1989). *Briefwechsel* (E. Pfeiffer, org.). Frankfurt: Insel, p. 314.

80 Rilke, R. M. (1996). *Werke. Kommentierte Ausgabe in 4 Bänden*, Vol. 4 (M. Engel, U. Fülleborn, H. Nalewski & A. Stahl, org.). Frankfurt/Leipzig: Insel, p. 693.

Lou Andreas-Salomé: pioneira da Modernidade   45

permanece / no seio que a criou; ó tu, mosca feliz, / que saltas *interiormente* ainda mesmo / nas núpcias: o ventre é tudo."[81]

Não posso mais me adentrar aqui em outros intertextos entre Lou e Rilke, mas nesse ponto já deve estar claro que a mulher devido à qual René *re-né* (renasceu) como Rainer ofereceu a seu filho espiritual um protegido espaço simbólico a partir do qual ele conseguiu falar poeticamente. A certeza de que esse apoio materno o protegeu contra a destruição pelo mundo exterior inspirou Rilke, no final de 1911, a escrever um poema em Duíno que, nas pesquisas, é às vezes considerado uma prévia da "Oitava elegia". Dele, cito a segunda parte da primeira estrofe:

> *Wer weiß, es bilden Augen sich im Raum*
> *und wohnen bei. Auch nur zu dir gestürzt,*
> *ist mein Gesicht nicht ausgestellt, verwächst*
> *in dich und setzt sich dunkel*
> *unendlich fort in dein geschütztes Herz.*[82]

[Quem sabe, formam-se olhos no espaço
e presenciam. Também apenas voltado para ti,
meu rosto não está exposto, enraizado
em ti e continua eternamente
escuro em teu coração protegido.]

---

81 Rilke, R. M. (1923/2013). *Elegias de Duíno* (6a ed., D. F. da Silva, trad.). São Paulo: Biblioteca Azul, p. 71.

82 Rilke, R. M. (1996). *Werke. Kommentierte Ausgabe in 4 Bänden*, Vol. 2 (M. Engel, U. Fülleborn, H. Nalewski & A. Stahl, org.). Frankfurt/Leipzig: Insel, p. 17; trad. livre.

4

É de conhecimento geral que Lou, além de Rilke — que ela encorajou e apoiou durante toda a vida —, atraiu também outros homens como musa, amiga ou amante. Sua separação de Rilke após a segunda viagem para a Rússia em 1900 já fora influenciada por uma relação mais antiga que então se transformou em um relacionamento amoroso que lhe serviria, durante quase dez anos, como complemento sensual a seu casamento platônico. O médico do Hospital Geral de Viena, Dr. Friedrich Pineles (1868-1936), sete anos mais jovem, apelidado de "Zemek", foi o homem que levou Lou a encerrar, como uma fatalidade do destino, sua relação amorosa com Rilke. "Eu obedeci", escreveu ela em seu *Letzten Zuruf* [*Último chamado*], "sem saber, ao grande plano da vida que, sorridente, já tinha um presente além de toda compreensão e expectativa esperando por mim".[83] Lou engravidou de Pineles, com quem realizou inúmeras viagens, e em minha análise de seu romance *Das Haus* faço uma referência ao luto que a renúncia a esse filho lhe demandou.[84] O fato de Lou não mencionar em suas memórias o "presente" que Pineles realmente foi para ela como médico atencioso, por outro lado, está associado ao "grande plano" de sua vida, o qual ela invocou na escola

---

83 Rilke, R. M. & Andreas-Salomé, L. (1989). *Briefwechsel* (E. Pfeiffer, org.). Frankfurt: Insel, p. 55.

84 Cf. A respeito Pechota Vuilleumier, C. (2010). *Heim und Unheimlichkeit bei Rainer Maria Rilke und Lou Andreas-Salomé. Literarische Wechselwirkungen*. Hildesheim: Olms, pp. 108-112.

de Freud após seu encontro com Nietzsche e Rilke, e que a ajudou a atingir uma independência profissional com a qual as mulheres de seu tempo podiam, quase sempre, apenas sonhar. Sua autocensura retrospectiva, devido à qual ela excluiu Pineles de sua trajetória, estava claramente voltada para um relacionamento cuja natureza predominantemente sexual poderia ter prejudicado a aura que a envolvia como intérprete de Nietzsche, amiga de Rilke e psicoterapeuta atuante. De fato, o que deveria nos interessar hoje não são suas amizades masculinas, às quais a importância dessa mulher foi atrelada por um tempo demasiadamente longo, mas sim a sua compreensão do ser humano como uma totalidade de corpo e alma; totalidade que ela sempre retoma em seus textos autobiográficos e psicanalíticos, e que depois — sobretudo em nome de Merleau-Ponty — foi implementada terapeuticamente.[85]

5

O que certamente dificulta a leitura dos textos teóricos de Lou é uma linguagem que subverte o simbólico, tal como Lacan o compreende, e gera rupturas que permitem que o pré-verbal sempre volte a impregná-los. Se Lacan acredita que o ser humano, como ser cobiçoso, procura compensar a sua falta ontológica por meio da aquisição da linguagem, então essa falta parece ter sido tão relevante para Lou que ela constantemente

---

85 Cf. por exemplo: Danzer, G. (2003). *Merleau-Ponty. Ein Philosoph auf der Suche nach Sinn.* Berlin: Kulturverlag Kadmos.

procurou comprovar — principalmente perante Freud — a insuficiência da língua como substituta para uma todunicidade[86] original.

Freud também admitiu que às vezes só conseguia "conjeturar" o que Lou queria dizer ao descrever coisas que ele evitava "por ainda não poderem ser expressas em palavras".[87] O fato de ele, no entanto, tê-la elogiado como sua "'entendedora' *par excellence*",[88] pela sua "arte da síntese", só podia encorajá-la a manter sua referência a um "motivo original" com o qual Freud associava o "oceânico" — que, por fim, lhe permaneceu desconhecido. Quando criança, Lou chamava essa totalidade de *Deus*, ao passo que, já adulta, procurava a "ligação com o um"[89] no inconsciente. Esse movimento profundo coincide nela amplamente com um retorno criativo ao narcisismo primário que encontra correspondência na poesia de Rilke. A *entendedora* de Freud e *aquela que dá continuidade a seu pensamento* revela-se, em retrospectiva, a precursora de uma teoria intersubjetiva que analistas como Michael Balint (1896-1970), Donald Winnicott (1896-1971) e Heinz Kohut (1913-1981) iriam remontar à interação entre mãe e filho sem nenhuma menção ao nome da *primeira idealizadora*. Lou Andreas-Salomé escreveu muitos contos e ensaios que ainda valem a leitura hoje em dia, mas não elaborou uma

---

86 Em alemão, a autora utiliza o termo *All-Einheit* [N.T.].

87 Freud, S.; Andreas-Salomé, L. (1966/1975). *Correspondência completa* (D. Flacksman, trad.). Rio de Janeiro: Imago, p. 94; trad. modificada.

88 Freud, S.; Andreas-Salomé, L. (1966/1975). *Correspondência completa* (D. Flacksman, trad.). Rio de Janeiro: Imago, p. 65 ([N.E.]: Do francês, "por excelência").

89 Andreas-Salomé, L. (1974). *Lebensrückblick. Grundriß einiger Lebenserinnerungen* (E. Pfeiffer, org.). Frankfurt: Insel, p. 219.

Lou Andreas-Salomé: pioneira da Modernidade

teoria própria que possa ser resumida filosófica ou psicanaliticamente. Todavia, o seu estilo de pensamento tateante se deve a um *work in progress*[90] interdisciplinar que, justamente por ainda não ter atingido o status de "inteira consciência filosófica",[91] representa um trabalho fenomenológico pioneiro. Antes de Merleau-Ponty, Lou nos convoca a lidar com o nosso meio ambiente no âmbito dos "fenômenos, a camada de experiência viva", e a sobrepor nossa percepção corporal à mera compreensão intelectual.[92]

6

Para finalizar, voltemos à biografia de Lou, que termina em um período do qual nossa pioneira se despediu no momento certo. O seu marido morre de câncer em 3 de outubro de 1930; até a morte dela própria, ainda lhe restam sete anos que a presenteiam com uma amizade sem a qual nos faltariam vários indícios relevantes para a compreensão de sua vida e de sua obra. O filólogo Ernst Pfeiffer (1893-1986), que visitou Lou pela primeira vez em nome de um amigo doente, estava trabalhando à época em um estudo sobre Kleist pelo qual Lou se interessou muito. Ele se tornou para ela não apenas um

---

90 Do inglês, "trabalho em andamento" [N.E.].

91 Merleau-Ponty, M. (1945/1999). *Fenomenologia da percepção* (2a ed., C. A. R. de Moura, trad.). São Paulo: Martins Fontes, p. 2.

92 Merleau-Ponty, M. (1945/1999). *Fenomenologia da percepção* (2a ed., C. A. R. de Moura, trad.). São Paulo: Martins Fontes, p. 90.

interlocutor estimulante, mas também um valioso colaborador com o qual ela revisou a sua *Lebenrückblick* [*Retrospectiva de vida*], já com a saúde afetada, e a quem legou todo o seu espólio literário, ainda hoje administrado por sua filha em Göttingen. Lou ainda se recuperou de uma operação para retirada de um câncer no outono de 1935. Em seu último balanço de vida de 1934 a 1936, publicado somente em 1982 sob o título *Eintragungen. Letzte Jahre* [*Anotações. Últimos anos*],[93] ela dá expressão a pensamentos que remontam ao seu longo trabalho como terapeuta e voltam a questionar a existência humana.

Na noite de 5 de fevereiro de 1937, Lou Andreas-Salomé morreu de uremia, em decorrência de sua diabetes. O horizonte escurecera não apenas para ela, e não admira que os nacional-socialistas tenham confiscado imediatamente a sua biblioteca como prova de uma ciência "judia". Graças ao inventariante de Lou, pelo menos uma parte foi preservada. A urna da falecida não foi sepultada no terreno de sua casa, conforme o seu desejo firmado em testamento, mas no jazigo do marido. Durante muito tempo, a lápide no antigo cemitério de Göttingen trazia apenas o nome e as datas de Friedrich Carl Andreas. Somente muitos anos após a Segunda Guerra, a filha adotiva de Lou, Marie Apel (1904-2000), mandou gravar o nome "Lou" com o formato original de sua assinatura (sem datas de nascimento e morte). A casa "Loufried" em Göttingen foi demolida no ano de 1976, apesar dos veementes protestos de personalidades proeminentes como Günther Grass (1927-2015).

---

93 Cf. Andreas-Salomé, L. (1986). *Eintragungen. Letzte Jahre* (2a ed., E. Pfeiffer, org.). Frankfurt: Insel.

Lou Andreas-Salomé: pioneira da Modernidade

No seu lugar há hoje um edifício residencial onde duas placas comemorativas lembram o tempo que Lou Andreas-Salomé e Friedrich Carl Andreas ali passaram. A trilha que leva até a casa, saindo da estrada Herzberger n° 101, foi batizada de "Caminho Lou Andreas-Salomé". Em 2007, a sobrinha-neta de Marie Apel inaugurou uma exposição no terreno "Loufried" reunindo mobiliário, fotos, certidões e documentos do domicílio. Ela pode ser visitada com horário marcado.

Um arquivo, um caminho, uma placa e um museu para uma mulher que nos antecipou como pioneira, mas que nunca viu a si mesma como exemplo. "Eu não posso imitar um exemplo e tampouco serei jamais um exemplo", escreveu Lou ao professor Gillot, de Roma, depois de ali ter conhecido Nietzsche.[94] "Torne-se aquela que você é", o filósofo lhe recomenda; e assim a moça de vinte e um anos já se justificou ao impor seus limites "femininos" ao seu mentor de Petersburgo: "Eu certamente vou criar a minha própria vida segundo eu mesma, seja como for. [...] Mas veremos se a grande maioria dos 'limites insuperáveis' que o mundo impõe vão se revelar meros traços de giz inofensivos!".[95] Os limites que Rilke teve de superar não eram "traços de giz", mas obstáculos reais, e ele admirava a destemida afirmação da vida por Lou. A descrição epistolar da amiga por ele, após uma visita a Göttingen em julho de 1913, a prestigia nesse sentido:

---

94 Andreas-Salomé, L. (1974). *Lebensrückblick. Grundriß einiger Lebenserinnerungen* (E. Pfeiffer, org.). Frankfurt: Insel, p. 78 (Carta de 26/13 de março de 1882).

95 Andreas-Salomé, L. (1974). *Lebensrückblick. Grundriß einiger Lebenserinnerungen* (E. Pfeiffer, org.). Frankfurt: Insel, p. 78 (Carta de 26/13 de março de 1882).

Quantas maravilhas essa mulher consegue reconhecer; ela transforma tudo o que os livros e as pessoas lhe contam no momento certo em compreensão bem-aventurada; entende, ama, caminha destemida em torno dos mais ardentes segredos que não a afetam, apenas a iluminam com puro brilho ígneo. Eu não conheço e não conheci [...] ninguém que tivesse a vida a seu lado dessa maneira.[96]

---

96 Rilke, R. M. & Thurn Und Taxis, M. von (1951). *Briefwechsel in 2 Bänden*, Vol. 1 (E. Zinn, org.). Zürich / Wiesbaden: Niehans & Rokitanski / Insel, p. 303 (carta de 29 de julho de 1913).

Lou Andreas-Salomé: pioneira da Modernidade

Sobre o tipo feminino
e outros textos

LOU ANDREAS-SALOMÉ (1861-1937) foi uma das primeiras mulheres a se tornar psicanalista. Nascida em São Petersburgo, já era uma conhecida intelectual no universo de língua alemã quando, aos cinquenta anos de idade, travou contato com o movimento freudiano. Poetisa, ensaísta e romancista, publicou diversos romances psicológicos, muitos deles baseados em suas experiências como mulher que habitava criticamente a tensão das normas sociais de seu tempo. As relações de gênero também estiveram entre os temas centrais de seus escritos teóricos, tanto os que precedem o encontro com Freud em 1911 — como, por exemplo, "O erotismo" (1910) — quanto os que integram a sua produção psicanalítica subsequente — como "Sobre o tipo feminino" (1914), que contém aquelas que são consideradas as suas mais importantes declarações sobre psicanálise e feminilidade. Sua perspicácia na elaboração de "Anal e sexual" (1916) é reconhecida por Freud, que menciona o artigo em mais de uma oportunidade ao longo de sua obra, assim como por Lacan, que o evoca no

Sobre o tipo feminino

seminário sobre a angústia. Por seu raciocínio singular, entremeado à linguagem poético-metafórica de sua lavra científica, recebeu o atributo de "poeta da psicanálise", bem como o elogio freudiano — feito após a leitura de "Psicossexualidade" (1917) — a respeito de sua vigorosa capacidade de síntese. Ao que parece, Lou tocou com sua obra não apenas algumas verdades a respeito de seus objetos de reflexão, como também constituiu, ela própria, um esteio para a verdade da psicanálise enquanto campo do saber. É o que admite Freud no obituário por ele escrito em sua homenagem, publicado em 1937: "Não exagero ao confessar que, quando se juntou às fileiras de nossos colaboradores e companheiros de luta, foi algo que todos nós consideramos uma honra e, ao mesmo tempo, uma nova garantia da veracidade da doutrina analítica".

O erotismo

Die Erotik (1910)

O erotismo[1]

Introdução

Podemos abordar o problema do erotismo por onde quisermos: sempre teremos o sentimento de extrema unilateralidade. Especialmente, porém, se procuramos usar a lógica: ou seja, a partir de seu exterior.

Isso significa, por si, subtrair do erotismo a vivacidade imediata das impressões, em tal extensão e por tanto tempo que nos encontramos no estado da mais cômoda conformidade com a maior parte possível da sociedade. Em outras palavras: apresentar as coisas de forma suficientemente insubjetiva, suficientemente alheia a nós mesmos, a fim de obtermos, em vez da totalidade, da indivisibilidade de uma manifestação da

---

1 Texto publicado pela Editora Literarische Anstalt Rütten & Loening, na cidade de Frankfurt am Main. Tratava-se do volume 33 da série coordenada por Martin Buber e intitulada "Die Gesellschaft. Sammlung sozialpsychologischer Monographien" ["A sociedade: coleção de monografias em psicologia social"].

O erotismo

vida, uma obra interpretada em fragmentos que possa ser, assim, justamente, fixada em palavras, manuseada com segurança conveniente e totalmente visualizada de forma unilateral.

Esse método específico de apresentação, que inevitavelmente materializa e desalma tudo, deve, no entanto, ser também aplicado àquilo que conhecemos em detalhes apenas subjetivamente, que só pode ser vivido individualmente; àquilo que estamos habituados, portanto, a designar como impressões "espirituais" ou "anímicas", ou seja, simplesmente: as impressões na medida em que — e tanto quanto —, em princípio, dele se distanciem. Em nome da conformidade a ser obtida, nós podemos também lidar com esses efeitos diversos elucidando-os sempre apenas com base nesse único efeito, enquanto todo o resto que poderia ser dito a respeito deles pode ser considerado apenas complementação ilustrativa — a qual, aliás, também adequada à conformidade lógica, pode convencer somente mais ou menos de maneira subjetiva, mesmo com a ajuda formal dessa mesma conformidade.

Para o problema do erótico, contudo, essa contraditória meia-medida, essa redução à metade, ainda é bastante típica conforme ele próprio parece vacilar mais indefinivelmente entre o físico e o espiritual.

Essa contradição, porém, não se ameniza com o esmaecimento ou a amalgamação dos métodos diversos entre si, mas sim por meio do seu evidenciamento cada vez mais apurado, de seu manejo cada vez mais rigoroso. Poderíamos dizer: devido ao fato de termos em mãos algo completo, com um limite cada vez mais seguro, como peça isolada e material, confirma-se e materializa-se para nós, apenas então, a sua dimensão que se alarga muito além de nós mesmos. Com isso, visualizamos não apenas a unilateralidade do objeto observado, mas também a do método: o caminho que, por assim dizer, leva para duas direções, no qual a vida se abre para nós e que apenas uma ilusão de ótica parece reunir em um ponto. Pois quanto mais adentramos em algo, mais profundamente ele se abre para nós em dois caminhos, assim como a linha do horizonte se torna cada vez mais elevada a cada passo que nos aproximamos dela.

No entanto, em um trecho mais além do caminho, a visão exata das coisas começa a se considerar unilateral. A saber, em todo lugar em que o próprio material foge a essa visualização, resvalando no incontrolável, para além do senso e da razão, enquanto ela ainda o percebe em seu senso como algo existente ou ainda pode considerá-lo na prática. Além do curto trecho de controle, acessível apenas à nossa vigilância, surge, para aquilo que está dentro de seu âmbito, um critério modificado no que diz respeito a "verdade" e "realidade". Também aquilo que é mais materialmente tangível, também aquilo que é mais compreensível pela lógica torna-se, nesses termos, uma convenção sancionada pelas pessoas, um guia para fins de orientação prática — ademais, volatilizando-se no mesmo valor meramente simbólico como aquele registrado por nós como "espiritual" ou "anímico". E em *ambas* as pontas de nosso caminho eleva-se, portanto, inviolavelmente o preceito: "*Farás* para ti uma imagem de escultura e uma parábola!", de modo que também o alegórico — abordado apenas em signos e comparações, de que toda descrição mental depende — vê--se incluído no valor essencial da forma de reconhecimento

O erotismo

humano. Assim como aquela linha do horizonte que se afasta de nós a cada passo, enquanto para nós, não obstante, o "céu e a terra" sempre voltam a se unir em *uma* imagem: a ilusão de ótica primordial — e, ao mesmo tempo, o símbolo derradeiro.

Base

Uma equalização como essa última, longe de subestimar o caráter exterior das coisas, salienta-o uma vez mais em sua independência entre os complementos que lhe cabem. Somente tal equalização ensina uma imparcial compreensão de todas as circunstâncias do que há de "mais material", ou mesmo de mais físico — uma reverência objetiva para com elas mesmas. Reverência em um sentido para o qual ainda estamos longe de nos tornarmos suficientemente simples e dedicados: sem desviar o olhar para conotações éticas, estéticas, religiosas e outras. Voltada exclusivamente para o sentido físico em si. Voltada para ele assim como para o lado, agora compreensível para nós, das experiências inconcebivelmente longas, por assim dizer, como explorações investigativas do campo daquilo que, para nós, é a existência — lado e que ainda é legível por toda parte da existência, como em cicatrizes de batalhas ou sinais de vitória. Como se, nesse que se transformou ancestralmente de forma praticamente primeva — e que, diferentemente do espiritual, resiste, suporta nossa avaliação —, o movimento da vida aparentemente nos paralisasse, fixado em traços e formas, de modo que nosso próprio intelecto, tardiamente nascido no mundo físico, possa trepar-lhe por todos os lados como um menininho pequeno e ainda tolo, com dedos tateantes, como se no regaço de um ancestral.

No que diz respeito à base do erótico, à sexualidade, isso significa sua investigação cada vez mais profunda no sentido fisiológico. A sexualidade como uma forma de necessidade, assim como a fome, a sede ou quaisquer outras manifestações de vida de nosso corpo, torna-se acessível à compreensão de sua outra essência e de seu efeito apenas sobre essa base. Assim como apenas a investigação individual cuidadosa e a averiguação de fatos podem fornecer orientações sobre as necessidades nutricionais ou outras de nosso corpo, aqui tampouco tem validade qualquer outro princípio norteador que não aquele que costumamos celebrar como o mais alto de todos no campo da ética: aquele segundo o qual a menor coisa, a mais ínfima, que se encontra no mais baixo nível, não parece em nada menos considerável do que aquilo que é dotado de toda a dignidade humana.

Primordial para tanto parece ser a avaliação não tendenciosa devida a quaisquer considerações subjetivas tanto da atividade sexual como da abstinência. Se essa avaliação, sob algumas perspectivas, ainda está entre questões pendentes, isso pode se dever, entre outras coisas, ao fato de estarmos longe de ter conhecimentos tão exatos sobre as secreções internas das glândulas endocrínicas — assim como sobre suas relações mútuas (as quais possivelmente podem substituir-se mais mutuamente do que sabemos) — quanto os que temos sobre as secreções sexuais externas; de forma que não podemos avaliar realmente a que influências advindas delas podemos estar sujeitos, mesmo quando a atividade sexual está

O erotismo

externamente suprimida (no exemplo mais comum, no caso da remoção apenas do útero ou do membro masculino, mas não dos ovários ou dos testículos, as caraterísticas sexuais secundárias não são influenciadas). Seria então concebível, a partir deste ou de outro ponto semelhante, que se chegue a conclusões referentes à abstinência sexual que a façam parecer não apenas lícita do ponto de vista da saúde, mas também valiosa — no sentido de um valor que aumenta a força ao reabsorver e implementar tal força. E serão várias as mulheres que sentirão, com um sorriso furtivo, que já sabiam disso há tempos: aquelas nas quais a contenção sexual obrigatória de todos os séculos cristãos transformou-se, pelo menos em algumas classes, em independência natural da crua necessidade do libidinoso; aquelas que, hoje, por esse motivo, devem pensar três vezes — não, dez mil vezes — antes de estender a mão para um fruto que cai facilmente em seu regaço, derivado de dura batalha cultural, antes de se deixarem transviar por uma liberdade amorosa mais moderna, pois são necessárias muito menos gerações para a privação do que para a aquisição.

Todavia, devemos nos posicionar de forma igualmente imparcial perante outras possibilidades que podem advertir para um negligenciamento descuidado da sexualidade. Perante os casos em que a excitação sexual pode ser reconhecida como um substituto natural para os colossais estimulantes dos quais o corpo infantil em crescimento dispõe por meio dos estímulos externos, ainda tão novos para ele, para toda a sua vida sensorial. Perante os casos que contam sobre jovens doentes que foram curados pela experiência sexual, até mesmo aquela sem nenhum impulso próprio, ou meninas anêmicas que desabrocharam mesmo em casamentos indesejados e se fortaleceram sob a influência do tônus epitelial e do metabolismo modificados. Perante todos os casos nos quais se torna evidente o risco de que, entre a juventude e a velhice, a íntima força vital, por conta de seu represamento, não se torne ativa na forma de realizações frutíferas, mas concentre-se em uma espécie de efeito tóxico que inibe e retarda a vida. E mesmo que tais indícios possam ser contrapostos a outros diversos, temos de notar quantas vezes a inibição física faz com que o ser humano seja prejudicado em sua capacidade mental, em seu valor humano mais individual.

Por esse motivo, qualquer coisa que possa contribuir para uma avaliação mais sensata de tais questões deve ser bem-vinda e deve poder ser tratada como *um problema totalmente específico*, sem nos deixarmos desorientar, seja por uma idealização apressada das necessidades físicas — considerada, às vezes, um "helenismo" modernizado —, seja pelas demandas do erotismo em seu sentido mais literal. Pois devemos salientar também quão pouco o anseio atual pelo aperfeiçoamento e a individualização dos sentimentos amorosos pode solucionar tais questões isoladamente. No entanto, ele não é menos digno de reconhecimento por isso, e qualquer força pura que ajude a promovê-lo é um grande ganho. Porém, naturalmente, a sutileza crescente da escolha amorosa apenas reforça inicialmente as dificuldades de sua própria realização. Nossa maturidade fisiológica coincide apenas em ocasiões extremamente raras com estados anímicos tão excepcionais, sendo que, aliás, por sua vez, ambos também raramente coincidem

O erotismo

com a maturidade de espírito e caráter de um ser humano que precisa se vincular constantemente a alguém.

A mistura de todos os pontos de vista práticos possíveis — higiênicos-românticos-pedagógicos-utilitaristas — revela-se difícil, na medida em que a pura objetividade parece ser aqui sempre passada de um ponto a outro antes que possa manifestar realmente a própria objetividade. Assim, por exemplo, a questão fisiológica vê-se prematuramente concluída em virtude de ideais robustos da cultura do corpo, ou, inversamente, descreditada por frágeis ideais dessa mesma cultura. Estes, por sua vez, temendo ser confundidos com seus robustos colegas, veem-se rapidamente compelidos a um casamento realizado às pressas, que deve acontecer com tantas concessões mitigadoras que ele próprio parecerá fisiologicamente justificado de forma bastante suspeita: com o que teria voltado, mais uma vez, satisfeito ao ponto de partida. Assim, para não recair em um tom frívolo e tampouco tradicional, adota-se alternadamente um tom livre, entusiástico ou levemente filistino mal-humorado, de certa forma como, em tempos remotos, divindades destituídas eram degradadas a demônios[2] sem que ninguém suspeitasse que, pouco tempo antes, as pessoas ainda acreditavam nelas — até estudos mais céticos descobrirem que elas também estavam apenas sendo revividas em seus sucessores. Por esse motivo, talvez,

---

2 Presente em Heine, essa ideia reaparecerá em Freud, ao falar da figura do duplo. Cf. Heine, H. (1853/2000). *Os deuses no exílio* (M. Suzuki, trad.). São Paulo: Iluminuras. Cf. também: Freud, S. (1919/2021). *O incômodo* (P. S. de Souza Jr., trad.). São Paulo: Blucher [N.E.].

uma certa desconsideração de sua classificação, assim como de todas as perspectivas de reforma ou retrospectivas de luta, seja profícua para uma visão unilateral das coisas.

Tema

Uma duplicidade caracteriza o problema do erotismo:

Em primeiro lugar, o fato de que ele deve ser considerado caso especial dentro das relações físicas, psíquicas e sociais, e não tão despoticamente isolado como muitas vezes ocorre. Mas também de forma que vincule, mais uma vez, todas as três formas dessas relações *mútuas*, fundindo-as, assim, em uma única relação e em seu problema. Já enraizado na base de toda a existência, o erotismo cresce, assim, a partir do mesmo solo rico e forte, podendo espichar-se até a altura que seja e transformar-se em poderosa árvore prodigiosa ocupadora de espaço, para então perseverar com a força escura e terrena de sua raiz, mesmo onde seu solo esteja completamente atulhado por construções. Este, justamente, é seu violento valor vital: o fato de que, por mais capaz que seja de se validar individualmente ou de incorporar altos ideais, ele não precisa fazê-lo, sendo que, no entanto, pode sugar o aumento de sua força de qualquer terreno, adaptando-se a quaisquer circunstâncias a favor da vida. Assim, já o encontramos associado aos processos de nossa corporeidade que decorrem de forma quase puramente vegetativa, unindo-se intimamente a eles, e mesmo que ele não seja, como essas funções, pressuposto absoluto para a existência, exerce, no entanto, ainda a mais forte

O erotismo

influência sobre elas. Assim, fica-lhe garantido, indestrutivelmente, mesmo em seus estágios e espécies mais elevados, até mesmo no auge dos mais complicados encantos amorosos, ainda algo dessa profunda e simples origem: algo dessa alegria benéfica que o corpóreo sente, no sentido específico de sua satisfação, como uma experiência sempre nova, jovem, como vida em seu sentido original. Assim como toda pessoa saudável desfruta plenamente, com um prazer que sempre se renova, seu despertar ou o pão de cada dia, ou uma caminhada ao ar livre, como se renascesse todos os dias; e assim como às vezes reconhecemos acertadamente o início de perturbações nervosas quando esses fatos corriqueiros, essas necessidades básicas, misturam-se tediosamente a termos como "maçante", "monótono", assim também ocorre na vida amorosa por trás e por baixo de suas outras alegrias — alegrias que o ser humano divide, de forma banal e imensurável, com tudo o que respira junto com ele. O próprio erótico animal não se restringe apenas a isso, na medida em que, no animal mais elevado, o ato sexual é acompanhado por um afeto cerebral que produz uma excitação exaltada em sua matéria nervosa: o sexual é impelido na direção da sensação, por fim, do romantismo, até seus mais refinados ápices, culminando na área do mais individual humano. Mas esse desenvolvimento amoroso crescente dá-se, desde o início, sobre um fundamento cada vez mais oscilante: em vez daquilo que permanece eternamente igual e tem eternamente o mesmo valor, baseia-se na lei de tudo o que é animalesco, segundo a qual o vigor da excitação se reduz com sua repetição. A necessidade de escolha entre o objeto e o momento da força — uma grande prova de amor

— é retribuída com o entediamento em relação ao mais intensamente desejado — com a consequente cobiça pelo não repetido, pela força da excitação ainda não esmaecida, pela *mudança*. Pode-se dizer: a vida amorosa natural em todos os seus desenvolvimentos, e talvez mais ainda em seu desenvolvimento mais individualizado, está fundamentada no princípio da infidelidade. Pois a habituação, na medida em que representa o inverso, um poder oposto, está ainda sujeita, por sua vez, pelo menos segundo seu sentido bruto, aos efeitos das necessidades do corpo mais vegetativamente condicionadas, hostis à mudança, que estão dentro de nós. Contudo, é o princípio mais plenamente mental — quero dizer, mais complexo — da vida que coage à mudança e ao consumo exigente dos estímulos; é o comportamento intensificado de forma sensata que, justamente por isso, não quer saber da velha constância, da estabilidade, dos processos primitivos, o que os transforma para nós, em algumas relações, numa base de segurança que quase se assemelha ao anorgânico, quase como um sólido alicerce de terra ou rocha. Assim, não é fraqueza ou inferioridade do erótico se ele, à sua maneira, se encontra em pé de guerra com a fidelidade; na verdade, é um indício de sua ascensão para relações vitais ainda mais amplas. Por esse motivo é necessário que, também em situações nas quais ele já esteja envolvido em tais relações, mantenha muito de sua sensibilidade insaciável, assim como seu fundamento apenas nos processos mais primitivos da vida orgânica. E se esses últimos, o que há de "mais corpóreo" em nós, não devem ser considerados de outra forma, senão com reverente imparcialidade, assim cabe verdadeiramente também ao erótico a

O erotismo

mesma reverência, mesmo em suas intrépidas imprudências, apesar de estarmos habituados a ver nelas apenas aquilo que as transformou em bode expiatório de toda tragédia amorosa.

O contexto no qual o erótico, pelo menos no melhor dos casos, se despoja de seus piores vícios é dado pelo nosso comportamento mental. Quando assimilamos algo em nossa compreensão e nossa consciência, e não em nosso anseio físico e anímico, nós não o experienciamos apenas como uma excitação de intensidade esmorecente que se deve ao saciamento desse anseio, mas como interesse crescente da compreensão, ou seja, em sua singularidade e irrepetibilidade humana. Somente com isso revela-se o sentido completo daquilo que, no amor, impele um ser humano a outro ser humano, como que a um segundo, um outro eu irrepetível, para então se realizar na interação com ele como um fim em si mesmo, não como recurso amoroso. Se somente então o amor surge com seu significado social, está claro que isso não se aplica ao seu aspecto externo: pois sua sujeição às consequências externas, sua inevitável ligação com o círculo de interesses da coletividade, já contém seu lado avesso, o social, desde o seu estágio inicial. Aqui, contudo, o sentido mais íntimo de sua vida se revela: o grau de vivacidade espiritual em comparação com o qual mesmo o ímpeto para a mudança ainda parece carecer de mobilidade interna, já que precisa de certos estímulos externos para começar a se desenvolver — ao passo que, nesse caso, eles seriam considerados mais um estorvo, um impedimento. Com isso, a lealdade e a estabilidade ganham um cenário modificado: nessa hegemonia da vitalidade total, da exploração da vida, surgem novas possibilidades organizatórias daquilo que é externo — um mundo de permanências torna-se novamente viável, um solo renovado e seguro para todo o devir da vida —, de forma análoga à nossa base física e àquilo que nosso organismo destaca de si mesmo, no filho, como o real propósito final do amor.

Apenas com seus três estágios, porém, a essência do erótico ainda não foi completamente descrita; e ela só o será com o fato de sua *interação* recíproca. Por essa razão, nesse campo, hierarquias só podem ser definidas com grande dificuldade, e não incluem a nítida escala que pode ser teoricamente deduzida dessa inter-relação, mas sim a totalidade, sempre completa em si, vividamente indivisível. Mesmo que, a cada vez, avaliemos essa totalidade como maior ou menor, nunca sabemos, em cada caso, se ela abrange todo o conteúdo, já que ela própria não é capaz de ter consciência dele: assim como, por exemplo, um filho corresponde fisiologicamente ao propósito amoroso completo, mesmo quando a obtusa inconsciência de tempos primevos o atribui às mais bizarras causas demoníacas, e não ao processo sexual. Portanto, a presente discussão deve ser complementada na medida em que o fator físico no erótico, que tudo influencia até o final, também é influenciado, por sua vez, desde o início pelos outros fatores que se subtraem a definições exatas: somente com a *compreensão total* da sua essência o problema pode ser definido.

O erotismo

O ato sexual

No mundo dos seres vivos — proporcionalmente — mais indiferenciados, o acasalamento se dá por meio de uma pequena totalidade completa e tão desestruturada em si que quase poderia ser um emblema dessas circunstâncias aqui descritas. Na conjugação dos organismos unicelulares — que às vezes parece ser também a base de sua própria procriação —, os dois núcleos celulares se fundem completamente, criando o novo ser, e apenas uma parte irrelevante da periferia da antiga célula se separa dela, morrendo durante esse processo: procriação, filho, morte e imortalidade ainda estão unidos. O filho ainda pode ocupar o espaço de seu genitor animal, o seguinte ocupando o lugar do antecessor, assim como um fragmento pode ser substituído por outro no campo daquilo que denominamos "inanimado". No mesmo instante em que, com o progresso da estrutura orgânica, a conjugação perde sua totalidade e só pode se realizar parcialmente, a contradição surge com toda a sua agudeza: aquilo que mantém a vida pressupõe concomitantemente a morte. E frequentemente de forma tão imediata que ambos os processos parecem ser os mesmos, apesar de se consumarem em dois seres, como se fossem duas gerações. Quando finalmente a diferenciação dos seres individuais atinge um ponto ainda mais irreproduzível e os procriadores não sobrevivem realmente no produto de sua procriação, a morte se distancia da aliança imediata, já que o animal participa apenas indiretamente do processo sexual, com sua própria estrutura física desenvolvida. Ou seja, na medida em que apenas cede aquilo que ele próprio herdou e não absorveu em seu desenvolvimento individual: o sexo, digamos, é transmitido "por baixo do pano". Com isso, o processo teria chegado ao desfecho mais remoto possível de seu início, e toda a pulsão de autoconservação, que aparentemente fez o pequeno núcleo celular parecer, inicialmente, tão inventivo em sua procriação, teria, de forma quase perversa, se emancipado daquela parte que — no início, aparentemente irrelevante e despretensiosa — morreu na periferia da célula. Todavia, todas essas grandes revoluções advindas de tempos primevos são simplesmente ignoradas pelas próprias células sexuais, como se elas continuassem dominando todo o reino da vida, e não apenas uma pequena província isolada, cada vez mais reduzida, dentro dele. Pois, como dentro delas está tudo que é necessário para que um indivíduo possa se reconstruir com tamanha diferenciação, elas não apenas carregam em si, inalterado, o mesmo caráter totalitário, mas também imprimem seu impacto temporário sobre o corpo que as abriga.

Provavelmente é resultado de tais influências o fato de que justamente a mais primitiva forma de ligação entre seres vivos, a fusão total dos organismos unicelulares, corresponde de forma curiosamente alegórica àquilo que a mente consideraria, nos mais altos sonhos amorosos, a felicidade completa do amor. Certamente por esse motivo o amor se sente tão levemente envolto por um anseio e um temor de morte que mal podem ser diferenciados claramente entre si — por algo semelhante a um sonho original, no qual o próprio si-mesmo, a pessoa amada e o filho de ambos ainda podem ser um e são três nomes para a mesma imortalidade. Por outro lado, aqui se encontra a razão para o contraste entre o mais grosseiro e o

O erotismo

mais idealizado no que diz respeito às questões amorosas, que é aparente de forma cômica até mesmo em animais, quando eles são capazes de combinar sua necessidade sexual com a hipnose mais sentimental. No mundo humano, nem sempre há um lado cômico nessas oscilações entre o grosseiro e a efusão emocional. Uma obscura compreensão de tal fato também provoca o pudor espontâneo, profundamente instintivo, que pessoas muito jovens e inocentes podem sentir em relação à união sexual: um pudor que não se deve à inexperiência delas, tampouco a discursos morais bem-intencionados, mas sim ao fato de que seu impulso amoroso vem da totalidade de si mesmas e a passagem disso para um ato parcial e físico as confunde — quase como se diante da presença secreta de um terceiro, um estranho: justamente do corpo como parte autônoma de uma pessoa — como se, ainda pouco antes, elas, enquanto na linguagem desajeitada de seu anseio, estivessem quase mais próximas, em uma proximidade total e imediata, uma da outra. A própria sexualidade busca, entretanto, fundir em si contrastes e contradições que a desorientam em virtude da divisão de tarefas das funções. Incansável, ela se socializa com todas as pulsões das quais possa se apropriar de alguma forma. Começa talvez com a pulsão de voracidade, como a mais aparentada a ela, a qual, mais precocemente formada, também era voltada para tudo, mas logo a deixa para trás, por ser já muito especializada. Se hoje enamorados ainda asseguram que gostariam de devorar o outro por amor,[3] ou se cruéis aranhas fêmeas ainda o fazem de fato com seus pequenos

---

3 Cumpre notar, em português, a acepção sexual do verbo "comer" [N.E.].

parceiros deploráveis, esse ataque tão amedrontador não ocorre como uma devoração que leva ao amor, mas de forma inversa: é o desejo sexual como uma *manifestação total* que leva consigo todos os órgãos isolados para sua exaltação. E o faz com grande facilidade. Se todos eles vêm, digamos, do mesmo berçário que os habitantes dos órgãos sexuais, cada um deles poderia, afinal, brincar de "pequenas células sexuais", se o diabo da soberba não os houvesse enredado em uma tão ampla diferenciação. Por isso a lembrança com a qual a sexualidade os importuna ecoa dentro deles; eles esquecem quão maravilhosamente longe chegaram e se apegam, mais do que seria decoroso para um órgão real das espécies animais mais elevadas, a uma nostalgia inopinada pelos bons e velhos tempos das primeiras formações e divisões no óvulo materno.

Sobre um tal surto — no âmbito humano diríamos: sentimental — de regressão está fundamentada a excitação geral infinita da criação desencadeada pelo ato sexual. E quanto mais ele próprio é, no decorrer do desenvolvimento, por assim dizer, encurralado em um canto, tornando-se um ato extraordinário, tanto mais intensamente cresce, proporcionalmente, a importância de sua influência total sobre o restante, pois eis o que ocorre: a confluência de dois seres no êxtase erótico não é a única — e talvez nem mesmo a verdadeira — união. Pois é dentro de nós mesmos, acima de tudo, que todas as vidas distintas do corpo e da alma, mais uma vez em um sentimento comum de nostalgia, se fundem ardentes, em vez de viverem isoladamente, sem tomar conhecimento uma da outra, como membros de uma grande família que só se lembram em datas comemorativas de que têm todos "o mesmo sangue".

O erotismo

Quanto mais elevada e complexa a espécie dos organismos, tanto mais essas experiências se assemelharão naturalmente a dias maravilhosos de festa e celebração, os quais, sob a influência e o esforço do plasma germinativo, como um tio-avô que chega da América, deixam repentinamente tudo em estado de alarme, até o mais recôndito ângulo extra de nosso ser, gerando uma pomposa celebração de ascendências e sexo.

Assim, diz-se com certa razão: o amor sempre traz felicidade, mesmo o amor infeliz — isso se considerarmos esse ditado de forma suficientemente não sentimental, sem considerar tampouco o parceiro. Pois, apesar de estarmos aparentemente bastante satisfeitos com ele, estamos, na verdade, satisfeitos com nosso próprio estado, o que, como um típico extasiado, não nos torna nem um pouco capazes de lidar objetivamente seja lá com o que for. Apenas como ensejo estimulante o objeto amado está presente: como um som ou um aroma que vêm de fora criam mundos inteiros e podem se enredar em um sonho noturno. Enamorados também estimam de modo instintivo sua pertença mútua de acordo com este único critério: tornarem-se mutuamente produtivos mental e fisicamente, o que os torna concentrados do mesmo modo um no outro e aliviados, assim como ocorre no ato de amor corpo a corpo. Caso eles, em vez disso, percebam a suspeita exaltação do outro de forma objetiva em excesso, logo dá-se então a conhecida queda abrupta das nuvens da adoração, que qualquer pessoa mais experiente costuma profetizar a todos os enamorados com um meneio de cabeça, de forma que a pobre insensatez amorosa, há pouco ainda enfeitada com lantejoulas douradas qual princesa, retorna como

"Gata Borralheira". Em seu vestido de lantejoulas, ela esqueceu que trajava apenas a gratidão do outro pela própria felicidade; que talvez, inconscientemente, sempre haja algo de um desejo exagerado de compensação daquele egoísmo erótico que, durante o ato, celebrava apenas a si mesmo. E que, para tanto, interpunha, entre si mesmo e o outro, como uma sombra dourada, a mais inacreditável construção fantasmática como mediadora entre ela e ele.

O devaneio erótico

É interessante observar como, justamente nesse ponto, o tema do erótico é tratado da forma mais negligente. Com certeza, essa participação da mente no êxtase amoroso contém tanto... êxtase — sintomas tão óbvios de embriaguez —, que não parece haver nenhuma saída a não ser impeli-la para o terreno romântico ou desconfiar de que ela seja um tanto patológica. Esse ponto nevrálgico de toda a história é frequentemente abordado como se a carapuça dos tolos, que nossa compreensão veste aqui temporariamente, a impedisse de levar sua própria condição a sério. De maneira geral, as pessoas se contentam em examinar a sexualidade como ela surge localizada nos centros cerebrais inferiores, e então a ela incorporar o material afetivo de espécie não erótica que, com a graça do bom Deus, se associa pouco a pouco a ela, como por exemplo a amabilidade, a bondade, a amizade, o senso de dever e semelhantes. Todos esses nem chegam a ser estimulados pela superestimação extasiada que cresce feito mato; pelo

O erotismo

contrário, ela inicialmente apenas bloqueia o caminho do amor, uma planta socialmente útil.

Contudo, algo muito humano da experiência sexual fica de mãos abanando se a loucura humana é descartada como insignificância. Somente com as efusões de tresloucados julgamentos de amantes de todos os tempos e povos completa--se o inventário daquilo que o ser humano fez do sexo por meio de seu intelecto febril; e apenas quando não o consideramos de forma romântica e tampouco com moderado interesse médico.

Pois esse inventário contém a linguagem mental daquilo que o sexo se esforça por expressar, desde tempos do mundo primevo, como seu único sentido na clareza corporal: que ele toma e confere o todo. A revolução gradual das células sexuais — as únicas que participam totalmente em todo o físico —; o levante dessas retrógradas, nascidas livres, como nossa nobreza original, no corpo-Estado bem-organizado, faz com que a mente seja ouvida. Nela, como líder superior, órgão da síntese, acima da diversidade dos outros, a vontade despótica das células sexuais pode encontrar ressonância — ora, a simples existência da mente já concretiza em certo grau seus desejos exigentes, na medida em que eles, partindo dessa existência, influenciam tudo como poder unificador, mesmo que isso ocorra apenas na forma de queima de fogos simulada: como ilusão.

Compreende-se por que até mesmo Schopenhauer teve de remexer nas profundezas de seu saco metafísico a fim de banir essa ilusão amorosa como uma das mais marotas ratoeiras de sua "vontade de viver" junto com seu chamariz ofuscante — sentimos aqui, verdadeiramente, a fúria de todos os ludibriados. Pois com certeza, a partir do momento em que o sexual é simplesmente enfileirado como um processo entre todos os outros no corpo deveras organizado, a comoção total ardentemente apaixonada deve, de certa forma, ralentar até se esvaziar. Ela só pode ser um luxo que envolva os fatos sexuais; por assim dizer, um trabalho de cativar e seduzir que enroupe e orne o necessário e o real com uma abundância esbanjadora que nenhuma realidade pode compensar. Com isso, todavia, ela não sucumbe simplesmente a um autoengano, mesmo que possa enganar, involuntariamente, vários outros: ela apenas busca, pela primeira vez, com recursos puramente mentais, abrir um caminho próprio, um caminho mental, por entre as aflições físicas até um paraíso perdido qualquer. Por isso vivemos essa ilusão com maior convicção quanto mais real for um amor dentro de nós e, se toda a nossa força cerebral se imiscuir, a título de reforçá-la, ela se torna ainda mais desvairada.

Não raro o comportamento dos amantes entre si expressa certa noção de que um é visível para o outro apenas de forma idealizada, velada; e, sem nenhuma pose ou intenção, como uma celebração de sua imagem onírica. Pois certas coisas, as mais belas, só podem ser vividas, digamos, de forma estilizada, não puramente realista, em sua existência plena, como se nelas a colossal completude poética só pudesse ser aceita com o auxílio de uma forma mais controlada: ordenada pelo respeitoso anseio pela beleza, ao qual nos entregamos com mais recato que nunca, mais incondicionalmente que nunca, portanto em uma mistura de existências completamente nova. Nesse efeito mediado pelo delírio, que acarreta influência mútua mais

O erotismo

vinculativa do que qualquer dependência real já tenha acarretado — pois, com isso, o outro permanece "fora", externo a nós (tocando, porém, fecundando o raio de nossa essência), de forma que, somente a partir desse ponto, todo o restante do mundo se abra para nós —, esse se torna o nosso verdadeiro ponto de núpcias com a vida, com esse lado exterior das coisas que normalmente nunca poderia ser totalmente incorporado: ele passa a ser o meio pelo qual a vida se torna eloquente para nós, pelo qual encontra os sons e os sotaques apropriados à nossa alma. Amar significa, no sentido mais solene: conhecer alguém cuja cor as coisas devem adotar se quiserem nos atingir de forma que deixem de ser indiferentes ou terríveis, frias ou vazias; e mesmo as mais ameaçadoras entre elas, como animais ferozes, quando entramos no Jardim do Éden, deitam-se, serenas, a nossos pés. Nas mais belas canções de amor vive algo dessa poderosa sensação, como se a coisa amada não fosse apenas ela mesma, mas também a folha que tremula na árvore, também o raio que reluz sobre a água — transformada em todas as coisas e transformadora das coisas: uma imagem dispersa na eternidade do Universo, para que, por onde quer que perambulemos, estejamos em nosso país natal.

Por isso tememos, com razão, o fim do êxtase amoroso quando nos conhecemos profundamente demais; por isso todo verdadeiro êxtase se inicia com algo como um impulso criativo que faz vibrarem os sentidos e o espírito. Por isso, apesar de toda a ocupação com o outro, há apenas uma leve curiosidade sobre como ele realmente "é"; e mesmo que as expectativas sejam ultrapassadas em muito — o que reforçou e aprofundou uma união em todos os aspectos —, surge, eventualmente, uma forte decepção apenas porque não há mais espaço para nos comportarmos de forma criativo-poética, "lúdica". Pequenas irritabilidades se apegam, então, frequentemente aos mesmos pequenos traços que antes nos atraíam e nos encantavam em especial: o fato de que elas, posteriormente, nos são, no mínimo, indiferentes — mais que isso, nos incomodam —, nos lembra ainda de algo que, como um mundo desconhecido, fazia nossos nervos, à época, vibrarem de expectativa, algo que permanecia desconhecido.

Erotismo e arte

Nós reconhecemos melhor os últimos e verdadeiros impulsos do erótico assim que o comparamos a outros produtos nascidos da fantasia, principalmente aos artístico-criativos. Com certeza, há aqui um profundo parentesco. Poderíamos quase dizer, um parentesco de sangue, devido ao fato de que do comportamento artístico também participam forças ancestrais, que se impõem, com uma comoção apaixonada, entre aquelas adquiridas individualmente: contendo ambas as vezes sínteses obscuras de outrora e agora como vivência fundamental e o êxtase de sua interação secreta.

Nessas áreas fronteiriças obscuras, o papel que, também nesse segundo caso, o próprio plasma germinativo pôde desempenhar foi pouco ou quase nada estudado. O fato de que a pulsão artística e a pulsão sexual ofereçam analogias tão amplas; de que o encantamento estético se transforma tão desapercebidamente em erótico; de que o anseio erótico busca, de

O erotismo

forma tão involuntária, o estético, o ornamento (os animais possivelmente obtiveram seus ornamentos diretamente da criatividade corporal), isso parece um sinal de crescimento de irmãos a partir da mesma raiz. Parece significar a emergência da vida original, ainda não utilizada, até o que há de mais pessoal; como o retorno, de certa forma, das forças especiais dispersadas às profundezas quentes da Terra, sobre as quais toda a criação repousa e com o que aquilo que foi criado pode nascer como totalidade viva. E se o sexual pode ser chamado de redespertar daquilo que há de mais ancestral, de sua memória corporal, também é verdadeiro para o criador artístico que a mesma sabedoria ancestral precisa se transformar na lembrança mais pessoal dentro dele, associada ao seu presente, ao que ele tem de mais próprio — uma espécie de chamado que o desperta do sono do passado por meio da agitação da hora. No processo artístico, contudo, a comoção física nessa agitação tem, em toda a sua emoção, apenas a finalidade de acompanhá-la como um momento, na medida em que o próprio resultado surge como um produto cerebral de um vínculo mais individual; na sexualidade, por sua vez, os processos físicos, inversamente, permitem à exaltação mental que participe apenas como coadjuvante — esforçando-se para criar nenhuma outra "obra" senão a existência física de um filho. Por essa razão, o erótico expressa, muito mais que o artístico, seu êxtase em simples devaneios, em tantas "inverdades". Certamente, também no artista o estado extraordinário traspassa aquele da norma, como uma anomalia, uma violação do presente, daquilo que é dado pela ordem, por meio da interação estimulante entre demandas do passado e do futuro dentro dele. No entanto, esse "comportamento amoroso voltado para dentro de si mesmo", o qual também é o *seu comportamento* mais valioso, encontra tanto o seu último esclarecimento quanto a sua realização final em terreno espiritual; concentra-se e resolve-se mais ou menos completamente em sua obra, enquanto o estado mental erótico, devido ao fato de que essa conclusão justificante lhe falta, permanece enfileirado, como uma espécie particular de excentricidade, no mínimo como anormalidade, nas engrenagens da vida restante. Apesar de o artista, portanto, poder fantasiar muito mais livremente que o enamorado, não restringido pelas relações da vida com uma realidade que praticamente se impinge a ele por quem é amado, de fato, somente ele, o criador, submete essa realidade a suas fantasias: apenas ele cria uma nova realidade a partir da existente, enquanto o enamorado, impotente, apenas a regala com suas invenções. Porém, em vez de poder relaxar com a harmonia alcançada pela obra trazida a público, como pode fazê-lo a fantasia artística, a poesia do amor perambula, assim, incompleta por toda a vida, procurando e presenteando, trágica em sua obra externa, na medida em que não consegue libertar se, cm scu pcnsamcnto, da condição física de seu objeto, tampouco limitar-se a ele. Com isso, o amor torna-se o mais físico, assim como aparentemente o mais espiritualista, o mais supersticioso que nos assombra; ele se atém totalmente ao corpo, mas atém-se a ele como um símbolo, como um hieroglifo físico de tudo que queira penetrar em nossa alma pelos portais dos sentidos a fim de reavivar seus sonhos mais ousados: misturando, consequentemente, em todo lugar, à posse uma vaga noção do inatingível; irmanando, em todo lugar, a satisfação e a renúncia, como se elas divergissem

O erotismo

apenas em grau. O fato de que o amor nos torna criativos para além de nossa habilidade faz dele um símbolo do desejo; não apenas do nosso desejo erótico por um objeto, mas também de tudo o que é elevado e que almejamos em nossos sonhos. Enquanto, na criação artística, a comoção física que acompanha a criação mental desaparece sem dificuldades, como algo marginal e irrelevante, ela não se comporta da mesma forma no erótico, na criatividade do corpo. O excedente mental que oscila marginalmente também assume algo como uma nova tonalidade, defendendo todos os desejos por um estado obscuro e inefável. É como se algo, pelo simples fato de ter se individualizado até a espiritualidade, adquirisse a característica segundo a qual ele não se deixasse mais ser descartado como simples acessório ou recurso coadjuvante, mas sim sempre devesse proceder, por si mesmo, de forma organizadora, mesmo que devesse reavivar com seu sopro o mundo mais imperceptível, mais inexistente.

Idealização

Podemos nos questionar, aqui, qual é o verdadeiro motivo de todo esse impulso à idealização que parece estar tão profundamente inserido justamente nos processos criativos e se ele de fato não representa um elemento relevante na realização de tais processos, já que eles deveriam ser vistos como síntese do exterior e do interior, do mais longínquo e do mais próximo, do conteúdo universal e do próprio, do fundamento mais arcaico e da culminação da existência.

Mesmo quando não se trata desses processos excepcionais, mas sim de nossa existência cotidiana, o simples fato humano de nossa conscienciosidade tem uma base semelhante: a mesma necessidade de sintetizar a contraposição entre o mundo e o si-mesmo, o exterior e o interior, que já existe dentro dela. Somente a amplitude dessa síntese já diferencia o atingível pelo humano do atingível pelo animal. Na medida em que a consciência da vida aumenta, ela realiza também esse processo, abrangendo igualmente aquilo que jaz nas profundezas e o que é mais remoto, e assemelhando-se, assim, ao comportamento denominado por nós criativo, no sentido mais próprio da palavra. Até que, então, um opositor de decisiva relevância seja superado; até que seja esvaziado, transformando-se em unidade tão fecunda, como se, de certa forma, o devir do mundo e o nascimento do eu fossem experimentados, revividos — o que grava nossas criações como o seu cerne de vida própria em vez da mera existência aparente e da essência superficial disso resultantes.

Na mesma medida em que isso ocorre, percebemos a atividade idealizadora a todo vapor. O enamorado, assim como o criador (o criador do filho, assim como o criador da obra espiritual), pode ser reconhecido por seus encantos inocentes, objetivamente inaferíveis. O opositor mencionado, quanto mais relevante for aquilo que ele representa, mais evidentemente só pode se encontrar em solo comum como consequência dessa exaltação mútua; apenas em um nível tão elevado pode equilibrar suas demandas e suas estranhezas, e a ocasião para tanto é a seguinte: o próprio sentimento de vida intensificado já leva diretamente a esse comportamento.

O erotismo

É como se ocorresse, com isso, uma espécie de consagração daquilo que une os dois parceiros, de forma que eles parecem estar unificados sobre um "solo sagrado". Como se aquilo que denominamos "idealização" fosse algo como um ato primevo de criação das criaturas, algo como sua reprodução autônoma primordial, a continuação da vida de todos — e, portanto, já existente tão antecipadamente, tão prematuramente, mesmo na pulsão de acasalamento físico, atuando nos primeiros indícios de atividade cerebral. Como se proviesse dele o grande êxtase jubiloso da existência, como os pássaros afinam seu júbilo pela manhã quando o sol se prepara para se elevar por sobre um novo dia de criação — pois não há outras três coisas na Terra que sejam tão profundamente relacionadas entre si quanto estas: criação, adoração e alegria.

Se tatearmos na escuridão das origens humanas e dos tempos remotos da humanidade, nós nos deparamos com asserções religiosas como últimos pontos discerníveis. Aquilo em que sua consciência recém-despertada, que se deparou repentinamente com um mundo externo ao qual se reúne, é sempre, de alguma forma, o deus. É ele quem sempre reassegura a unidade a partir da qual podem surgir, então, os diversos esforços por uma cultura nascente. No entanto, a conscientização em si, em contraste com a mera autorreflexão animal, mal despertada, é uma exaltação tão grandiosa da vida que compreendemos por que todas as misérias e todos os desamparos repentinamente surgidos são sublimados, apesar de tudo, como primeira criação original humana, criação divina. Pois isso significa nada menos que a arma decisiva na batalha pela vida não é mais apenas a arma puramente material da animalidade, de força tão superior, mas sim um *ato da imaginação*. Mas não como uma subestimação desarmante da xenofobia factualmente dada, superestimada até chegar ao ponto intangível de efeitos magicamente poderosos, mas apenas na medida em que a força humana, aprofundada, também se sente consciente de si mesma: sente que não equivale apenas à materialidade do visível. E por isso, apesar de toda a urgência por antagonismo, a batalha não é mais apenas a busca momentânea de uma presa, mas, ao mesmo tempo, também a captura da unidade com toda a vida em seu entorno e daquilo em que o animal ainda tem sua raiz; uma tentativa de experienciar essa unidade no divino, na sublimação mágica. Sim, mesmo no sangue derramado, na carne devorada, o ser humano permuta forças com o inimigo, realiza algo como um pacto, núpcias religiosas; na medida em que pressupõe a existência de fatos, mas justamente postulando-os como seu futuro, ele celebra, passando fome e sede pela primeira vez de uma outra maneira, antecipando a ceia de sua redenção espiritual.

Apenas porque essa compulsão interna de intensificar, idealizar as coisas, significa, no sentido mais primitivo, "comportar-se como criador"; apenas por isso nós a reencontramos no ponto mais elevado das ações humanas, em todo lugar, afluindo, afinal, no mais refinado cume da experiência humana. Por esse motivo, nossa mais alta produtividade apresenta o caráter peculiar de ser percebida quase como concepção, como último apogeu de nossa autossuficiência, de forma que em nossas conquistas externas há uma devoção intrínseca a valores que estão além de nós. Nos momentos em que temos o domínio da vida, como nunca dantes, estamos mais próximos

O erotismo

de um sentimento de consagração e devoção: pois essas não são formas de uma experiência especial, mas sim a última expressão de sua intensidade em si. Assim, no caminho para uma liberação cada vez mais fecunda, uma existência cada vez mais criadora, é como se o nosso si-mesmo se tornasse estéril; como se não se sentisse, nos seus momentos mais elevados, mais uma vez misteriosamente dividido na dualidade original de sua base — a qual garante, sozinha, a sua unidade. Assim, é como se algo dos símbolos da divindade original, sob milhares de disfarces e requintes, passasse por tudo, companheiro de todas as pessoas e todos os tempos: como se a própria força criadora fosse o avesso da adoração — e a última imagem de todos os eventos, a fecundação nupcial e a concepção.

Erotismo e religião

O fato de a religião estar entre as coisas, definidas da forma mais diversa, cuja essência é explicada desde sempre das maneiras mais contraditórias deve-se provavelmente à sua intensidade, em que, segundo seu afeto basal, ela se reúne a nossos mais íntimos afetos vitais — a tais fatos internos que nos levam a levantar e cair; e que, justamente por isso, parecem não consentir o distanciamento de nós mesmos, do qual necessitamos a fim de sermos capazes de constatações teóricas.

Então, a princípio, o erótico também está diretamente incorporado no religioso, e vice-versa, em virtude daquela exaltação da vida a qual se origina com a chegada do interior e do exterior ao consciente, um estímulo fértil — sendo que essa força reunidora, esse prazer elevado pela vida, pelo desejo, especializou-se em mais íntima volúpia física ou mental. A relação entre ambas seria, portanto, a mesma que entre todas as outras atividades humanas nas quais a nova coloração conferida pelo religioso apenas deixaria reconhecermos sua cor original em sua base ou seu cume. O sexual parece estar especial e fortemente ligado aos fenômenos religiosos, mas apenas na medida em que o aspecto criador do ato sexual já se impõe tão cedo, no momento da procriação física, conferindo, com isso, ao regozijo puramente físico, seu caráter de exaltação generalizada: algo como uma espiritualidade previamente consentida. E se a mente transfere sua excitação cerebral para o que é afetivamente sexual, há, por outro lado, no fervor religioso, como em toda atividade psíquica intensa, algo advindo da excitação tonificante do corpo: entre ambos se estende todo o desenvolvimento humano, mas ele não os separa — a sua pluralidade conclui-se de unidade a unidade, e dentro desse processo, começo e fim abrangem um ao outro. Pois o fervor religioso tampouco existiria sem o pressentimento estrutural de que o mais sublime sonho pode brotar em nosso solo terrestre. Por isso, o culto religioso dos tempos mais antigos vincula-se à vida sexual por mais tempo e mais profundamente do que a outras manifestações da vida, e mesmo nas chamadas religiões espiritualistas ("religiões de fundadores") essa vinculação ainda subsiste de alguma forma.

Todavia, os fervores religioso e erótico ainda são paralelos de uma forma específica na qual a essência de ambos se torna bastante clara: a saber, suas manifestações intelectuais.

O erotismo

Assim como apenas um passo separa o sublime do ridículo, poderíamos achar — com todo o devido respeito e a admiração diante das obras intelectuais dos grandes religiosos — que, perante uma observação sensata da realidade, o mundo intelectual na pessoa tomada pelo fervor religioso apresenta uma nefasta semelhança, em certo sentido, com as exuberantes representações na fantasia do enamorado: tanto em seu método criador quanto no seu conteúdo repleto de desejos. Porém, com uma imensa diferença, apropriada a seu objeto, em sua apreciação: pois mesmo o amor mais ardente não demanda nem espera, do olhar imparcial de todos, que enxerguem apenas com os olhos cego-clarividentes desse amor, enquanto a fé religiosa deposita especial insistência na veracidade avassaladora de sua imagem de deus. Mas não, como se costuma dizer, por pura intransigência mesquinha, e sim pela mais íntima coerção e de acordo com o único sentido de sua essência. É esse o caso, apesar de uma segunda diferença: mesmo assim, a crença delineia os contornos de sua imagem a partir de uma subjetividade ainda mais descontraída. Pois enquanto a pulsão amorosa, mesmo com sua criação de ilusões, ainda permanece agrilhoada a um objeto da realidade, ou enquanto na criação artística, por exemplo, mesmo os objetos criados da forma mais livre devem, ao mesmo tempo, indicar um parâmetro de sua própria concretização dentro da realidade, aqui o religioso projeta suas representações sem ter de "autenticá-las" positivamente em sua origem ou em sua finalidade, com violência anímica irrestrita, parecendo, portanto, uma grandeza maior que a vida em céus afora.

Por consequência, nessa pessoa plena de sentimentos, com a qual tal plenitude nos parece em nada condizer, volta a se destacar principal e justamente o lado teórico de suas suposições religiosas, particularmente visíveis à distância, particularmente exigentes. Suas diversas assunções, mais incorrigíveis que quaisquer outras, já que não podem se associar a qualquer outra coisa, devem se erigir de forma cada vez mais rígida a fim de construir um mundo totalmente externo a todas as outras coisas.

No entanto, em tudo isso há apenas uma contradição aparente: a fim de se expressar de forma tão soberana, a religiosidade precisa certamente isolar de tudo o seu mundo de ideias; todavia, a sua própria soberania é apenas um reflexo daquelas universalidade e originalidade do significado prático que ela atribui a tudo, segundo o qual nada existe sem ela e ela própria participa de tudo, é a base profunda de tudo e coroa tudo na sublimidade daquilo que foi atingido. Essa aparente contradição não resulta em nada além da constatação de que ela pode capturar apenas uma ínfima parte da vida em sua própria teorização, e ela aparece tanto mais distorcida, mais mal desenhada no quadro para o qual pousou como modelo no momento de sua mais intensa vivacidade. A fé explica isso com a formulação profunda segundo a qual Deus só pode ser reconhecido na experiência imediata Dele, e um grau de verdade, o qual poderia Lhe ser conferido de outras maneiras, não pode torná-Lo mais "verdadeiro" para nós. Se, afinal, tudo o que se sujeita à investigação pelos pensamentos já é associado ao inanimado — como se vê mais plenamente no objeto dissecável pela ciência —, a vida mais próxima de sua

O erotismo

93

fonte ainda fluirá, da forma mais incompreensível, pelas estreitas malhas do pensamento. Aquilo que sempre volta a ser novo sempre se renova em sua existência, precisa sempre deixar para trás tudo o que o torna fixo, sempre repudiando-o: não só porque equivale apenas parcialmente a ele, mas também porque, já surgido, torna-se um invólucro vazio, escória ultrapassada, como fóssil petrificado.

Por isso, o caráter ilusório das representações em si, na religiosidade assim como no erotismo, não é uma deficiência a ser exterminada, mas uma legitimação do seu verdadeiro caráter vital, com a diferença de que o arrebatamento do enamorado, fisicamente condicionado, de certa forma antecipa a experiência mental total de suas imagens: bizarra, cômica, comovente, instigadora, um reflexo nebuloso e fugaz. Enquanto isso, o devoto, desejando dar forma à mais excepcional experiência mental, deve recorrer ao que há de menos espiritual, de modo que, com isso, acabe por agarrar sempre o passado que já se perdeu há uma eternidade. Na verdade, um mundo colossal, granítico, catapultado pela imensa vitalidade dos ensejos internos para aquilo que persevera de forma fatal! E por isso também um refúgio constante para aqueles que buscam abrigo e proteção contra a iniquidade da existência. Pois esse duplo caráter certamente ainda permanece em todas as religiões: elas são diversas quanto ao fervor daquele que as vivencia ou à miséria daquele que as "considera verdadeiras"; são diversas sendo asas protetoras ou muletas.

Nem a religião nem o amor conseguem se abster do pensamento no decorrer de seus processos, assim como nós tampouco podemos renunciar a ele em nossas experiências humanas: pois não acontece nada que não seja, ao mesmo tempo, evento interno, dentro de nós, e símbolo externo. Contudo, quanto menos as formas desses símbolos reivindicam, mais elas têm a dizer; principalmente, portanto, quando não pretendem encarnar os êxtases mais espontâneos ou a validade universal intangível, mas, ao contrário, surgem, juntas, nos contextos mais diversos e verificáveis possíveis, apoiando-se e pressupondo-se mutuamente de tal forma que autenticam a si mesmas continuamente, quase sem participação interna perceptível de nossa parte — ou, como costumamos dizer: quando representam a realidade externa.

Esse, contudo, é o grande ensinamento que resulta para a experiência religiosa, assim como para a erótica: que, nesse momento, seu caminho deve fazer a curva, retornando à própria vida. Que, para o ser vivente, o outro caminho, aquele que leva às corroborações e confirmações mentais, está obstruído após um curto trajeto intermediário, irremediavelmente atulhado, pois apenas vida pode refletir a vida completamente. Isso significa, para o comportamento religioso, imiscuição irrestrita em tudo o que existe — pois o que poderia haver que não se tornasse seu trono e escabelo para seus pés, como é para Deus o Universo? Para o amor, isso significa sua realização na esfera social.

Erótico e social

O erótico toma uma posição intermediária entre dois grandes grupos de sentimentos, o egoísmo e o altruísmo — ou, mais claramente: o estreitamento, a contração de nosso querer individual da indiferença até a estranheza, a hostilidade, ou sua ampliação até a incorporação do outro, que lhe é externo, como uma parte de si mesmo. Ambos os grupos, no decorrer do tempo, modificam continuamente sua postura em relação ao outro, e sua valoração pelos humanos e a forma como resolvem suas desavenças são determinantes para o caráter de uma época. Um grupo sempre necessita do outro para complementá-lo; cada pessoa participa dos dois e uma parcialidade muito voltada para um dos dois certamente a colocaria em extremo risco, pois, para devotar-se a outra, uma pessoa precisa poder possuir a si mesma — e, para possuir, uma pessoa deve antes saber receber das coisas e dos homens aquilo que não se furta, mas que só se recebe como um presente, com a alma aberta. Os dois opostos, aparentemente separados, de maneira superficial, incompatível, na verdade encontram-se unidos em suas raízes, em profunda afinidade recíproca; e o esbanjador "Quero ser tudo!", assim como o avarento-cobiçoso "Quero ter tudo!" possuem, elevados ao mais alto desejo que tudo abrange, o mesmo sentido.

A partir dessa raiz materna ainda comum aos dois parece dissociar-se o terceiro grupo de relacionamentos afetivos, o do erótico, como uma forma intermediária — e talvez primeva — entre o animal individual e o ser fraternal: ambos os componentes ligados entre si de forma insólita e indiferente às suas contradições, de tal modo que ambos se incrementam mutuamente até se tornarem uma força pulsional fermentadora. Assim, em toda a natureza, são justamente os corpúsculos do protoplasma *diferentes* que se procuram com fins reprodutivos, desenvolvendo paulatinamente as diferenças sexuais, possibilitando a especialização para uma diversificação cada vez maior. E temos de dar razão ao antigo lugar-comum segundo o qual, entre humanos e animais, o amor entre os sexos é uma guerra entre os sexos, e nada se transforma mais facilmente em seu oposto que o amor e o ódio. Pois se o egocentrismo cresce na sexualidade, ele ao mesmo tempo também se agudiza até seus mais violentos desejos individualistas e se ataca de forma egoísta; então o faz, por sua vez, apenas para elevar tudo o que foi conquistado ao trono, muito acima de si mesmo: incapacitado, em todo lugar, devido à sua condicionalidade física, de demonstrar claramente o direcionamento de intenções anímicas — mas ao mesmo tempo indicando mais profundamente que qualquer outra coisa a todunidade[4] que nós, no fundo, somos.

Por esse motivo, não se pode concluir, a partir dessa dependência, que os egoísmos espirituais do ser humano, ou mesmo apenas a fraternidade espiritual de todos com todos, deveriam estar acima da sexualidade, e que ela representa, no fundo, nada mais que um estágio preliminar dos estágios da evolução mais claros. Pelo contrário, ela percorre, em sua esfera, todos os estágios, do mais primitivo ao mais complexo, do mais limitado pelo físico ao mais libertado pela mente, em seu próprio solo. Onde os eventos da vida enxertam nela outras relações adultas, sejam eles de natureza amistosa ou benevolente, ela não se enobrece, mas coloca em risco as forças pulsionais de sua essência que afluem para ela vindas de

---

4 Em alemão, a autora utiliza o termo *All-Eine* [N.T.].

O erotismo

maiores profundezas. Plena de elementos criadores tanto do tipo egoísta quanto do tipo altruísta, ela também se mostra autônoma nas duas direções. E assim como ela pode ser observada, previamente, com parcialidade intencional, revelando o lado de seu próprio êxtase jubiloso, da união de todas as forças que inicialmente era para ela a verdade completa, sem ilusões — ou seja, seu egoísmo —, podemos vê-la também como altruísta-produtiva; podemos ver o outro, o parceiro, até então apenas ensejo para seus arrebatamentos, desencadeador de ilusões gratificantes, tornar-se sua verdade e evento relevante da vida para ela. Todavia, o "egoísmo a dois" também parece bastante suspeito de egoísmo, e ele é superado apenas na relação com o filho — ou seja, apenas no ponto em que o amor sexual e o social se encontram reconciliados, complementando-se mutuamente. Mas é característico do amor sexual, que realiza sua obra "social" no sentido físico, o fato de que sua atividade física já inclui em si mesma tudo o que também a faz evoluir mentalmente. Pode-se dizer, com razão, que todo amor cria duas pessoas: além daquela gerada fisicamente na união, também uma outra imaginada. Contudo, justamente essa pessoa fisicamente criada costuma ser a primeira que tira os amantes do simples torpor amoroso. Pelo menos enquanto essa pessoa criada surgir primitiva e espontaneamente a partir da vida da natureza, o cio se socializa na ninhada; e o amor, no filho.

Maternidade

É interessante que na mulher, a qual quase sempre está mais inclinada às idealizações exageradas da vida amorosa, essa tendência à socialização revela-se efetivamente de forma mais intensa. No amor materno, enaltecido e, recentemente, também um pouco menosprezado por amar de forma totalmente compulsiva e indiscriminada, sem reservas quanto à constituição de seu objeto, ambas as tendências estão interligadas. De um lado, é verdade que o amor materno não se deixa perturbar por nenhuma realidade e tampouco permite que seu terno prejulgamento afetivo seja perturbado, como se a pequena criatura fosse de fato apenas uma base para apoiá-lo. Por outro lado, porém, esse só é o caso porque o amor materno em si não é nada mais que uma espécie de *força incubadora*, por assim dizer, uma *procriação ampliada*; nada além de um *calor posicionado sobre o embrião*, um calor que concretiza suas possibilidades, que vê o embrião como uma promessa — a promessa que a mãe faz a si mesma dentro dele! E para esse fim, sua idealização se aproxima íntima e verdadeiramente do ato criativo, equiparando-se a seu significado mais original e elevado; e para esse fim, existem *ações* e *orações* mesmo nos pequenos apelidos carinhosos com os quais ela chama o filho, animando-o, a cada dia, a penetrar na profundidade da vida.

Por esse motivo, mesmo quando fala ao homem, em seu arrebatamento, ela expressa algo além dos fogos de artifício cerebrais resultantes do excedente sexual ocioso. Assim como ela celebra em seu filho, com todo o enaltecimento despreocupado, na verdade, apenas o fato maravilhoso de sua pequena

O erotismo

vida, ela também encontra, por trás do manto radiante de ilusões que faz do homem amado o único para ela, um ser humano que, mesmo sem adornos e cheio de falhas, nu e exposto, faz parte de sua vida mais profunda desde o nascimento. Com todas as imagens ideais que ela, aparentemente tão exigente e humilde, projeta nele, ela apenas lhe dá acesso ao calor imenso que acaba com a solidão original do indivíduo que ali já repousou, como se ele fosse envolvido de novo pela maternidade universal que o envolvia antes de existir.

Com isso, ela o coloca por alguns momentos de volta ao centro do mundo, naquela unicidade que, mesmo que concedida a todos, não pode ser considerada um direito de cada um, mas que, ao mesmo tempo, vive em cada criatura como um sentimento de que apenas o amor "com todo o coração e com todas as forças" pode fazer justiça ao menor de todos os seres. Ela cria para ele, com isso, essa espécie de justiça maior, além daquela baseada em ponderações sociais ou práticas — mas sem prejudicar ninguém, pois ele existe apenas no céu dela, que, para outros, nada mais seria além de um pouco de azul sobre a esfera terrestre.

Ela não apenas não prejudica ninguém, mas também orienta o homem na medida em que é capaz de gerar, a partir do simples devaneio erótico, um pouco ridículo, uma outra imagem verdadeira humanamente profunda que se aplica a todos. Até que todas as ilusões ali presentes, por fim, não signifiquem mais nada para ela, como pequenas fontes brilhantes sobre a grande e clara enxurrada de onde nasceram e para onde retornam, e até que seu amor feminino se propague como amor humano, sem respaldo ou limites. De tal forma que sua obstinação sentimental pelo "Uno" — como se nessa minúscula fração de uma partícula de pó estivesse abrigado todo o Universo, inacessível a todo o resto — amplia-se imediatamente, como se uma nova espécie lhe falasse com a voz da vida desse Uno iniciando-se pelo que está mais próximo do coração e indo até o último animal no campo.

Essa reinterpretação dos afetos se realiza de forma cada vez mais involuntária no decorrer da maternidade e da paternidade. Na parentalidade, a mesma tragédia volta a se anunciar, segundo a qual quanto maior a diferença entre as criaturas, tanto mais certo é que elas possam transmitir seus genes apenas em processos parciais: pois, assim como no ato de amor físico ocorre uma fusão apenas pontual de dois seres, assim também ocorre no filho uma transmissão apenas daquilo que os próprios amantes já receberam de seus ancestrais. A conquista mais difícil e mais valiosa, aquela lograda pessoalmente, permanece externa a esse processo, e, com ela, a individualidade em sua totalidade inimitável, a mais vivaz na vida: pois ela é apenas guardiã, um pouco melhor ou pior que outras, da herança de gerações. Mais uma vez, mostra-se aqui o grande excedente de desorientação, o qual não está mais inserido em nenhuma unidade e pode apenas tentar, posteriormente, remediar, complementar a situação insatisfatória por iniciativa própria e, digamos, com métodos inventados por ele mesmo.

Por isso a maternidade é um ato que dura a vida toda e não termina com o fim do provimento da cria pela fêmea, mas sim é uma tentativa de entregar sua alma, assim como entregou seu corpo. Então, a partir daí, os instintos animais

O erotismo

se transformam em uma espiritualidade maior, exatamente como ocorre no amor sexual entre o homem e a mulher: eles são capazes não apenas de se extasiar e se celebrar sob o pretexto de celebrar o outro — o outro como um pedaço de seu próprio corpo —, mas também de entrar nele, na sua vida, verdadeiramente na vida do "outro". Não com o fim de sobreviver fisicamente no filho, nem mesmo a fim de marcá-lo psiquicamente com sua própria imagem, a mãe se devota, afinal, à vida humana nascida dela — ela, finalmente, adquire a última e tênue devoção que deseja ser presenteada, enriquecida e aumentada. Uma devoção que honra o filho como uma totalidade, como uma completude intangível, como um ser com o qual não se pode mais unir, a não ser por meio da dualidade manifesta, ou seja, com base em uma aliança completamente nova. A culminação da maternidade completa-se apenas nessa expulsão consciente do que há de mais próprio de dentro de si, como se ele fosse um estranho; em uma última e dolorosa espontaneidade, na mais elevada abnegação, ela pariu seu fruto, pela primeira vez, para o mundo, deixou-o cair de seus galhos, e pode iniciar seu outono.

Contudo, esse outono transforma-se no início de incontáveis primaveras para aquela que acabou de se tornar mãe: unindo-a à vida, com o calor daquele que ela não apenas amou, mas pariu de dentro de si, separando-o de seu coração em toda a sua factualidade, e que, portanto, faz com que ela sempre volte a experimentar o *novo* em si mesma como um mundo. Entre todos os relacionamentos humanos, portanto, apenas à maternidade é permitido realizar completamente uma relação, desde a mais profunda fonte original até o último ponto culminante: de sua carne até o si-mesmo espiritual do outro que, por sua vez, torna-se para ela o início do mundo. Pois, assim como nenhuma outra relação pode ter esse ponto de partida mais original, nenhuma pode tampouco completar-se nesse sentido: se ela não termina com uma morte prematura violenta, então permanece, de certa forma, eternamente errante, infinita, sem destino, em que consiste o conceito humano de "fidelidade". Não tendo nascido de uma unidade total, ela tampouco acaba na possibilidade de uma duplicidade sempre renovada; nessa perfeição da conclusão, da extinção, que é quase apenas um outro nome para o recomeço, a abertura para a vida, a imortalidade.

A mulher

A maternidade não é a única coisa na qual se evidencia como, justamente na fisiologia da mulher, estão contidas as sementes para o seu desenvolvimento elevado, para além do mero erótico, chegando a uma humanidade mais generalizada. Um segundo tipo de feminilidade, no qual o mais elevado símbolo amoroso também é celebrado de uma maneira aparentemente supraerótica, está associado à imagem da Madona. Mesmo que a possessão da Virgem por Deus, em tempos primordiais, tenha sido posteriormente incorporada às intrigas da hierarquia sacerdotal, não há dúvidas, no entanto, de que ela nasceu da necessidade de sujeitar a sexualidade àquilo que é sancionado pela religião — mesmo quando cultos orgiásticos se ligam a ela, a necessidade de elevá-la como algo sagrado está acima da necessidade do indivíduo. Contudo, essa compreensão original da Madona parece próxima de nossa visão atual da meretriz: a entrega de si mesma sem escolha, mesmo sem volúpia, ou seja, a entrega de si mesma para propósitos alheios ao erotismo. O tipo "meretriz" e o tipo "Madona" assemelham-se, de certa forma; como uma caricatura e o modelo que lhe serviram de inspiração, encontram-se nos extremos. Porém, o que torna ambos possíveis é aquilo que define a mulher como aquela que carrega a vida, como animal materno: seu ventre, como portador do fruto-filho, como templo do deus, como parque recreativo e local de arrendo da sexualidade, se torna expressão encarnada, emblema daquela passividade que a capacita a degradar e transfigurar o ato sexual na mesma medida.

Mas como, na maternidade, a mais intensa passividade da mulher converte-se em sua mais extrema força criadora, também seria possível espiritualizar, não sem razão, o conceito da Madona, transformando-a em algo ativamente mais significativo. Pois ele não significa apenas uma negação, não apenas a mulher livre de concupiscência, mas também aquela que consagrou todas as forças, inclusive as alheias ao erotismo, à concepção. Quanto mais profundamente uma mulher está enraizada no amor, quanto mais ela se tiver tornado uma pessoa dentro dele, tanto mais a exclusão passiva do mero prazer na sexualidade se transforma em ato, uma conquista e uma influência vivas. Sensualidade e castidade, desabrochar e beatificar-se, fundem-se em uma unidade: em cada um dos momentos mais importantes da mulher, o homem é apenas o carpinteiro de Maria, comparado a Deus.

Poderíamos dizer: enquanto o amor de um homem for tão oposto ao seu, mais ativo, mais parcial e necessitado de seu próprio alívio, ele pode torná-lo, mesmo dentro de seu próprio amor, muito mais desamparado que a mulher — que, amando de forma mais total e mais passiva, busca um espaço no corpo e na alma no qual possa se realizar e levar um conteúdo de vida a florescer e arder, a fim de lançar esse espaço para dentro de si. Assim como é característico que não exista um nome masculino equivalente a meretriz, ao puro abuso sexual passivo, tampouco existe um equivalente ao tipo da Madona: a positivamente sagrada; o homem só pode ser "santo" pela negação da sexualidade, no sentido do ascetismo.

O enorme poder de concentração na área amorosa, essa relação do todo em coesão com uma unidade, que o homem tende a compensar buscando em outras áreas, tudo isso coloca a mulher em um ponto de valor considerável da vida, frequentemente muito acima do homem. Todavia, é necessário avaliar esse fato corretamente como um produto natural de sua menor diferenciação. Assim, poderíamos, por exemplo, achar que enfatizamos com enaltecimento exagerado a circunstância em que um ser feminino frequentemente cai em desgraça justamente porque, mesmo após um êxtase momentâneo efêmero e sensual, ela é tomada pela afeição anímica. Mas não se pode considerar que a mulher, com isso, suplante eticamente o homem leviano, pois ela, de fato, mesmo reconhecendo posteriormente os danos, percebe sua leviandade enredada por todo tipo de afeto mais profundo. Poderíamos dizer que essa dificuldade em se desvencilhar da massa de pulsões físicas e psíquicas é cativante, mas é injusto acharmos

O erotismo

que o homem é injusto apenas porque em uma mulher tantas coisas podem ser levadas pela sedução, sem que haja a intenção para tanto.

Não é muito lógico que as mulheres queiram continuar se diferenciando a qualquer preço e por todos os meios e, ao mesmo tempo, queiram continuar sendo — ou até mesmo intensificar seu estado de — amantes *non plus ultra* em sua nobreza como Madonas e mães. Seria, contudo, concebível que o claro discernimento as tenha levado a confrontar a própria corporeidade de forma diferente da que o fizeram antes. Poderíamos supor um novo recato sutil que não está mais tão pudicamente voltado para a devoção física, o que a educação tradicional transformou em sua segunda natureza, mas que, pelo contrário, levaria à autodisciplina *porque* a alegria existente no prazer fisiológico pode abrir apenas as portas para os processos psíquicos: os portões para o si-mesmo mais íntimo que não quer se revelar, para as mais valiosas dádivas entre seres humanos que, uma vez prodigalizadas, nunca mais podem ser recuperadas, porque elas são nós mesmos.

Se no afeto erótico feminino tantos elementos psíquicos são lançados, até mesmo a contragosto, dentro do físico, observamos a cena inversa, pelas mesmas razões, nos casos de doenças psíquicas. Em sua obra *Die Sexuelle Frage* [*A questão sexual*], Forel esclarece que a sexualidade, que afeta os centros cerebrais inferiores no homem, e na mulher aparece localizada no telencéfalo, é "a sede dos distúrbios psíquicos". "Quando alguém, mesmo com uma acompanhante do sexo feminino, caminha pelo setor masculino de um manicômio, essa pessoa se admira com a tola apatia e a indiferença sexual de quase todos os homens dementes", conta ele. E sobre as mulheres: "mesmo as mulheres mais decorosas e mais frias sexualmente podem, quando adoecem mentalmente, ser tomadas do mais selvagem erotismo, comportando-se temporariamente como prostitutas".[5] Assim, mesmo a última palavra, a da destruição psíquica, mesmo o meretrício tragicamente involuntário confirma que, para a mulher, o amor é a todunidade.

Aquilo que define a essência do caráter sexual para a mulher faz com que o desenvolvimento, mesmo da pessoa mais saudável, oscile em zigue-zague entre sua vida sexual e a individual; seja porque mulheres e mães sentem suas aptidões individuais definharem, seja porque precisam desenvolvê-las às custas da feminilidade ou da maternidade. Apesar das muitas receitas recomendadas no que diz respeito a essa questão, como se se tratasse de um transtorno solucionável, não há uma solução universal para esse conflito e nem pode haver. Porém, em vez de lamentar o trágico desse conflito — que é, portanto, inerente à criatura feminina —, melhor seria alegrar-se pelo fato de que a mulher, inserida em sua eterna vivacidade, não pode percorrer seu desenvolvimento em uma linha reta, mas apenas arbitrar as contradições de sua situação a cada caso, em um ato extremamente pessoal. Pois isso confere mesmo à mais ínfima sina feminina uma grande relevância, o fato de que ela deve voltar a se confrontar, a cada vez, com sua vida

---

5 Forel, A. (1905). *Die sexuelle Frage: Eine naturwissenschaftliche, psychologische, hygienische und soziologische Studie für Gebildete* [*A questão sexual: um estudo científico, psicológico, higiênico e sociológico para pessoas instruídas*]. München: Reinhardt, p. 263 [N.E.].

O erotismo

interior e superá-la por iniciativa própria; e isso nada deve às batalhas que o homem travou com a existência "externa" desde a época da selva de tempos primevos. Se ele, portanto, ainda hoje, só pode ser julgado com justiça em associação com suas conquistas externas, então para a mulher tudo está decidido na unicidade, em como ela solucionou o enigma da existência dentro de si mesma, e esse é o motivo pelo qual o encanto, no mais elevado sentido, ainda é o critério de seu valor, assim como da avaliação de seu valor físico e natural. "Ético" e "belo" podem significar, de maneira sutil, a mesma coisa, assim como "sagrado" e "sexual": aqui se expressam para sempre a prerrogativa e a limitação do sexo feminino.

Quase como uma compensação por essa ênfase — unilateral e geral — exagerada no sexual, na mulher, antes do homem, a sexualidade no sentido fisiológico não é atuante; de forma que, antes mesmo da chegada da velhice propriamente dita, todo o amor que a vida gerou parece desenflorar em delicioso crescimento. Pois, diferentemente de como acontece no homem, essa situação não se caracteriza apenas pelo negativo, pela escassez diante de novas despesas, mas é o valor do total acumulado que se torna visível — identifica-se pela sua abundância, como o estoque de um hamster antes do inverno. Assim, há uma sutil ressonância amorosa justamente sobre esse lado mais puramente humano, menos sexual, da feminilidade, algo em que o conteúdo da sua existência se aperfeiçoa, transformando-se em uma totalidade tão solene que só se revela aos olhos da criança ou do ancião, se não forem desorientados pela imaturidade ou pela morte. Assim como uma relação humana só poder ser completamente vivida, em sua totalidade, na maternidade — e, justamente por isso, ela pode recomeçar eternamente —, a vida também oferece o mesmo à mulher, de uma maneira que o homem é incapaz de repetir. Quanto mais isso se aplica, tanto mais amplamente uma mulher atua como mulher, tanto maiores as dimensões em que isso lhe é possível — tanto mais ela consegue abranger amplas possibilidades, forças intensas, podendo incorporá-las organicamente à totalidade de seu ser, por mais que elas sejam alheias ao feminino, mesmo que se contraponham a ele. Nunca e em nenhum lugar há traços individuais ou tendências específicas, mesmo que eles sejam proclamados, pelo seu conteúdo, especificamente "femininos", com os quais ela se diferencia da essência masculina: ela se diferencia apenas nessa relação mútua de todos os seus traços com a quintessência da vida.

Nisso se baseiam a falta de esperança e a infinidade de discussões nas quais, com grande equidade, às vezes é destacada a aguda oposição entre mulheres e homens, e outras vezes, é elogiada justamente a superação dessa oposição como um avanço; nas quais todas as qualidades existentes são conferidas e negadas alternadamente à mulher, de forma que se apresentam, sempre com mais ou menos razão, como leviandade e sensatez, loucura e sobriedade, inquietação e harmonia, capricho e profundidade, astúcia e estupidez, delicadeza e grosseria, espírito telúrico e anjo. Pois de fato, sob o conceito de "mulher" reúnem-se, contempladas individualmente, sem dúvida as características mais incompatíveis — a mulher sempre é a própria contradição: assim, de acordo com sua atividade criadora, a própria vida trabalha dentro dela.

O erotismo

Masculino e feminino

Uma espécie de organização e eficiência no homem se indigna ocasionalmente com essa natureza feminina, também com a natureza do amor, que alternadamente o confundem, o impressionam ou provocam nele o desprezo. Por mais que desejemos o consenso de ambos em questões de amor, certamente podemos compreender que o homem, pleno com suas próprias expectativas de conquista, se posicione eventualmente perante a exuberância da mulher, que o retarda, de forma um tanto impaciente. Certamente houve, em épocas históricas inteiras, e há ainda no presente, exemplos suficientes de veneração de mulheres. Todavia, seria de qualquer forma mais tolerável se o exemplo característico de extrema feminilidade fosse a pequena Katarina,[6] e não o Toggenburgo[7] o exemplo de homem. Pois, sem dúvida, é um exagero extremamente significativo de nosso tempo a convenção de que somente no ideal amoroso, que inclui tudo em sua perfeição, pode-se perceber o mais importante, a harmonização da humanidade, a "única coisa necessária". É um exagero feminino — e, em termos de ideais masculinos, um tanto afeminado — que faz com que não vejamos o quanto nossas forças só podem se

---

6 Referência à peça "Das Käthchen von Heilbronn oder Die Feuerprobe" ["A pequena Katarina de Heilbronn ou A prova de fogo"] (1807-1808) de Heinrich von Kleist, em que Käthchen, profundamente apaixonada, segue o conde Wetter von Strahl, mesmo rejeitada por ele [N.T.].

7 Linhagem de nobres suíços que deu nome à região de mesmo nome. Segundo informação de John Crisp, o conde de Toggenburgo passou sua vida adorando, de longe, uma fria beleza [N.T.].

desenvolver à custa um do outro; como as mais altas conquistas já pressupõem a renúncia a toda harmonia possível, física ou mental; como a busca da própria exaltação se dá por meio da automutilação; e que é apenas nos intervalos, nos momentos de pausa da movimentação masculina mais vivaz, que ela se concentra, celebrando ou amando, na beleza. E se isso é mais apropriado às mulheres do que aos homens, então somos tentados a nos perguntar se o homem, em compensação, considerando-se cada uma de suas aptidões, não tem justamente mais aptidões que a mulher — ampliando sua existência em cada uma delas, sejam elas pulsionais ou mentais. Seus afetos eróticos e egoístas se socializam, portanto, de uma maneira diversa, ele estabelece seus limites segundo outras facetas das atividades gerais humanas; assim, a ruptura da espécie humana, essa influência misteriosa do plasma germinativo sobre toda a personalidade, ocorre com frequência, justamente no homem extremamente ocupado, trabalhador ou importante, tendencialmente como uma anomalia aguda, como um êxtase que sobe à cabeça, mais do que a nova normalização que, na mulher, ensina o corpo e a alma a entrarem em consonância com o ritmo da vida ordinária, sempre questionando o seu desenvolvimento individual. Ele ama melhor e de maneira mais intensa a mulher justamente ao considerar que ela se tornou para ele também a imagem daquela a partir da qual ele próprio passou a existir, e a partir da qual seus filhos existirão; ele ama aquilo que mantém a mulher especialmente mais indistinta, até mesmo o seu corpo indistintamente suave, que mantém sua voz jovem: a herança de pessoa a pessoa — para o ser humano, a eterna mãe existente em tudo, o eterno filho.

O erotismo

A diferença entre os sexos é considerada hoje em dia tão profundamente justificada que parece insuperável por qualquer evolução; que parece chegar, em todos os aspectos, às origens da existência. No entanto, justamente aqui ela encontra, em todo caso, também sua complementação por si mesma: pois quanto mais profunda a sua origem, maior a certeza de que as linhas devem se cruzar em algum ponto do contorno do homem e da mulher; de que a vida, totalidade que atua constantemente de forma autônoma, deve também ser duplamente gerada, como cada um de nós descende de pai e mãe. Quanto mais profunda a camada para a qual descemos em nós mesmos, mais profundamente se revela esse fértil entrelaçamento da dualidade como unidade e da unidade como dualidade; mais frequentemente, portanto, nas atividades criativas da mente: como se elas tivessem de trazer à tona, a partir das mais remotas gerações, aquilo que pode fecundá-las a fim de gerar essa dualidade, de modo que possam trazer a vida autônoma para fora de si. Em conformidade com isso, costumamos observar os traços relativamente frequentes de bissexualidade em artistas, mais ainda em gênios, como um estado de procriação que, poderíamos dizer, se tornou estacionário.

Quando nós, por outro lado, nos comportamos de forma amorosa, ou seja, quando nossa exaltação criativa necessita de sua metade complementar *vinda de fora* para realizar uma obra externa corpórea, então o contraste entre os sexos não apenas não se atenua, mas sim se aguça ao máximo. Tudo o que se concentra, se une, se casa dentro de nós sob a influência do afeto erótico parece fazê-lo apenas com um fim unilateral; sim, e o indivíduo parece realmente sobrecarregado como representante de seu sexo: somente como complemento, como o "outro" mundo, ele é elevado ao ser amado, o "único e tudo". De fato, o caráter decisivo desses estados e processos só pode ser mais bem descrito, constatado, dentro de um certo exagero, no qual todo o conteúdo conceitual de "masculino" ou "feminino" é concentrado, em cada caso, no homem individual em questão e na mulher individual.

Assim, um lado da questão que permaneceu, com isso, desconsiderado deve ser enfatizado *a posteriori*; um lado que move essa questão da superficialidade excessiva do pensamento para um esclarecimento sob múltiplos pontos de vista, de uma realidade mais completa: ou seja, a circunstância de que a experiência do amor pode exercer uma dupla influência, mesmo no que diz respeito aos indivíduos.

Se todo amor se fundamenta na capacidade de vivenciar, dentro de si, o diverso de forma empática, e se podemos afirmar sobre suas mais intensas manifestações que a vivência de ambos os amantes é, consequentemente, idêntica, então ele já tem, com isso, uma feição duplamente humana: ele inclui, de certa forma como o corpo na concepção, o sexo do outro em sua expressão emocional. Isso o capacita, independentemente do aguçamento das características sexuais, a adquirir, além delas, traços nos quais ele também espelha seu próprio oposto sexual.[8]

---

8 A amizade entre sexos diferentes, que realmente permanece totalmente sem nenhuma nuance erótica, poderia possivelmente derivar de uma ação recíproca semelhante sobre tais traços existenciais que existem apenas de maneira sugestiva, por serem apenas rudimentos do sexo oposto — o que faz com que a parcela

O erotismo

Se, nos processos físicos, o plasma germinativo tornou-se o motivo que faz com que aquilo que permaneceu mais latente em nós tenha efeito cada vez mais intenso sobre tudo, aqui o amor mais profundamente espiritual produz a mesma oportunidade para desencadear em nós, ao gerar a vida, *aquilo* que não estava previsto em nossa própria evolução. O êxtase afetivo, nascido da excitação fisiológica, parece quase totalmente consumido pela criação positiva de novas circunstâncias psíquicas. E esse êxtase, originalmente gerador de devaneios, é, comprovadamente, *vida*; isso simplesmente pelo fato de que não se limita a realizar a união de duas pessoas entre si e no filho, mas, na verdade, até mesmo germina essa dualidade criadora imersa em todo devir, de forma que o filho cresça para além de si mesmo. Pela primeira vez, ele busca de forma autônoma uma contrapartida espiritual para esse "além de si mesmo", para o filho. Portanto, se o êxtase amoroso físico, com sua força que une tudo dentro de nós,

---

sexual da relação se anule por si mesma. Se, no entanto, tais traços já são enfatizados de modo anormal desde a infância, então é comum que, mesmo nesses casos, desenvolva-se o erotismo: o erotismo da sexualidade reciprocamente invertida. Dentro dela são então possíveis todas as nuances, do hermafroditismo espiritual até sua ressonância física e, por fim, toda relação amorosa com o próprio sexo. Em tais casos, é como se a duplicidade que também fundamenta toda a nossa existência houvesse perdido, no mundo real, sua base claramente uníloqua, de forma que ela não pode se uniformizar e tampouco encontrar a palavra redentora para desencantá-la. Com isso, o problema se entrecruza com o da divisão do indivíduo em dois para a procriação e também com o das atividades criativas do espírito, quase como se algo houvesse sido ludibriado quanto ao fato de ambas representarem um escape, tendo, em vez disso, se perdido na corporeidade e, preso a ela, atrofiado na absurdidade física, buscasse libertar-se no mundo da unicidade ao procurar em vão (ou seja, infecundamente) a união com um parceiro do mesmo sexo.

traz em si um sentimento de felicidade, então essa última experiência amorosa, a mais rara de todas, só pode surgir como felicidade e realização. Um instinto acertado nos leva a pressentir que o amor, segundo o seu sentido mais primevo, assim como o mais completo, sempre gera a vida e traz a felicidade; que quando o seu destino externo, ao invés disso, leva à miséria e à morte, não é sua própria força que torna tal destino tão insuperável, mas, pelo contrário, algo incompleto dentro dele que faz com que fique preso ao emocional, ao sofrimento e a um laço comum semi-imaginário. Pois justamente aqui, quando os amantes carregam, quase como no começo, seus destinos totalmente associados a seus processos internos, eles parecem, pela primeira vez, firmemente ligados um ao outro: em uma relação que não se limita mais a duas metades simplesmente complementares, e tampouco busca atenuar essas contradições por meio do acréscimo de componentes estranhos ao amor. Uma relação, na verdade, em seus paradoxos, nos quais apenas a própria liderança criadora de todas as coisas pode engendrar; em que duas pessoas, homem e mulher, se fundem em uma unidade suprapessoal — o que se deve ao fato de cada um deles ser destacado em sua mais profunda autonomia, em sua si-mesmidade total e eterna.

Medidas de valor e limites

O que pode se revelar sobre um componente? Que justamente o que há de mais vivaz, o ápice da vida, não pode ser claramente estipulado, mas aparentemente necessita de ajustes

O erotismo

contraditórios, o que também sempre se aplica à base para toda a deliberação sobre uma questão. Isso quase resulta na reivindicação de que todas as medidas e delimitações também sejam reunidas e invertidas de tempos em tempos, de que a confusão original seja reestabelecida onde a questão ainda não estava esclarecida e visível, mas, em compensação, era mais plena de realidades diversas. Parece especialmente necessário que nos lembremos de que, especialmente no caso do tema em questão, se trata de um conjunto inextricável de fenômenos nos quais cada traço individual está relacionado com todos os outros e que mesmo os resultados mais elevados sempre devem voltar a ser vinculados aos mais fundamentais.

Assim, não podemos nos deter diante do último, do mais elevado valor que pode ser descrito, sem lhe conferir um direito sagrado: o de poder terminar, sempre retornando ao mais remoto início — e quanto mais profundamente ele retorna, mais alto ele se eleva. Iguala-se à figueira-de-bengala, a árvore prodigiosa da Terra, cuja galharia transforma seus ramos pendentes em raízes aéreas para que ela, sempre voltando a tocar o solo com eles, possa estruturar templos vivos sobre outros templos, nos quais cada ramificação deve suportar a galharia que está imediatamente acima de si, como colunas, enquanto acima de tudo, a copa do tronco materno, do tronco nascido de uma única raiz, se extasia sob a luz do sol.

Mesmo no mundo animal, não percebemos quase nada dos fenômenos que, até em sua manifestação física, se mostram para nós em sua forma anímica, sendo que, contudo, na sombra profunda, mal iluminada, desses templos da natureza, inferiores para nós, reina uma vida comparável à nossa.

Não é por acaso que ali nos deparamos com deleites do amor sexual, que vão das manifestações estéticas mais delicadas às mais brutais, acompanhadas do cuidado mais abnegado de um com o outro e com suas crias. Até mesmo algumas espécies de papagaios e macacos (infelizmente trata-se, aparentemente, dos menos semelhantes aos humanos!) estão fundamentalmente "acima" de nós em suas tendências monogâmicas; e abelhas, assim como formigas, nos revelam — o que é penoso e humilhante para nós — modelos exemplares de instinto social que nunca poderemos alcançar, nem de longe.

O mesmo se aplica, de certa forma, também às raças que não se desenvolveram, as quais, algumas vezes, são consideradas exemplos de seres humanos pertencentes ao Paraíso, e em outras, são menosprezadas como seres que se opõem à cultura, mas que, apesar da rudeza e da crueldade de seus costumes, frequentemente ditados por rituais, conseguem muitas vezes nos superar com certas pureza, bondade e lealdade naturais. Se justamente a experiência sexual modifica a essência da criatura primitiva, assim como a nossa; por outro lado, aquilo que pode ser amado no ser humano, a substância animal, está sob a influência do intelecto crescente e se manifesta em todo lugar em duas tendências bastante diversas: sublimando a vida pulsional existente ou arruinando-a.

Arruiná-la significaria, nesse caso, que os seres dotados de capacidade cerebral não vivenciariam a sexualidade de acordo com essa vida pulsional — não de modo que o cérebro fosse o receptor final e involuntário da excitação cada vez mais concentrada, mas sim de modo que o próprio cérebro fosse o estimulador, de forma abusiva e artificial, de prazeres

O erotismo

fragmentários do corpo. A mobilidade cada vez mais livre da vida instintual e, por fim, a implosão dos períodos de acasalamento ainda animalescamente regrados são utilizadas pelo cérebro para fragmentar tal vida pulsional, isolá-la de forma ainda mais arbitrária, de forma que ela se assemelharia, de certa forma, ao menos vivaz ou ao inanimado, que se deixa consumir, transformando-se em peça fragmentada em vez de em unidade de vida cada vez mais consciente, com empatia mais ampla, intensificada e reunidora, de elevada participação em tudo. A mente que se tornou refinada manipula a vida contida na vida, assim como a substância morta a ela imputada, e ilustra a ruína da pulsão e o pecado sexual.

O oposto ocorre com o intelecto ao sublimar o sexo: ele exagera a intensificação daquilo que está sempre vivo, na medida em que lhe imprime seus próprios critérios mentais, que ainda não se adequam a nenhum lugar e o levam ao ilusório. A partir disso, desenvolve-se uma leviandade considerável no comportamento prático. Pois, na realidade, as pulsões sexuais estão sujeitas às mesmas leis do desejo e da saciedade, da intensidade da excitação reduzida pela repetição, do consequente anseio pela mudança, assim como todo o campo do animalesco. Não se pode objetar que a individualização e o refinamento das pulsões modifiquem tudo isso: apenas o decurso dos fatos é individualizado e refinado. Se, por exemplo, há tempos, um esposo em viagem encontrava uma esposa substituta e se contentava que ela fosse de um tipo semelhante ao da sua — morena ou loira, magra ou gorda —, hoje nós frequentemente diferenciamos as aparências até o último fio de cabelo: mas, em compensação, nós — ou parte de nós —

118   *Lou Andreas-Salomé*

estamos muito mais constantemente em "nossas viagens", ausentes, solitários, procurando! Justamente a diferenciação eleva a necessidade de tanta diferença, de momentos e pessoas diferentes, e faz com que a urgência por variedade tanto aumente, algumas vezes, quanto diminua, em outras. Por esse motivo, cedamos ao erotismo aquilo que o torna belo e perigoso! A vida de desejos eróticos, que decorre rapidamente, é rapidamente satisfeita; não tem nada que ver, *por necessidade natural*, com duração, mesmo quando tenha sido enriquecida, intensificada e refinada pelo intelecto e pela alma em uma festa de toda a humanidade. Mas, certamente, a sua própria convicção sempre vai afirmar, por necessidade natural, que ela nunca terá de despertar dessa festa. E é apenas essa convicção que enobrece sua leviandade; e que pode, sob certas circunstâncias, torná-la companheira de toda grandeza.

Nos estados que vão muito além da mediocridade, a consciência do tempo, a ideia de possibilidades contínuas, se extingue por sua força de concentração harmônica e descomunal. Justamente esses estados, que se esgotam mais rapidamente por sua própria violência — sendo, portanto, os mais efêmeros —, são consequentemente como que envoltos por profunda eternidade; e somente essa tônica, deles indissociável, quase mística entre todo o restante atuante, faz com que sua felicidade pareça bendita, e sua dor, trágica. Duas pessoas que acreditam seriamente nessa eternidade passageira, que a tomam como único critério para seus atos, que não desejam nenhuma outra fidelidade que não a de sua bem-aventurança mútua, vivem uma loucura venerável, mesmo que ela pareça, muitas vezes, mais humanamente bela que a fidelidade longa

O erotismo

e real que, talvez inconscientemente, se origina do temor da perda ou do temor pela vida, da ganância ou da fraqueza. Elas conseguem, no entanto, demonstrar, com grande esforço, seu colorido ardente apenas em um esboço incompleto do amor, sendo que a maestria profunda e a perfeição não podem se expressar nele mais do que em algumas pinturas da vida realizadas. Nesses casos, é como se, em torno da genuína leviandade amorosa, atraídos pela sua crença audaz, se congregassem muitas vezes toda a grandeza, todo o espírito de ternura e franqueza — que só temem ainda uma coisa: ferir sua própria ética original, pois tudo o que está fora dela está abaixo dela.

O trágico fato, porém, de que o afeto erótico está sujeito a leis de grandeza maior que a vida de forma ilusória, não se revela apenas em sua fugacidade, mas também, digamos, na distorção de seu desejo de ser eterno. Pois, quando seu caráter afetivo e ilusório não regride — ou melhor, quando surge tarde demais —, ele se transforma em uma doença que consiste na sobrecarga daquilo que, em sua essência, está preparado para algo apenas temporário. Condensado em uma espécie de influência tóxica; isolado nas forças propulsoras do organismo; intensificado pelos seus estimulantes, de forma quase mecânica, não mais viva: ele se torna uma substância imposta, estranha, que a pessoa saudável se esforça para expelir, mesmo que por meio da febre contínua da batalha. Pois, para a afetividade do erótico, a evolução não significa sobreviver e salvar-se, seja como for; mas sim renunciar, entregar-se ao ciclo e à alternância da vida que flui, na qual ela se originou — àquilo que a dissolve a ponto de se tornar absolutamente irreconhecível, assimilada de forma anônima para fins soberanos.

Assim como a necessidade erótica mútua de dois amantes apenas seria elevada à espiritualidade estéril pela divinização recíproca contínua, sendo que ela só consegue realmente entrar no "outro" e, com isso, na vida, por meio do filho, servindo a algo totalmente primitivo, isso se aplica ao erotismo como um todo. Partindo das alturas do afeto, a evolução deve, para continuar, iniciar outra vez na base mais rasa: naquilo que, aparentemente, lhe é mais oposto, mais se desvia dele, está abaixo dele — na comunidade da vida cotidiana.

Aliança de vida

Se nossos sonhos amorosos nos levam às alturas apenas para dar um salto, como que de um trampolim, do seu céu para a Terra, eles conseguem fazê-lo tanto melhor quanto mais poderosos tenham sido tais sonhos. Pois, por terem sido originalmente simples efeitos secundários, excedentes, dos processos condicionados pelo corpo — e, com isso, esvaídos em ilusão —, eles já são seus próprios precursores da realidade, prolongadores da vida, sinais do futuro, promessas; seu instinto de vida precisa recorrer a toda a amplitude do "real", do elementar, do rudimentar existente, como uma pessoa que pensa estar transformada em fantasma por um feitiço busca tocar o próprio corpo para, assim, voltar a si mesma.

Mas não é incompreensível por que as pessoas em êxtase amoroso — e, com elas, sensitivos de todos os tipos — podem considerar o contato com a existência exterior decepcionante: não apenas no caso de uma realização malograda de seus sonhos, mas também no caso da mais bem-sucedida — pois são obrigadas a lidar com a rudeza da matéria em si. Se a entrada na vida é, portanto, como a morte daquilo que se foi — morte tanto mais tangível quanto mais se tratasse de uma unidade existente no espírito —, revela-se como um desmoronamento em fragmentos, amálgamas nos quais a forma primária se quebra tão certamente quanto o germe que, no ventre da mãe, sob o impulso da união de duas vidas, se divide e se estrutura. Assim, devemos admitir que o êxtase amoroso e a aliança de vida não permanecem semelhantes, que o gracejo que afirma que um se inicia onde o outro termina não é totalmente desprovido de razão; e que, nesse caso, isso tampouco se deve a um êxito insuficiente, mas muito mais a dois métodos fundamentalmente diversos de experimentar o amor.

Pois o afeto erótico, de fato, só se consuma no mesmo sentido que o rio se consuma no mar; e ele vê, com isso, a sua especial forma de ética emocional — segundo a qual somente ele pode enobrecer ou abolir uma comunidade — ser destruída, ser assimilada por contextos mais amplos externos ao erotismo. Uma aliança de vida só pode ser pactuada por meio do desejo de sobrevivência ao desaparecimento de um afeto antigo e o surgimento de um outro posterior, que saiba ser suficientemente valioso para consentir tais sacrifícios, pois a vida que quer ser vivida até o fim necessita aqui da mesma segurança e proteção, da mesma disposição ao sacrifício, que o fruto gerado no corpo. No fundo, isso não é diferente e não é mais do que aquilo que esperamos naturalmente de cada um que se compromete com um trabalho ou uma causa, sejam quais forem os riscos; de alguém que ficaria extremamente constrangido se se tornasse um desertor, colocando a causa em risco. Esse conceito mais masculino de fidelidade deve ser acrescido ao emocional ou ao contexto pulsional baseado no instinto feminino: o puro prazer pessoal que às vezes basta, mas que, afinal, baseando tudo em uma questão de temperamento, deve ser ali superado. Somente a superação do subjetivo (mesmo que ele se mostre como "sentimento moral") — e bem se pode dizer, somente a inclusão de um momento ascético — diferencia o êxtase amoroso da ligação de vida e os diferencia em seus princípios. Assim como seria uma superficialidade patriarcal orientar-se pelas sanções cívicas ou da Igreja, é uma fraqueza moderna manter essa sanção interna e essa ligação o mais vagas possível e persignar-se diante da palavra "ascese", como se qualquer fim acima do subjetivo pudesse ser alcançado, em princípio, sem fazer concessões a ela como recurso.

Mesmo que o mais decisivo amor erótico seja a base da aliança de vida, é nessa aliança que ele aprende, pela primeira vez, a se comportar de forma verdadeiramente adequada ao seu caráter intermitente, mas em um sentido mais elevado, ou seja, *ao abrir espaço*. Pois o espírito que transformou esse amor de pura pulsão sexual em celebração e esplendor da alma ainda continua ali presente, ao inclui-lo em seu trabalho diário, momento em que mais se afasta do amor; mas, ao mesmo tempo, esse espírito é o único realizador possível de seus desejos, além de seu protetor. Isso na medida em que sua fidelidade ao amor, agora não mais a única e excessivamente valorizada, parece, em compensação, estar ligada a todas as fidelidades existentes no modo de viver a vida; e na medida em

O erotismo

que sua violação não é mais apenas mera ofensa amorosa, mas afeta a vida que duas pessoas criaram juntas, torna-se uma espécie de delito contra a vida germinante. Se o êxtase amoroso fosse, todavia, ainda antes do estabelecimento da aliança, uma árvore que floresce por longo tempo antes de suas flores fenecerem, então ele teria refincado suas raízes nesse solo para um crescimento totalmente novo, alijado daquilo que determinava seu florescer, a sensação, e plantado naquilo que o fazia fenecer, o *hábito*: pois, para a vivacidade da comunhão total e igualmente ativa em tudo, a excitação e o abalo do ir e vir das sensações não são mais relevantes. Se, nesses altos e baixos das funções fisiológicas e dos afetos condicionados por elas, um dos valores vitais do amor estiver realmente expresso; se a existência parecer nos clamar a partir deles: "Não pare aqui como se este fosse seu objetivo final! Você deve *passar* por aqui e continuar!", assim, o espírito demandará, pois terá chegado ao seu objetivo final, a subordinação daquilo que é passageiro, a *constância*. Enquanto o erótico parece estar tão concentrado a ponto de ter de se salvar nessa eternidade do momento a fim de, não obstante, sobrepujar a transitoriedade a que está amarrado, o espírito o dilui no temporal, no suceder das coisas com as quais ele se transforma em ação. Pois enquanto o afetivo, em sua consumação imprudentemente obtida — mesmo que, de certa forma, com ares intelectuais — ainda imita o físico, cujos componentes se apresentam a nossos olhos excepcionalmente, de uma vez por todas, em sua verdade mais crua, os processos mentais realizam-se de forma oposta: simplesmente como uma renovação contínua do fato de existirem para a ação que parece dispor de tempo infinito e material inexaurível. O que é da ordem do espírito, como o elemento mais vivaz do desenvolvimento, não pode mais, por sua vez, representar sua totalidade de qualquer outra forma que não *indireta*, emblemática, como iniciativa, como desmembramento frutífero em unidades existentes.

Por essa razão, é próprio de todo comportamento mental um certo investimento, sempre renovado, naquilo que ainda deve ser consumado; e aquilo que foi influenciado pelo espírito, mesmo que tenha sido incrementado, pode parecer, visto de fora, o menos concluído. Isso também é característico da aliança de vida entre os sexos; e justamente nos casos mais ideais, o mais sublime pode se misturar de tal forma ao mais trivial que nada mais possa ser distinguido, a fim se renovar a tal ponto que sua antiga perfeição autossuficiente se torne irreconhecível. Essa mistura característica, pela qual todos os casamentos são recriminados com grande injustiça, não é imposta, por motivos óbvios, apenas pelo exterior; mas é muito mais o ponto de vista interno, a partir do qual tudo se reorganiza dentro dele, que lhe confere essa avaliação mais homogênea, essa relatividade de valores, até mesmo do material mais simples ou frágil. Se dizemos, para todo casamento, "*for better and worse*",[9] isso expressa não apenas que o amor deve se provar ao suportar aquilo que é menos agradável: ele pode realmente afirmar que, diferentemente do êxtase amoroso, tudo que é bom, assim como tudo que é ruim, torna-se valioso, útil para a finalidade da comunidade total da vida. Assim, pode-se também dizer, sobre a relação recíproca entre

---

9 Do inglês, "na alegria e na tristeza" [N.T.].

O erotismo

duas pessoas, que de certa forma ela abrange tudo. Poderíamos quase pensar que, mais uma vez, como na idolatria erótica, eles reconhecem um ao outro em toda forma, em toda ação induzida pelo desejo de forma fantástica. Porém, o significado dessa união não é mais o mesmo, pois dessa vez ela nasceu da mais profunda compreensão da miséria do real; o significado não é o desejo de pintar o outro com belas cores, mas o de trabalhar em si mesmo, o que o dota de forças inimaginadas e transforma suas necessidades quando estas devem ser cumpridas — e, dependendo do grau do amor, não há aqui um limite final. Ser cônjuge um do outro pode significar, ao mesmo tempo: amantes, irmãos, refúgios, objetivos, cúmplices, juízes, anjos, amigos, filhos. Mais ainda: poder se mostrar diante do outro com toda a nudez e toda a miséria da criatura.

Conclusão

Assim, dentro da aliança de vida tudo parece estar ligado, mais uma vez, com o mesmo valor — como em uma recapitulação —, de forma inestimável, o que é também característico de todo problema amoroso. E, assim como já podemos antecipar o mais primitivo ato sexual (a união total de duas células), de certa forma, como uma imagem dos mais ardentes sonhos de amor, aqui também parece haver uma imagem óbvia, uma paráfrase da comunhão de vida, inicialmente como símbolo puro, ainda sem conteúdo: nas formas mais externas de sua aprovação na forma do casamento. E se o mais simples evento sexual se transforma, segundo suas próprias leis, em relações cada vez mais ricas, cuja avaliação interna se torna cada vez mais difícil para nós, então aqui, entre a forma vazia e o conteúdo da experiência interna, tampouco se podem avaliar os valores, mas apenas adivinhá-los a partir de sinais externos herméticos. Contudo, assim como a vida sexual não pode ser compreensível apenas em suas mais elevadas manifestações, mantendo-se sempre firme sobre o solo, também a comunhão socialmente reconhecida é oferecida a todo casal e seu filho, mesmo que a sociedade penetre apenas pouco profundamente, a partir de sua exterioridade, no interior da relação recíproca. Em ambas as áreas, tanto física quanto mental, tanto afetiva quanto social, a riqueza ilimitada das coisas sempre só poderá ser totalmente compreendida por alguns; e no amor, como em todo o resto, o mais elevado continua sendo obra rara daquelas pessoas que nasceram para ser excepcionais. Aquilo que, entretanto, sua genialidade encarna, deve sempre ser a orientação, o apoio e a esperança para todos que caminham por milhares de caminhos, pretendendo subir de um patamar mais baixo ou entrar, vindos de fora, no reino da aliança entre os sexos. Pois o que há de mais supremo e raro não é encontrar o que nunca existiu, anunciar o inconcebível, mas sim desvendar aquilo que se tornou rotina, as possibilidades de todos para a profusão de suas possibilidades no espírito humano. Assim como nós, na névoa da manhã, sempre acreditamos estar caminhando em uma planície até que o sol a dissipe, fazendo brilharem repentinamente os picos das montanhas, que frequentemente estão tão separados do solo pela névoa que parecem visões fantasmagóricas — cada vez mais altas, cada vez mais distantes —, sendo que, no entanto,

O erotismo

mesmo as mais inatingíveis para nós pertencem à nossa vida: *nossa* paisagem.

No entanto, a coragem de amar e de viver, que surge dentro de nós como novos sonhos inspirados pela visão de tais picos e torna nossos passos mais leves, não pode mais ser compreendida na especialização ou em palavras; com exceção de um certo enrudecimento e de uma iluminação das coisas com a nitidez do dia (ou a nitidez do banal), ela é apenas compreensível para nós como vaga generalidade, sem dividir-se ou destacar-se em algo mais definido, como se imaginássemos uma revoada de anjos, na qual distinguíssemos apenas claras asas e rostos, sem conhecer seus nomes. Se esse trabalho interno, o mais secreto e mais exaustivo, realmente tornou-se uma experiência vivida a dois, então ele já é como uma religião de duas pessoas: a tentativa de estabelecer uma relação pessoal e mútua com o mais elevado que o olhar pode atingir, para então transformá-lo em uma experiência do dia a dia. Com isso, ela se torna, ao mesmo tempo, a pura criação de uma obra, sendo apenas assim acessível: desse modo, em uma clandestinidade muito mais profunda, mais seguramente oculta a olhos não autorizados que os mais secretos segredos do amor. Pois enquanto estes se ocultam propositalmente, ou seja, são obrigados a se esconder por trás do que lhes é alheio ou a se manifestar ruidosamente — isto é, de forma patética — de acordo com sua profusão de sentimentos excedente, aqui, por outro lado, nenhum sentimento mais está solto, mas encarnado em suas próprias ações e pensamentos: não mais como sentimento errante, mas como algo que oferece abrigo a todas as coisas — sim, totalmente presente em todas as coisas, mesmo nas menores, assim como todos os deuses ainda falam através da sarça ardente.

Tão certo quanto as formas, as vagens e as sanções da comunhão de vida vazias poderem vangloriar-se, sem serem apanhadas em flagrante, de um conteúdo que não poderia estar dentro delas é, inversamente, o fato de que esse conteúdo está simbolizado constantemente em resultados experienciados; resultados que, pelo seu caráter rotineiro, nós não conseguimos enxergar nesse conteúdo. Centenas de vezes, então, vagamos, portanto, entre o mais visível, mais banalmente "real", assim como entre os símbolos externos de sonhos que dormem dentro dele, intimidades encantadas, sem imaginar que estamos na companhia de egrégios e o mais próximos possível da maior plenitude da vida. Pois toda vida *existe* apenas como o milagre que se distancia cada vez mais de sua miraculosidade.

Essas palavras, com seu toque superficial inevitável, podem apenas tatear um processo interno feito uma externalidade muito áspera, com a esperança de que, por baixo, simbolicamente, algo do que nele está ressoe.

O erotismo

Sobre o tipo feminino

Zum Typus Weib (1914)

Sobre o tipo feminino[1]

1

Pretendo realizar aqui apenas um pequeno passeio reflexivo: passar, de início, por um caminho estreito, pessoalmente delimitado, e depois buscar um horizonte mais amplo para, por fim, mesmo que somente com alguns passos mais largos, ultrapassar a visão objetiva.

De forma bastante pessoal, tenho de começar contando que minha lembrança mais remota está relacionada a botões. Sentada sobre um tapete florido, à minha frente uma caixa marrom aberta cujo conteúdo — botões de vidro, de marfim, coloridos, de formatos fantásticos — eu podia remexer

---

1 Texto publicado em *Imago: Zeitschrift für Anwendung der Psychoanalyse auf die Geisteswissenschaften* [*Imago: revista para a aplicação da psicanálise às ciências humanas*], Vol. III, n. 1 (1914, pp. 1-14). Posteriormente republicado, por ocasião dos 70 anos da autora, em *Psychoanalytische Bewegung* [*Movimento psicanalítico*], Vol. III, n. 2 (1931, pp. 122-137).

Sobre o tipo feminino

quando havia me comportado muito bem ou quando minha velha tutora não tinha tempo para mim. A caixa de botões se chamava — no início, de forma inocente; mais tarde, irônica — a "caixa maravilhosa" e, a princípio, ela realmente representava para mim a maravilha por excelência, talvez porque tenha me ensinado as respectivas palavras associadas aos botões, nos quais eu admirava tantas safiras, rubis, esmeraldas, diamantes e outras pedras preciosas, de modo que a palavra russa para "pérola" (*zhemtchug*)[2] tem para mim, ainda hoje, um som estranhamente repleto de lembranças. As joias-botões permaneceram ainda durante muito tempo o epítome daquilo que, por ser extremamente precioso, é colecionado, e não descartado (assim como, de fato, os botões da moda, à época proporcionalmente mais dispendiosos, eram guardados após o consumo das roupas). Para mim, é como se essa ideia dos botões como peças mais preciosas já tivesse se assentado diretamente sobre uma outra ideia ainda mais primordial, segundo a qual eles representavam *partes inalienáveis* — de certa forma, pequenas partes de minha própria mãe (ou seja, de suas roupas, cujos botões eu, sentada em seu colo, gostava de manusear) ou talvez de minha ama (dedicada a mim), em cujo peito, por trás da roupa aberta, eu praticamente conheci o primeiro rubi. Pelo menos me recordo que, quando os botões-tesouros, posteriormente, se combinaram com um conto de fadas que me era contado, em que eles representavam uma questão mais interna, eu já encontrava essa

---

2 Em cirílico: жемчуг. No original alemão, porém, a autora utiliza o termo *Juwel* [joia], e não *Perle* [pérola] [N.E.].

nova concepção como um sólido patrimônio dentro de mim. O conto era sobre uma pessoa que, ao penetrar uma montanha encantada, devia desbravar um caminho em seu interior através de todos os reinos das pedras preciosas ("safiras, rubis" etc.) até chegar a uma rainha a ser desencantada. Por conta disso, não me causou nenhum estranhamento quando, durante a minha primeira viagem ao exterior, com meus pais, na Suíça, ouvi uma montanha ser chamada de "A Donzela" (*die Jungfrau*). Desde então, consolidou-se para mim a imagem de uma virgem-montanha inatingivelmente alta, bastante encoberta de gelo, que esconde em seu interior mais profundo incontáveis botões. Mais tarde, uma segunda impressão de viagem pareceu-me uma lembrança dessa primeira: uma viagem para dentro de uma mina, em uma montanha, junto com meu pai, nas imediações de Salzburgo, na qual eu, terrivelmente entalada entre ele e os mineiros, precisei descer voando, escarranchada, até as profundezas aterradoras, até o lago fabulosamente iluminado, sendo que cheguei lá embaixo bastante espremida e berrando amargamente. Pareceu-me indubitável que o sal brilhante nas paredes só podia significar um coletivo para pedras preciosas de todos os tipos. E acreditei rever seu rutilado quando, pouco depois, ouvi a descrição e vi pessoalmente as valiosas coleções de pedras preciosas russas no Museu do Instituto de Mineração de Petersburgo.

Toda essa percepção infantil diferencia-se de forma característica de uma segunda percepção concomitante que tem outros pequenos objetos de valor redondos em foco: moedas. Quando bem pequena, eu não sabia que era possível acumular dinheiro para as necessidades da vida, já que isso me foi

Sobre o tipo feminino

contestado de uma forma que não pude perceber. Já perto dos oitos anos (não posso garantir a exatidão desse dado), eu recebia, todo mês, uma mesada que consistia em uma moeda de prata de 20 copeques (40 fênigues),[3] com os quais podia comprar alguma coisa que me desse alegria, apesar de que essa alegria se realizava quase sempre diretamente por meio de meus pais e sem ligação ao dinheiro. Certa vez, quando meu pai foi passear comigo, nos deparamos com um mendigo ao qual eu queria dar minha moeda de prata brilhante. Meu pai, então, disse: "A metade é suficiente" — pois eu devia aprender, com isso, a dividir dinheiro — e, seriamente, trocou-me a moeda por duas moedas de prata de 10 copeques cada, de forma que o mendigo também recebeu prata, não cobre (não há níquel nas moedas russas). Desde então, provavelmente, introjetei a ideia: dinheiro é algo de que a metade cabe aos outros; realmente apenas a metade, mas esta sem questionamento. E ela não pode parecer ter uma qualidade pior do que a metade conservada: não temos nenhum privilégio perante os outros. Em extremo contraste com ele, que era divisível — cuja essência parecia mesmo consistir no fato de que devíamos dividi--lo —, estava a ideia antiga dos tesouros inalienáveis (botões), os não cambiáveis, ocultos, cuja subtração significaria claramente que nós mesmos teríamos sido roubados, violados — como a nossa totalidade, que não conhece ou tampouco possui "metades". Com certeza esses pensamentos não são tão precoces, mas o ponto em que eles provavelmente tiveram início, a partir do qual se distanciaram em duas linhas de

---

3 Moeda que correspondia à centésima parte do marco alemão [N.E.].

pensamento tão diversas, chega perceptivelmente até o mais infantil: até o campo de interesses anais, ou seja, até o ponto onde, para nós, nossa função corporal ainda se iguala a nós mesmos e onde uma parte de nós mesmos chega ao consciente como criada por essa função, pela primeira vez também como um objeto, como um não-mais-nós. Se o dinheiro seria aqui especialmente o conhecido substituto para o anal,[4] então se trataria daquela obra mais precoce da educação: repressão da identificação com o anal, do interesse egoico por ele, surgindo em associação com o fato de que o autoerotismo anal teria se colocado em segurança por meio do símbolo dos "botões" como tesouros internos, antes dessa primeira socialização.[5] Na disputa infantil entre os "botões e as moedas" , a autoavaliação do social teria começado a se separar em dois símbolos dos quais o mais tardio, a moeda — normalmente o herdeiro, por direito, do antigo foco no anal —, deixou-se transformar de forma voluntária em único representante da troca social, enquanto o outro, o botão, revelou ter segundas intenções bastante egoístas em um campo onde havia sido abrigado, temporariamente, em ideias fabulosas de origem erótica.

Compreensivelmente, a criação educa para o social; ela também o fez no caso presente, incluindo o indivíduo como um todo, sem nenhum direito exclusivo a quaisquer botões.

---

4 Cf. por exemplo: Freud, S. (1908/2015). Caráter e erotismo anal. In *O delírio e os sonhos na Gradiva, análise da fobia de um garoto de cinco anos e outros textos* (P. C. de Souza, trad.) (Obras completas, Vol. 8). São Paulo: Companhia das Letras, pp. 350-388 [N.E.].

5 É digno de nota, em língua portuguesa, o emprego do termo "botão" para denotar o ânus [N.E.].

Sobre o tipo feminino

Isso teve seu início já com o nascimento como fato da vida: a pessoa existia para pertencer a outros e a cada ano ela tinha de comprovar, nesse sentido, que era digna de ter se tornado mais velha. Até mesmo os presentes comemorativos do nascimento e os regalos sob a árvore de Natal, mesmo que esta última parecesse irradiar a magnificência da graça, ainda ocultavam, de alguma forma, armadilhas secretas para o egoísmo e anunciavam tácitos: "Estamos aqui em parte porque você foi obediente, em parte porque esperamos que você continue sendo". Quando eu, bem pequena, fui tomada por dores nos membros inferiores, as quais eram chamadas de "dores de crescimento" e que desapareceram sozinhas após um período, recebi, como consolo por precisar ser carregada no colo de novo, pequenas botinhas macias de marroquim com borlas douradas. Como consequência, não sinalizei a tempo o fim das dores, principalmente porque com frequência era meu pai quem me carregava. Quando essa falsificação das circunstâncias foi descoberta como algo punível, aprendi com doloroso espanto que minhas pernas também faziam parte daquilo que eu possuía devido aos outros, que não podia dispor delas como quisesse, e que os sapatinhos vermelhos de marroquim só aparentemente as haviam legitimado como minha propriedade exclusiva. Cada vez mais aquilo de que nenhum outro pode dispor se apartava, por assim dizer, dos bens aparentes da vida, ocultando-se naquilo que parece invisível, incompreensível, como algo que não podemos nem mesmo adquirir, ganhar por merecimento, conquistar, receber de segunda mão, mas que possuímos indefectivelmente segundo instância maior. E essa instância maior já está dada em uma família extremamente religiosa. Assim, aqui, sob a expressão da religião em questão, foi conservada uma parte da "onipotência dos pensamentos" no sentido freudiano do termo;[6] essa onipotência sobre as circunstâncias foi depositada como botão ali, onde a visão da realidade não alcançava.

Ao seu lado, porém, ficou a realidade vinda de fora, o real visível, concedido àquilo que pode ser dividido, meado, assim como outrora a moeda de ouro fora dividida, meada; para além disso, o mundo exterior não podia demandar nenhum direito, e tampouco, de certa forma, nenhuma "realidade": ela deixava de existir ali.

Com isso, cheguei ao ponto de partida de um ensaio prévio[7] no qual o tema do deus criado pela própria criança é analisado com outra finalidade. Está claro em que medida o brinquedo invisível, que estava enfiado em todos os bolsos desse deus, já estava associado à ocultação das pedras preciosas na montanha e que, afinal, consistia nos botões inalienáveis da caixa marrom de botões. Não é por acaso que restaram ao deus justamente esses atributos infantis que ainda resultaram predominantemente da "onipotência dos pensamentos"

---

6 Expressão legada a Freud por um paciente seu, Ernst Lanzer (1878-1914), que ficaria conhecido como o "Homem dos Ratos". Cf. Freud, S. (1909/2013). Observações sobre um caso de neurose obsessiva. In *Observações sobre um caso de neurose obsessiva, uma recordação de infância de Leonardo da Vinci e outros textos* (P. C. de Souza, trad.) (Obras completas, Vol. 9). São Paulo: Companhia das Letras, pp. 13-112. Cf. também Freud, S. (1919/2021). *O incômodo* (P. S. de Souza Jr., trad.). São Paulo: Blucher, pp. 91-108. [N.E.].

7 Andreas-Salomé, L. (1913). Vom frühen Gottesdienst [Sobre o culto precoce]. In *Imago: Zeitschrift für Anwendung der Psychoanalyse auf die Geisteswissenschaften*, Vol. II, n. 5, pp. 457-467.

Sobre o tipo feminino

em meio ao já incipiente reconhecimento do mundo. Habitualmente, mesmo a mais primitiva forma de religião costuma conter, na fabulação em torno de sua fé, ao mesmo tempo, um princípio de reconhecimento, uma interpretação do mundo: mas, para a criança, à qual desde o início todo ensinamento sobre o mundo é concedido pelos adultos educadores, a fabulação de sua criação do deus não precisa ser prejudicada por isso. O deus substitui aqui, de certa forma, aquilo que Freud denominou "romance familiar": as idealizações de origem e destino com as quais a criança muitas vezes apenas busca expressar aquela evidência, certeza, aterrorizante para ela, de toda plenitude e esplendor.[8] No entanto, isso se reflete aqui, e não em uma história, na própria presença de um deus adicional para a própria existência e essência, o qual não esclarece nem proíbe, mas apenas sanciona. Se ele conseguir manter essa forma de manifestação tão parcial durante tão pouco tempo quanto o habitual romance familiar, então ele cairá menos por um questionamento do intelecto do que devido a uma mudança interna daquela confiança na vida que se apoderou de si mesma dentro dele e cuja simbologia precisou se modificar no decorrer do desenvolvimento. Pois a antiga representação dos botões-tesouros que ele trazia tão segura em sua magnificência, como o brinquedo em seus bolsos, possuía, além de seu caráter pronunciadamente egoísta — mesmo que temporariamente também disfarçado

---

8 Cf. Freud, S. (1909/2015). O romance familiar dos neuróticos. In *O delírio e os sonhos na Gradiva, análise da fobia de um garoto de cinco anos e outros textos* (P. C. de Souza, trad.) (Obras completas, Vol. 8). São Paulo: Companhia das Letras, pp. 419-424 [N.E.].

no fabuloso fantástico —, também um caráter igualmente marcado em termos eróticos. Se essa condição, por um lado, permaneceu insignificante durante longo tempo ("período de latência" de Freud),[9] ela apresentava também, por outro lado, uma tendência a humanizar o deus na forma, na expressão. Portanto, não era sua verdade segundo seu significado intelectual que decidia a existência constante de deus nas moções ocultas, subterrâneas do ser, mas sim sua realidade segundo o significado sensorial. Por ter sido percebido um dia como abstrato, pálido, invisível, o amor que se separava desse deus foi notado: se esse amor, porém, não se transformar em descrença, mas temporariamente apenas em uma espécie de inversão do amor a Deus, em crença no Diabo, então pode-se notar uma segunda característica nele: o fato de que já tinha, antes, uma orientação ambivalente em sua vida, ou seja, que estava inconscientemente aborrecido com o deus pela sua palidez abstrata, sua falta de vermelho-sangue, sua capa de camuflagem praticamente presa a ele, enraizada. Quando o deus virou-lhe as costas, o amor pôde enxergar, para ser exato, apenas sua parte trascira escurecida ("obscurecida" pelo próprio amor) no Diabo. Todavia, como a criança não pode ter consciência de que ela própria expulsou o deus, então se sente — devido ao poder desconhecido, que dela se distancia — entregue ao inferno, e não ao céu.

---

9 Cf. Freud, S. (1905/2016). Três ensaios sobre a teoria da sexualidade. In *Três ensaios sobre a teoria da sexualidade, análise fragmentária de uma histeria (O caso Dora) e outros textos* (P. C. de Souza, trad.) (Obras completas, Vol. 6). São Paulo: Companhia das Letras, pp. 13-172 [N.E.].

Sobre o tipo feminino

De fato, somente a puberdade nascente pode ser considerada o término natural da história de Deus — mesmo que muitos anos tenham se passado, já sem nenhuma relação com ela. Consequentemente, o despertar erótico ocorre não apenas concomitantemente a ela, mas também como que originado a partir da autorrealização automaticamente segura de um sonho infantil recém-sonhado, de forma que o deus fantasioso do avô, infinitamente bondoso, rejuvenesce cautelosamente apenas uma geração, tornando-se uma pessoa de carne e osso.

Não só nos romances ruins — em que as pessoas "acabam se arranjando" —, mas também aqui seria de esperar uma intermediação perfeita entre o eu relativamente introvertido e o social. Mais ainda se toda a confiança permanece ativa, como um último presente do antigo comportamento divino, certa de obter o desejado: se ela, mais bem adequada à realidade em vez de apenas fantasiar, também conseguiu obter uma espécie de faro para o que realmente existe. Mas, ao mesmo tempo, remanesce esse efeito da relação com Deus sobre a relação com o homem, ou mais simplesmente: aquela conexão original profunda do egoísta com o erótico, um último poder para além do qual o "valor estimado" dos botões não pode ser totalmente concretizado. Com a "realidade" surge aquilo que nós "dividimos", mas apenas coisas divisíveis, das quais a metade completa deve ser dada aos "outros"; porém, não totalmente no sentido da "metade" como aquela em que o ser humano acredita, a partir de então, representar a si mesmo *in toto*[10] na

---

10 Do latim, "no todo" [N.E.].

fusão erótica — pois, na verdade, ele conserva aqui sua própria cabeça (botão) para si.[11]

Se traduzirmos em um tipo de vida esse comportamento, certamente bastante questionável, do erotismo, então poderíamos dizer que o real externo é vivido, mas como algo que é recebido pela pessoa, e não algo ao qual a pessoa é entregue.

Ou seja, ele é vivido tanto mais leve e silenciosamente quanto mais rápida e profundamente tiver tocado e fecundado, de forma que os frutos da realidade, os mais recônditos, podem ser agora distribuídos. Onde ele, além do mais, quer ser recebido como "o mais real", como o valor da existência definitivo, ali ele se desbota, esvai-se justamente por isso, caindo no irreal (mais ou menos como uma cor, um som, quando excedem nossa capacidade de apreensão); e nesse desvanecimento é, portanto, acompanhado apenas pelo sentimento de um decorrer inevitavelmente apropriado, mesmo que lastimado (ou seja, não por um sentimento de decepção e tampouco de culpa). Se quisermos pressupor uma predisposição anormal para tanto (o que se justifica pelo fantasioso do estágio originário), então ela seria uma predisposição que parece excluir mais decididamente aquilo que caracteriza a batalha, o dilema, a dúvida e o compromisso neuróticos, tomando, na verdade, empréstimos à introversão do parafrênico. Pois o apego do neurótico a um pequeno pedaço da realidade, pelo qual ele paga um alto preço — aquilo que determina tão precocemente que tudo o que segue deve ser quimerizado em desproporções

---

11 A autora faz aqui um jogo de palavras no original: *Kopf (Knopf)* [cabeça (botão)] [N.T.].

Sobre o tipo feminino

fantasmagóricas —, tornou-se aqui o seu oposto: manter-se aberto para vivências renovadas e aprofundadas, pois onde o neurótico se deixa saquear, tão desperdiçador, permanece uma última autorreflexão mesquinha. Entretanto, se quisermos prescindir demais de tudo o que é patológico, alguém poderia, por fim, ceder à ideia de recorrer a denominações mais feias para fins de esclarecimento, como "leviandade nata", "infidelidade repudiável" e semelhantes. Não quero exigir nomes mais bonitos, mas apenas tentar destacar algumas coisas do estado psíquico feminino típico que me parecem estar associadas a processos análogos.

2

Já nos "Três ensaios sobre a teoria da sexualidade" está presente a frase[12] que diz que a sexualidade do homem é "mais consequente, e também mais acessível à nossa compreensão, enquanto na mulher ocorre até mesmo uma espécie de atrofia". Pois "a puberdade, que traz para o menino aquele grande avanço da libido, caracteriza-se para a menina como uma nova onda de recalcamento pela qual justamente a sexualidade

---

12 A frase fundamenta-se em outra anterior: "se pudéssemos dar um conteúdo mais definido aos conceitos 'masculino' e 'feminino', também se poderia afirmar que *a libido é, por necessidade e por regra, de natureza masculina, apareça ela no homem ou na mulher, e independentemente de o seu objeto ser homem ou mulher*" (p. 139). Aqui, "masculino" refere-se à agressividade do pulsional como tal, à sua tendência imediata à pulsão, e assim deve ser compreendido a seguir.

clitoridiana é afetada".[13] O feminino é, portanto, aquilo que é lançado de volta para si mesmo, detido pelo processo de sua própria maturação, eliminado pelo desenvolvimento final. De fato, todas as virtudes especificamente femininas relacionam--se a isso; elas são, pela natureza desse sexo, virtudes de abnegação: onde a autoconsciência feminina rivaliza em termos de puro desempenho humano com a masculina, são justamente aquelas virtudes que ela quer superar de forma emancipadora.

Entretanto, a última coisa sobre a qual quero falar são virtudes e desempenhos, mas sim aquilo para o que me sinto mais competente: a felicidade. Pois no que diz respeito à felicidade, os fatos acima mencionados podem ser considerados de maneira diferente. A menor diferenciação, expressa naquela atrofia, gera uma espécie de círculo limitador em torno da vida pulsional que anseia cada vez mais pela dispersão, círculo esse que mantém sua associação mais estável com o ponto de partida comum: essa circunstância, porém, não representa um simples retorno, mas uma reconstituição do que existia antes em um nível mais elevado — como uma forma essencial de evoluir a si, como uma forma de crescimento com a vida. Pois justamente dentro da própria pulsão sexual, justamente como consequência de sua "emasculação" na mulher, ela também volta a se diferenciar, de outra forma, da agressividade da pulsão do eu, ganhando assim uma peculiaridade do

---

13 Freud, S. (1905/2016). Três ensaios sobre a teoria da sexualidade. In *Três ensaios sobre a teoria da sexualidade, análise fragmentária de uma histeria (O caso Dora) e outros textos* (P. C. de Souza, trad.) (Obras completas, Vol. 6). São Paulo: Companhia das Letras, pp. 121, 141; trad. modificada [N.E.].

Sobre o tipo feminino

desenvolvimento. O "feminino" (sempre em princípio e longe de todos os graus e nuances da união pessoal entre "masculino" e "feminino") consegue realizar, justamente devido à sua reversão do sexual para si, o paradoxo de separar a sexualidade e a pulsão do eu ao uni-los. Portanto, ele é ambivalente onde o masculino permanece claramente agressivo; mas, em compensação, mais consistente onde a agressividade desenfreada deste último se divide em direções opostas como mais sexual ou mais relacionada ao eu.

Se procurássemos uma ilustração para isso no tema anterior — o olhar voltado para o pai, homem-pai, Deus etc. —, então encontraríamos, para a mulher, religionização e erotismo, raios de luz e calor providos pela mesma estrela, pelo mesmo sol, pois a pulsão sexual passivamente orientada pode se entregar àquilo que, para a pulsão do eu, parece ser o mais elevado fomentador. No homem, por outro lado, a agressividade armazenada do sexual volta-se para o passivo, para a mulher; motivo pelo qual, mesmo que ele idealize a mulher por ser do sexo feminino, seu ideal de eu nunca é realizado concomitantemente no parceiro sexual. Pois, na verdade, ele precisa encontrar esse ideal onde este significa para ele ideal e concorrência ao mesmo tempo, no mesmo sexo, no pai (ou seja, "dessexualizado", caso essa situação, já por si só desagradável, não se transforme, em caso de inversão mais acentuada, em um verdadeiro ninho de ratos de ambivalências que se inibem mutuamente). O pai é aquele para quem ele — buscando a si mesmo, procurando substitui-lo, ou mesmo superá-lo — deve dizer com reverência: "Seja feita a tua vontade..."; enquanto perante a mulher, em um momento como esse, em que está em jogo o homem como um todo, deve valer para sempre e mais uma vez a palavra: "Mulher, o que eu devo criar contigo".

Na medida em que a força da masculinidade se dispersa em contrapostos como sexual e espiritual, ou, por outro lado, faz concorrência a si mesma, ela renuncia à sua bem-aventurança comunitária imediata. Na medida em que o homem persegue a si mesmo como realizador, ele se perde como possuidor de si mesmo — assim como ele, a serviço da procriação, perde aquilo que possui (para repetir a palavra de Freud, sem absolutamente nenhuma intenção irônica: age de forma "altruísta"),[14] assim como é dispensado da unilateralidade do relaxamento sexual, passando à unilateralidade da tensão social. Essa nobreza, de certa forma involuntária, do autodespojamento passa a caracterizá-lo: sua essência é, em belas palavras, algo como um "sacrifício": isto é desagradável, mas, afinal, trata-se de sua honra. O impulso desinibido voltado para o exterior deve ser pago com o altruísmo do lado de fora, assim como a passividade impelida de volta para si mesma se paga com o egoísmo da felicidade. A concepção não é a primeira imagem da devoção feminina na autopreservação, já a quietude do óvulo — em comparação à inquietude do sêmen, que se encontra em busca de algo — marca a mesma soberania de uma indolência que não pretende "se agitar sem uma

---

14 "A pulsão sexual se põe agora a serviço da função reprodutiva; torna-se, por assim dizer, altruísta." (Freud, S. (1905/2016). Três ensaios sobre a teoria da sexualidade. In *Três ensaios sobre a teoria da sexualidade, análise fragmentária de uma histeria (O caso Dora) e outros textos* (P. C. de Souza, trad.) (Obras completas, Vol. 6). São Paulo: Companhia das Letras, p. 122; trad. modificada) [N.E.].

Sobre o tipo feminino

causa maior".[15] Contrariamente à calamidade que a existência masculina implica, a cor excessiva ofuscante do sexual se supera no feminino de forma mais sóbria, nos mais diversos tons da existência, e deixa, para tanto, a pulsão do eu, que rejeita o sangue, autenticamente tingida de erotismo em sua base. Todavia, ao que me parece, aqui já se revela como esse entrelaçamento da massa das pulsões, essa perda da última estruturação, tem algo em si que não precisa meramente *modificar* a sexualidade: algo que até mesmo possibilita a essa sexualidade sua própria realização mais definitiva. Pois não se pode afirmar que a sexualidade represente uma agressão pulsional no mesmo sentido evidente como, por exemplo, a pulsão de voracidade, por meio da ingestão; a pulsão de defecação, por meio da entrega. Essas e outras pulsões, na verdade, diferenciaram-se, distanciando-se dela; elas se segregaram para realizar trabalhos especiais enquanto ela aprendia a servir à reunião das forças de todos os órgãos para fins de sua reprodução (nesse caso, muito semelhante à própria habilidade feminina). Consequentemente, o sexual se manifesta, a cada aparecimento, muito além de sua área especial, como uma imiscuição no organismo como um todo, como intervenção positiva sobre ele (assim como a abstinência não enfraquece ou leva à morte, como a fome, mas atua positivamente por meio do êxtase e de toxinas). E, mais uma consequência, o sexual brilha, por esse motivo, não apenas entre cada uma das formas de manifestação vitais, mas também entre as psíquicas, de uma maneira

---

15 Shakespeare, W. (~1600/2014). "Ato 4, Cena 4". In *Hamlet* (M. Fernandes, trad.). Porto Alegre: L&PM, p. 102 [N.E].

tão difícil de ser compreendida e contraditória, na medida em que, sem ser classificada como algo especial, sendo invasão por natureza, ela existe literalmente para deixar o mundo de cabeça para baixo. Justamente por isso a análise do psíquico é tão bem-sucedida e plausível quando praticamente remonta ao sexual, pois ele, apesar de ser uma pulsão do corpo com a qual se deve lidar a partir do lado fisiológico, é ao mesmo tempo duro no que diz respeito à vida orgânica, tornando os fatos psíquicos inicialmente irreconhecíveis.

O problema que existe aqui (que, naturalmente, não deve ser apresentado segundo o seu significado filosófico), Freud o discutiu[16] ao questionar por que o apetite amoroso não se reduz durante o gozo preliminar, como outros apetites, mas, sim, aumenta; e por que a satisfação final pode, mesmo assim, resultar em fome de estímulos, desejo de mudança, em vez do matrimônio cada vez mais satisfeito que, por um exemplo, um alcóolatra contrai com o tipo de vinho que lhe apraz. Decerto não é exatamente um acaso o fato de, segundo a encantadora visão vulgar das pessoas, as duas questões referirem-se muito menos à mulher do que ao homem. Nós poderíamos naturalmente dizer que aquilo que habilita a pulsão sexual a se diferenciar da sede, do apetite etc., já existe *em um momento de passividade*, ou seja, na capacidade de manter o interesse pelo objeto dentro da — e paralelamente à — tendência

---

16 Freud, S. (1912/2013). Sobre a mais comum depreciação na vida amorosa (Contribuições à psicologia do amor II). In *Observações sobre um caso de neurose obsessiva, uma recordação de infância de Leonardo da Vinci e outros textos* (P. C. de Souza, trad.) (Obras completas, Vol. 9). São Paulo: Companhia das Letras, pp. 347-363.

Sobre o tipo feminino

pulsional direcionada, de *reter-se* nele. Aquilo que costumamos denominar "componentes anímicos" da sexualidade — a partir de cuja conexão deficitária com a pulsão sexual Freud explica, no trabalho mencionado, a redução do valor do objeto — é (mesmo que os chamemos de psicossexualidade, suplemento carinhoso, necessidade de contretação ou seja o que for) apenas um outro termo para esse afastamento daquilo que é puramente agressivo em favor de um comportamento ao mesmo tempo acolhedor, oferecedor de espaço. Freud vê também a origem de toda expressão de simpatia na devoção do recém-nascido ao objeto — o que significa que ele brota no objeto, no sentido em que ainda não se concerne como sujeito, já que os anseios pela autopreservação e pela devoção ainda não podem diferenciar-se um do outro. Quando então, contudo, após a segunda fase freudiana, após a *splendid isolation*[17] do autoerotismo (em que, por outro lado, inversamente, ativo e passivo formam uma unidade), o objeto não é descoberto, mas "redescoberto" como algo transferido daqueles tempos primevos da existência infantil (Freud).[18] Assim, ele já traz em si aquela doçura difusa da antiga devoção; porém, agora certamente como um choque de passividade. Pois ela

---

17 Do inglês, "isolamento esplêndido". Expressão utilizada no século XIX para descrever a prática diplomática britânica que consistia em evitar alianças permanentes [N.E.].

18 "A descoberta do objeto é, na verdade, uma redescoberta." (Freud, S. (1905/2016). Três ensaios sobre a teoria da sexualidade. In *Três ensaios sobre a teoria da sexualidade, análise fragmentária de uma histeria (O caso Dora) e outros textos* (P. C. de Souza, trad.) (Obras completas, Vol. 6). São Paulo: Companhia das Letras, p. 143) [N.E.].

então se torna contraditoriamente perceptível perante a consciência aguilhoante do si-próprio — do sujeito que, insolente, quer tratar seu objeto com o método de pulsão de autoconservação. E se, no decorrer do estágio de maturidade sexual, o aguilhão disso que é o puramente agressivo se aguça, às vezes de forma tão unilateral que a sexualidade é sentida como algo especial apenas sob o impulso desse aguilhão, então parece óbvio que, mesmo para ela, seja inexplicável aquilo que estranhamente ainda diferencia a sua felicidade e o seu sofrimento das alegrias — ou das decepções — da autoconservação. Mas isso não significa a abstenção das sabe-se lá quão finas sublimações que lhe teriam sido enxertadas por terceiros — flores exóticas germinadas, em um experimento de cultivo, em troncos comuns —, mas significa, na verdade, que sua raiz basal se abstém de enviar a todos os galhos uma mistura de seivas suficiente para um florescer natural. Talvez esse seja, afinal, o verdadeiro motivo do *post coitum omne animal triste*[19] — que, por isso, não se aplica a todas as pessoas e ao qual se contrapõe a experiência consequente não apenas de alegria, mas também de um sentimento absolutamente injustificado: o de ter realizado o melhor de todos os atos; de ter devolvido ao mundo a perfeição; de ter, de certa forma, aliviado a consciência de uma vez por todas — na entrega vital mútua do "fora-de-nós" eternamente duplo conosco mesmos.

---

19 "*Post coitum omne animal triste est sive gallus et mulier*" [Após o coito, todos os animais ficam tristes, com exceção do galo e da mulher]: frase atribuída a Galeno, médico romano do século II d.C. [N.T.].

Sobre o tipo feminino

Segundo Freud, o fato de a "ternura" e a "sensualidade" abandonarem tão frequentemente sua antiga unidade após o fim da infância e recaírem — desafortunadamente, de forma até mesmo patogênica — no respeito anímico e na rudeza dos sentidos é uma consequência da proibição ao incesto. De acordo com ele, a proibição do incesto por si só seria também o bicho-papão[20] que espantou tal unidade, expulsando-a de seu idílio da infância: ele anteciparia com essa intromissão aparentemente externa apenas o fato de que uma pessoa no caminho humano, ou seja, no caminho de um autodesenvolvimento sempre contínuo, não pode permanecer presa ao pessoal com toda a concentração. Uma coesão suficiente dos impulsos internos não poderia deixar de reduzir suas metas que, tanto objetivas quanto pessoais, estão reguladas justamente pela sua força pulsional para realizar, progredir, para superar aquilo que ainda não foi humanamente superado. No princípio feminino, apenas justamente por meio dessa renúncia, por meio dessa "preservação-em-si-mesma" da unidade pulsional, existe, apesar de tudo, sempre a possibilidade de colocar um solo firme sob os passos apressados do homem que se distancia. Por esse motivo, apenas no feminino essa reversão da pulsão em si não se chama "perversão", mas o seu delongar, o seu resumir estão dados junto com sua meta.

---

20 Ao pé da letra, "o homem preto". Referência a uma brincadeira infantil — cujas origens remontam ao Medievo e à peste bubônica — chamada "Wer hat Angst vorm schwarzen Mann?", literalmente: "Quem tem medo do homem preto?". Sobre o histórico de significações dessa expressão, bem como um debate ampliado sobre questões raciais e identitárias em contexto alemão, cf. Asserate, A.-W. (2021). *Wer hat Angst vorm Schwarzen Mann?*. München: dtv. [N.E].

Assim, a rigor não existe, dentro de seu princípio, um mero prazer preliminar (no sentido freudiano), nada de provisório no decorrer do erotismo: o feminino deve ser definido como aquilo que o dedo mindinho significa para a mão. Não no sentido de um contentamento ascético, muito pelo contrário: pois o menor espaço já permite, à ternura, que ela se realize completamente dentro dele, que abranja com o mínimo possível o total do âmbito amoroso (mais ou menos como Dido fez com a pele do touro em Cartago).[21]

Nós poderíamos pensar que seja mais o caráter do "desejo final" nessa coesão feminina que arrisca algo tanto por meio da expressão puramente corporal, sobre a qual a última consumação sexual está baseada, quanto por meio da passividade insistente que obriga a mulher a um determinado comportamento durante essa consumação. Entretanto, talvez em nenhum outro momento o jogo vivaz de encaixamento de suas vidas egoica e amorosa se manifeste de forma mais decisiva do que nesse: por força da tendência feminina de sempre trazer à tona, nos momentos em que nos entregamos, a norma, o ideal pelos quais o si-mesmo possa se orientar. Mesmo que, em média, tenha-se a leviana impressão de que se trata de mera paixão com turvo julgamento, ou mesmo ridícula, e

---

21 Reza a lenda que Dido foi a responsável pela fundação da cidade de Cartago, em 814 a.C., sendo a sua primeira rainha. Chegando ao norte da África, ela escolhera a colina de Birsa para se estabelecer. Porém, já que não tinha posses, ouviu do rei local que só poderia ocupar a porção de terra que fosse capaz de cobrir com o couro de um único boi. Assim, Dido cortou o couro do animal em tiras bem finas, amarrando-as umas às outras e cercando a colina inteira, fundando ali o povoado de Qart-ḥadašt [Cartago] — em fenício, "Cidade Nova" [N.E.].

Sobre o tipo feminino

que ali se esconde o verdadeiro significado da questão, por trás disso encontra-se nada mais, nada menos, que o seguinte feito: compreender, da forma mais espiritualizada possível, o sentido espiritual do que foi vivido onde ele permanece mais fisicamente encoberto, mais psiquicamente inexplicável, e tornar assim a própria unidade básica mais segura possível, onde ela oscila da forma mais abismal. Em outras palavras: aqui o feminino (de fato, em si já paradoxalmente orientado) consegue seu segundo e mais profundo paradoxo: experienciar o mais vital como o mais sublimado. Podemos acreditar que essas espiritualização e idealização em sua arbitrariedade são induzidas na medida em que, segundo o ser uniformemente feminino, a expressão original do amor, em suas transferências, permanece a vida toda mais perceptivelmente presente do que para o homem — aquela fusão primeva com o todo onde nós repousamos antes de nos termos entregado a nós mesmos e antes de o mundo se abrir em concepções individuais diante de nós. Sabemos o quanto disso retorna no erotismo: como tudo o que nos toca de alguma forma parece essencialmente ligado à pessoa amada, como se ela se estendesse a tudo e condensasse tudo dentro de si. A partir daí, o pessoal se idealiza chegando a um sentido quase simbolicamente extraordinário; e como essa autorreferência permanece sendo mais natural para a mulher, torna-se uma vivência para ela: o ser humano individual em toda a sua realidade torna-se transparente para ela nessa direção, uma imagem translúcida de contornos humanos por meio da qual a abundância do todo brilha inabalável e não esquecida. Se Freud, portanto, menciona que, quando se tratam de objetos dificilmente ou

154 *Lou Andreas-Salomé*

não atingíveis do anseio, a mulher "via de regra não realiza algo semelhante à superestimação sexual no homem",[22] sendo que isso, portanto, está justamente associado ao fato de que sua estimação e superestimação aplica-se e deve se aplicar ao que foi atingido, e não apenas ao que foi cobiçado — àquilo a que ela se dedica e cuja dedicação a destrói ante si mesma, se ela não a elevar diante de si mesma.[23] Essa é a dureza oculta em todo amor especificamente feminino (contrabalançando, com frequência, toda a dureza masculina); a sua maior cegueira e a sua maior vidência, ao mesmo tempo. O fato de que ela reconhece nele aquilo que a une a ele, de certa forma, para além da pessoa, é certamente seu pedaço mais valioso (não delicado como uma flor, mas duro feito uma pedra preciosa); assim como a dádiva mais valiosa dele para ela é o pedaço, elaborado a partir do sexo, de delicadeza e gentileza.

No entanto, justamente devido a esse duplo papel que o homem representa para a mulher para que ela própria possa permanecer ainda mais uniforme — justamente devido à diferenciação associada entre (eu diria) pessoa e representação — devemos fazer aqui um parêntese. Pois se, considerando a

---

22 Freud, S. (1912/2013). Sobre a mais comum depreciação na vida amorosa (Contribuições à psicologia do amor II). In *Observações sobre um caso de neurose obsessiva, uma recordação de infância de Leonardo da Vinci e outros textos* (P. C. de Souza, trad.) (Obras completas, Vol. 9). São Paulo: Companhia das Letras, p. 357; trad. modificada [N.E.].

23 Por isso a relevância da entrega permanece tão diversa para o homem e para a mulher a ponto de ela ser julgada, com razão, de forma diferente nos dois. E por isso o desencaixe do homem e da imago do homem consiste em um motivo relevante para a frigidez feminina.

Sobre o tipo feminino

partir deste ponto, todas aquelas virtudes femininas de abnegação das quais falamos logo no início não parecem mais trágicas, mas provocam um verdadeiro semblante de alegria — de forma que o feminino pareça a personificação inata de toda fidelidade, de tudo o que está voltado para o ideal e da dedicação por graça da natureza —, então não podemos tomar isso de forma muito absoluta. Não se pode afirmar com certeza se justamente essa abundância com a qual toda maravilha da festa do amor é derramada sobre a vivência feminina poderia se tornar o ensejo para um decorrer ainda mais intenso — de forma que ocasionalmente é possível reservar apenas muito pouco disso para uma forma permanente razoável, quanto mais completamente todas essas características tiverem sido acrescidas à receita. Inversamente, resta-nos também questionar, por outro lado, o quanto dos próprios ingredientes mais fabulosos de ética ou consciência matrimonial às vezes não foram apenas meros ingredientes da vivência amorosa feminina — acrescentados já por falso decoro, por um desejo de reparar um mal, por um anseio pela sanção. Pois não podemos esquecer que tudo se encontra reunido nesse ponto para a mulher, o que ela pode e o que não pode, sua grandeza natural, assim como a pequenez que cresceu dentro dela. Pois o único ponto cultural dado por natureza — e, portanto, possível para ela — é o fato de que consegue ver na sexualidade não a realização de uma existência bruta, algo isolado em si. Mas, na verdade, consegue também captar, apreender em sua sensualidade ao mesmo tempo a própria santidade: seja porque ela a coloca em uma existência já sancionada com a expectativa de protegê-la, seja porque, a partir de sua mais íntima feminilidade, pode contemplá-la com mais pureza e liberdade que o homem, cuja força restauradora precisa se exaurir em outras finalidades culturais. A mulher, por si, realiza apenas um ato cultural, e este, inclusive, lhe *ocorre* mais devido à sua essência feminina e não é uma ação: o filho (motivo pelo qual a mulher sem filhos é considerada, sem questionamentos, material socialmente inferior). No entanto, ele pode *se tornar* uma ação: se ela carrega e pare o filho ainda como parte de si mesma, ela ainda tem nele pelo tempo mais longo possível a terna autoidentificação na qual as mais delicadas alegrias sexuais e anímicas, de certa forma, confluem sorridentes uma para dentro da outra. Assim, nasce desse caloroso egoísmo, por fim, sua primeira socialização real; dele nasce a relação com o filho como com a segunda pessoa, com o outro, com um mundo fora do seu, o qual ela entrega a partir de sua mais profunda intimidade — não apenas "partilhando" de seu mundo, mas também notificando a si mesma e renunciando. Sendo assim, a mais elevada imagem da mulher não é a "mãe com o filho" , mas — se quisermos falar por meio de imagens cristãs da Madona — a mãe junto à cruz: aquela que sacrifica o que pariu; aquela que entrega o filho à sua obra, ao mundo e à morte.

Naturalmente não se pode comparar a tarefa cultural do homem com a cruz que ele carrega ou na qual está pendurado. Mas certamente com aquilo que, para ele, avança, por princípio, em direção à espiritualidade humana sob prejuízo do erotismo humano. E não raro, com o avanço da cultura, uma percepção puramente masculina das coisas vê a sensualidade como tal realmente já crucificada, ou seja, vê "ao longe

Sobre o tipo feminino

o risco da extinção do gênero humano".[24] Certamente também resta ao homem um sonho de unidade do espírito com os sentidos; resta-lhe como uma vaga lembrança de que mesmo as mais amplas sombras de nuvens noturnas estão essencialmente unificadas com o orvalho que se espalha, brilhante, sobre o solo ao nascer do sol. E certamente algo desse sonho também volta a se realizar, de tempos em tempos, dentro deles mesmos, estes mais avançados do espírito, os criadores: obriga-os, parando no meio do caminho, a elaborar uma obra como uma testemunha séria, alegre, de tal reunificação para todos os que avançam passando por ela. Mas, por outro lado, essa obra só se tornou realidade dentro deles porque o feminino é parte inata de sua capacidade masculina; e essa natureza dupla, que *engendra em obras* aquilo que a mulher é *por essência*, tornou-se criadora dentro deles. Em seus atos criadores, o homem testemunha o quanto do último senso cultural está presente para ele na reaquisição daquela unidade; como ele, por isso, cria o mundo mais uma vez por iniciativa própria em todas as áreas como se fossem suas a fim de segurar com as mãos, enxergar com os olhos que o "outro", o fora, é propulsionado pelo mesmo pulsar da vida formando uma unidade com ele. Ele busca a comprovação para si mesmo se em cada um de seus feitos ou não feitos o dualismo mantém sua parte, pois está sempre se redescobrindo em cada nova coisa que

---

24 Freud, S. (1912/2013). Sobre a mais comum depreciação na vida amorosa (Contribuições à psicologia do amor II). In *Observações sobre um caso de neurose obsessiva, uma recordação de infância de Leonardo da Vinci e outros textos* (P. C. de Souza, trad.) (Obras completas, Vol. 9). São Paulo: Companhia das Letras p. 362; trad. modificada.

deve se tornar um caminho novo e diferente, de forma que, assim, a meta nunca lhe está garantida nas coisas, mas sim em valores suprapessoais e em imagens.

Com isso está dado ao feminino um valor cultural por si mesmo e independente, o que pode ter efeito análogo (e não idêntico) ao sentido do criador espiritual. Por mais diversas que sejam as formas de manifestação dos dois sexos, nelas eles se encontram: a mulher está ligada ao mesmo espírito para o qual volta seu olhar junto com o homem e por meio do olhar dele, ligada a partir do seu íntimo, da base de seu ser, como de algo que ainda unifica contradições imediatamente dentro de si. Realização silenciosa quase já contida em sua vida corporal e na insurreição espírito-corporal do erótico transformando o eternamente insuficiente em acontecimento eterno: por isso o enlace, o matrimônio, permanece sendo para ela a imagem da mesma coisa para a qual o homem se encaminha, espiritualizador, precursor e previdente. Assim, ela não deve justamente ali, em sua anexação com o que é dele, amplamente impulsionadora, olhar além do entorno de sua essência ou, rompendo com ele, deixá-lo — mas ela, principalmente em sua vivência espiritual, ainda no mais extenso contorno cultural permaneceria em si: gerando círculo por círculo em torno de si mesma —, de acordo com o parâmetro de suas dimensões mais íntimas. O prognóstico de um crescente encobrimento da felicidade para o futuro da cultura — raio cada vez mais oblíquo e pálido de um antigo esplendor solar, sombra noturna cada vez mais ampla sobre o mundo que se espiritualiza — não quer mais se conformar com esse Narciso *feminino*. Aqui, apenas um símbolo ainda condiz: a

Sobre o tipo feminino

imagem da planta em plena luz do meio-dia, já que lança uma sombra totalmente vertical; já que ela, ali protegida, olha para a sombra do alto como se para o frágil reflexo de sua própria existência — sombreando a si mesma dentro dela, para que o grande incêndio não a queime antes da hora.

Anal e sexual

Anal und Sexual (1916)

Anal e sexual[1]

1

Há algum tempo tornou-se quase um hábito repreender a escola de Viena pelo destaque das regressões ao campo anal como uma espécie de atraso — mais ou menos como quando as pessoas, em vez de dar continuidade ao exame objetivo dos problemas, preferem aferrar-se justamente aos mexericos familiares mais desagradáveis. No entanto, há mais motivos para acreditar que justamente esse ponto, talvez mais que qualquer outro, deveria ser resolvido de uma vez por todas — minimamente porque ele é o ponto para o qual retorna, afinal, todo o resto das difamações que se opunha e ainda se opõe à menção do fator sexual por Freud. Pois, por mais forte que tenha sempre sido a contraposição a ele e principalmente

---

1 Texto publicado em *Imago: Zeitschrift für Anwendung der Psychoanalyse auf die Geisteswissenschaften* [*Imago: revista para a aplicação da psicanálise às ciências humanas*], Vol. IV, n. 5 (1916), pp. 249-273.

à "sexualidade infantil" freudiana, a aversão a essas questões ainda parece significantemente menor que a aversão especificamente à sexualidade anal. Pois enquanto as pessoas, no primeiro caso, ficam indignadas com a impertinência de macular as carícias infantis com a palavra "sexual", essa sexualidade banida, por sua vez, revela-se, no segundo caso, escandalosamente maculada por sua referência ao anal. Assim, as manifestações de carinho infantis no corpo dos pais costumam ser observadas com qualquer forma de olhar emocional e são permitidas ilimitadamente, enquanto no outro campo destaca-se, desde o princípio, em letras capitais, o primeiro "eca!" que temos de introjetar. Com isso, inicia-se a história, tão significativa e cheia de referências para todos, da *primeira proibição*. A compulsão à abstinência pulsional e ao asseio torna-se, assim, o ponto de partida para o aprendizado do nojo, do nojo por excelência que nunca mais poderá desaparecer completamente da formação do sujeito como um todo ou de nosso próprio modo de viver. Uma tal circunstância nos leva a supor que por trás do nojo e da resistência normal de todos nós podem, não raro, estar escondidas intelecções, pois não gostamos de desentocá-las dessa região — de forma bastante semelhante às resistências patológicas dos neuróticos, que escondem atrás de si intelecções cuja revelação é pressuposto para a cura, na medida em que somente ela possibilita o olhar consciente sobre os fatos. Assim, poderia ser que justamente nesse campo, do qual nós — em casos comuns — aparentemente nos emancipamos somente com nossas experiências práticas e superações, a nossa compreensão de alguns frutos tardios ainda esteja amadurecendo.

Com efeito, não é fácil conferir importância suficiente ao fato de que aquele primeiro "eca!" e a proibição se iniciam sugestivamente num período em que mal sabemos de nós; em que, de certa forma, ainda não existimos para nós; no qual nossas moções pulsionais ainda parecem quase não delimitadas perante o entorno — as quais só se tornam perceptíveis como nossas para nós mesmos por meio dessa compulsão à proibição que, consequentemente, acompanha o nosso despertar para nós, iniciando-o de certa forma. Todavia, algo como um mandamento já está associado a outra regulação da vida mais primeva, aquela da ingestão de alimentos, sendo que esta inclui uma renúncia apenas passiva, um "não poder obter". Aqui, no entanto, não se ergue meramente uma fronteira decepcionante vinda do mundo exterior contra o ser recém-nascido, há pouco ainda totalmente vinculado, mas ele é induzido a realizar um ato peculiar — um ato contra si mesmo, a imposição de um limite dentro do próprio impulso —, ao dominar seu ímpeto anal, concomitantemente ao primeiro verdadeiro "recalcamento" em si mesmo. Se quiséssemos já dotar tais processos, que decorrem de forma quase puramente biológica, com os nomes imponentes da psicologia que serão dedicados aos seus contextos posteriores, mais compreensíveis às ciências humanas, então poderíamos dizer: ocorre o fato interessante de que o pequeno germe do eu se manifesta logo de início sob a pressão do "ascetismo" que o eleva; de que é este ascetismo que diferencia, inconfundivelmente, seu crescimento incipiente dos estímulos pulsionais como tais que o envolvem. Pois somente nesse ser lançado de volta a si mesmo, nesse exercício egoico mais primitivo de controle do

Anal e sexual

estímulo pulsional, aquilo vivenciado nele — tanto a contenção quanto a entrega — é empurrado um pouco mais para perto do consciente, do pessoal.

À época, muitos riram de forma característica quando Freud chamou a atenção para o prazer anal do bebê associado ao comportamento defecatório, sendo que, no entanto, é por meio desse desejo que o pequeno eu se mostra tão precocemente senhor da situação que se inicia com uma repressão. Na medida em que, devido à compulsão de negar a pulsão vinda de fora, o prazer anal traz o momento positivo para perto — o prazer autoerótico pela própria corporeidade —, a criança volta a se unir à sua criticada vida corporal como idêntica a si mesma: no prazer anal, o eu volta a se adequar à pulsão, mas a pulsão se torna mais adequada ao eu, mais conscienciosa do que em seu decorrer involuntário — o prazer causado por ele já é o resultado de uma tensão. Assim, o eu humano se vê inserido nas contradições já originalmente disputantes de inibições externas e impulsos internos como uma espécie de execução compensadora; em certa medida, como uma forma de ação que intermedeia essas duas circunstâncias, mas que somente consegue manifestar sua essência na contraposição de ambas, na medida em que deve, em princípio, expressar a unidade entre o anseio e a renúncia, entre ser e dever, ou — se quisermos logo acrescentar a essas designações já muito antecipadas a mais empática de todas, que se tornará a mais antagônica em uma trajetória posterior — entre "corpo" e "espírito".

Assim como aprendemos a nos contrapor a nós mesmos por meio da proibição — e, dessa forma, nos reconquistamos mais evidentemente no prazer anal —, disso também nos resulta uma dupla relação com o entorno. Proibição e castigo ferem a pertença total do mundo e da criatura individual um dentro do outro: já foi demonstrado desde cedo pelo próprio Freud, e depois principalmente por Ferenczi e Jones, em que medida o primeiro ódio surge a partir dessa decepção primeva libidinosa a fim de envenenar essa ferida necessária e aparentemente inócua. Dentre as características atribuídas por Freud ao caráter anal, duas (a obstinação e a avareza) voltam-se contra o mundo exterior, que se liberta de sua inseparabilidade conosco e se eleva perante um outro desconhecido — do qual temos de nos refugiar na egoidade, proteger dele a própria pele, colocar em segurança o gozo egocêntrico. O terceiro traço do caráter anal — o pedantismo, também na forma de hipermoralidade (ou de compulsão moral a se lavar) — não apenas se volta contra o mundo, mas já carrega a contraposição em seu próprio interior, uma vez tornada contraditória em relação justamente àquele prazer anal que ainda sobreviveu em acordo consigo próprio na obstinação e na avareza, mesmo que já sublimado. Ao compararmos isso com a manifestação da libido do bebê com outro direcionamento — que tem como zona erógena outra cavidade do corpo, a boca —, então vemos, no caso da média normal, ao contrário disso, a criança sem contradições e sem protestos acolhida por um amor ruidoso e afirmativo: essa direção, que em seguida se encaminha para o "incesto", parece originalmente acompanhada pelo sol e pela bem-aventurança no lugar das tantas obscuridades devidas à "educação do esfíncter". Entretanto, o ódio também se estabelece no amor incestuoso, mas de forma mais secundária e frequentemente ampliado em seus piores

Anal e sexual

significados apenas na fantasia de culpa dos neuróticos. Mas antes que ele se instale, o seio vem ao encontro da boca em uma aparente identidade entre o eu e o mundo exterior que ainda pode pairar muito mais tarde sobre cada novo investimento objetal como uma lembrança primeva, como um reencontro. A aparência da mais primordial unificação com os genitores (com a mãe) pode supostamente chegar às derradeiras profundidades da vida de tal modo que forças formadoras da religião possam se tornar, assim, efetivas e ter a certeza de uma "filiação divina", enquanto a libido anal, satanizada de certa forma a partir de sua base, influenciada pela experiência fundamental do isolamento do outro, deve partir do dogma protestador: "eu e o Pai (a mãe) *não* somos um."

Porém, como nós regressamos ao objeto, no primeiro caso, como aquele que está em união amorosa conosco, assim também talvez, no segundo caso, o mundo nunca se torne suficientemente objetivo em relação a nossos sentimentos sem a rude ênfase do estranhamento. Além do mais, somente a partir daí abre-se o terceiro caminho para o comportamento perante o mundo através do qual a criança chega a um de seus mais importantes contextos de vida: na medida em que se torna, no erotismo anal, ela própria geradora, com um "poder parental" — na medida em que vê partes de si transferidas para o mundo exterior, sem com isso se reduzir, de forma que o mundo separado se reentrega a ela em uma unificação ainda mais intensa do que seria imaginável no caminho inverso: de objeto condescendente a sujeito. Desde Freud, a relevância dessas impressões precoces se impõe paulatinamente; suas ligações clandestinas com a essência de toda produção, das atividades intelectuais e artísticas, são salientadas cada vez mais pela pesquisa psicanalítica. E se Freud sempre destacou, para a indignação de todos, que a perguntação das crianças, no fundo, gira em torno da questão da procriação, então há tempos já se pode dizer: isso não ocorre apenas porque essa questão se torna concreta para as crianças — por exemplo, devido ao nascimento de irmãos ou de observações de outras situações —, mas também porque a sua própria essência espiritual, sua sede de conhecimento, seu prazer em criar coisas têm uma profunda relação original com esse tema. Pois a dualidade eternamente nova do mundo e do eu já se abriu para a criança em batalhas perceptíveis, e com ela já se reconciliou incontáveis vezes, por iniciativa da própria criança, em desejo e obstinação. Sendo que seu desenvolvimento, porém, logo volta a questionar tal reconciliação quando ela aprende a "vergonha" e o "nojo". Somente com Freud começamos a ter alguma noção dos altos e baixos a partir dos quais a criança se vê lançada no mundo do consciente em seus anos posteriores — sem saber mais nada do que foi superado, aparentemente, mas mesmo assim marcada por ele de tal forma que frequentemente a violência desses afetos originais inconcebíveis reverbera apenas em sua mais intensa vivência posterior. Se Freud pressupõe que as psicoses apresentam uma inibição da libido em pontos mais anteriores do desenvolvimento que as neuroses, então talvez as doenças mais graves sejam aquelas em cujas profundezas e em cujos abismos essas lembranças se agitam; quando, emudecendo nossa compreensão, elas surgem diante de nós com uma feição morta. No entanto, ainda no âmbito da existência mediana mais normal podem

Anal e sexual

constantemente surgir influências daquela esfera da qual nunca teremos consciência, porque ela permanece sempre distante de todas as nossas outras ações: convencionalmente oculta, não apenas perante os outros, mas também isolada dentro de nós dos interesses mais aceitáveis pela sociedade e, com isso, dependente de influências do tipo indiretas.

Pois aquela primeira desaprovação que serve de ensinamento à criança pequena logo continua: impõe a proibição também àquela ligação com o desejo durante a atividade anal regulada, assim inutilizando sumariamente todo esse campo — tanto para sentimentos quanto para julgamentos. A criança só é capaz de lidar com a autorregulação e a autonegação, cada vez mais amplas, porque teve de se diferenciar tão cedo de processos que ocorrem dentro de si mesma, províncias inteiras de sua corporeidade — até aprender a realizar reduções em suas posses sem ser questionada por isso. Vergonha e nojo tornam-se eficazes dentro dela sem prejuízo, na medida em que ela simplesmente não se sente realizadora de seu ato ou de seu delito, mas algo para além disso; como se, paralelamente à atualidade de seu conteúdo, do qual expulsa partes, ela incluísse em si, como compensação, um pedaço correspondente de futuro — semelhante ao contorno de um ser que foi desenhado previamente pela mão das autoridades educadoras, mas também tantas vezes pela linha da individualidade nascente. Ainda o ingênuo idealismo da adolescência, ao mesmo tempo tão comovente e desavergonhado, com o qual ela toma igualmente para si, sem grandes dificuldades, exatamente o máximo que possa idear, obtém decerto essencialmente ali a certeza de suas identificações. Pois se esse idealismo, sem dúvida, também vem da "onipotência dos pensamentos"[2] da constituição anímica infantil cuja força do desejo desconhece barreiras, ela passou, nesse meio-tempo, por decepções suficientes ao longo dos anos para então — no caso normal — perder parte de sua segurança. Se o amor-próprio adolescente mesmo assim é capaz de se fixar entusiasticamente no mais desconhecido, então ele pode extrair daí, antes de todos, o seu direito de ter realizado, por outro lado, correções no si-mesmo, se defendido, rompido, de ter se organizado para chegar a novas ampliações por meio de renúncias próprias,[3] pelo

---

2 Cf. Freud, S. (1909/2013). Observações sobre um caso de neurose obsessiva. In *Observações sobre um caso de neurose obsessiva, uma recordação de infância de Leonardo da Vinci e outros textos* (P. C. de Souza, trad.) (Obras completas, Vol. 9). São Paulo: Companhia das Letras, pp. 13-112. Cf. neste volume: Andreas-Salomé, L. (1914). Sobre o tipo feminino, pp. 139-140.

3 Isso está de acordo com a concepção de Freud em sua "Introdução ao narcisismo", quando ele diz: "A esse eu ideal dirige-se então o amor a si mesmo, que o eu real desfrutou na infância. O narcisismo parece deslocado para esse novo eu ideal, que como o infantil se acha em posse de toda preciosa perfeição. Aqui, como sempre no âmbito da libido, o indivíduo se revelou incapaz de renunciar à satisfação que uma vez fora desfrutada" etc. ([N.T.]: Freud, S. (1914/2010). Introdução ao narcisismo. In *Introdução ao narcisismo, ensaios de metapsicologia e outros textos* (P. C. de Souza, trad.) (Obras completas, Vol. 12). São Paulo: Companhia das Letras, p. 40; trad. modificada). No entanto, acho que não podemos esquecer que tudo aquilo de que nos conscientizamos posteriormente como amor a si mesmo, e que inclui a presunção conscientemente voltada para nós ou a vaidade, deve ser diferenciado desse narcisismo original para o qual sujeito-objeto ainda se unificam de forma indistinguível. Pois me parece que apenas *justamente por isso* lhe é fácil e possível idealizar posteriormente; associar valores objetivos reconhecidos à pessoa em questão, mesmo que ainda não os possua, como se já estivessem presentes; e dirigir a realidade para uma idealidade: não apenas em obediência a mandamentos, não apenas em resignação, mas em "excitação libidinosa". A "consciência moral", descrita aqui por Freud como controle da auto-observação,

Anal e sexual

menos nos pontos em que não se trata de uma reação patológica a lacunas e a faltas percebidas, de compensações delirantes no caso dessa formação do ideal, mas sim de processos de desenvolvimento espirituais naturais com superações bem-sucedidas que esclarecem a própria existência, a clareiam conscientemente — mesmo que a cada vez a sombra de vários recalques não resolvidos possa acompanhar, lado a lado, essa clareza. Assim como o prazer anal na criança se origina somente na tensão da resistência da auto-oposição, justamente toda a vida sempre volta a se intensificar a partir de um mesmo comportamento em suas renovações. Afinal, a analogia a isso já nos está dada em biologismos, nos quais chamamos de "vida" aquilo que expressa essa mudança — o que é devir, o que se rejeita de si mesmo, que pode se tornar excreção e atrair o alheio para si, transformar-se em si mesmo.

Embora o trabalho educativo dentro da esfera anal logo se complete em seu sentido literal, essa esfera se mantém, por

---

sustenta-se de uma forma um pouco diferente, a depender do fato de se ali permanece comandando, predominantemente, a "influência crítica dos pais", assim como dos educadores, de pessoas próximas, da opinião pública que "estimulou a formação do ideal de eu", ou se ela foi "introjetada" de tal forma, identificada com o eu, que propaga a libido narcisista sem problemas. Em um caso, ele vai obter um caráter mais moralista e conforme às regras, chegando ao imperativo kantiano; no outro, mais religioso e dedicado, chegando ao êxtase da devoção. Nos casos patológicos, a parafrenia citada por Freud será característica do primeiro caso, sendo que o verdadeiro conteúdo do eu ainda é transferido para fora como o chamado do alheio, de forma que "a história do desenvolvimento da consciência moral repete-se de forma regressiva" (p. 42) ([N.T.]: Na versão original, Freud utiliza o verbo *reproduziert* [reproduz-se], e não *wiederholt* [repete-se]). No outro caso, o quadro seria representado pela histeria com seu investimento objetal que vai longe demais e suas identificações com ainda mais alheios.

172   *Lou Andreas-Salomé*

isso, sempre significativa no sentido figurado. Revela-se característico dela, então, não apenas que já se mostra muito cedo — já em sua base quase puramente fisiológica — animicamente acentuada, mas também, com igual relevância, a situação tão peculiar na qual o nosso julgamento posterior a coloca. Pois se, por um lado, ela é cada vez mais associada aos processos vitais, àqueles que não têm implicações morais, àqueles não contestáveis por elogios ou reprimendas; por outro, continua marcada por reações de vergonha e nojo, cuja mordacidade real remonta ainda ao processo psíquico de outrora, de que não se trata mais aqui — o processo do prazer anal desaprovado e já passado. Apesar de julgado apenas corporalmente, ele pode, mesmo assim, estar sob essa fascinação psíquica: porque aqui — e dentre todo o universo dos relacionamentos, exclusivamente aqui — aquilo que provoca o nojo, que causa vergonha é deslocado, desconsiderando o ato do criminoso, para a matéria, para o objeto como tal, de forma que nós, apesar de não termos mais nenhuma mácula de culpa, temos de lidar com isso como se com isso não lidássemos. A partir dessa situação peculiar, do cruzamento desses dois tipos de julgamento, dessa mudança de enfoque do ser humano para a coisa, surge esse interessante bastardo, esse estranho pedaço de desprezo pelo anal e todo o seu entorno, como se deslocado para além de si mesmo: um desprezo cujo penhor moral, de certa forma, perdeu-se no meio do caminho e o qual ainda assim permanece rodeado por mais do que meras insatisfações de orientação objetivas ou rejeições adotadas apenas convencionalmente. Pois seu objeto é, em sua totalidade, algo que se tornou de uma vez por todas

Anal e sexual

representante daquilo que deve ser descartado como tal; justamente do descarte, daquilo que deve ser alijado da vida, em oposição à vida como valoradora por excelência — como nós mesmos. Esse caráter simbolizante, no qual o âmbito do anal se encontra tanto mais completamente sugerido quanto mais praticamente tenha sido resolvido para nossa educação, deve naturalmente — independentemente de sua obscuridade representativa — banalizá-lo rigorosamente como âmbito pulsional, de forma até mais rigorosa do que teria sido possível por uma maior valorização ou pela salvação da honra, no sentido figurado. Pois mesmo o mais extremo nojo, por exemplo, quando alguém se suja diretamente com excrementos, deve ficar preso na mera estética física: ele permanece voltado contra algo tão alheio a "nós" em sua essência — tão distanciado de "nós", mesmo no contato mais direto — que não seria capaz de conspurcar nada de nossa essência. Perante essa imagem clássica do "sujo", dessa alegoria do objeto, a inocência subjetiva do ser humano vivo se torna assim tão profunda quanto diante da morte: ou seja, diante do evento que, igual e inevitavelmente para todos, não é "vivido" por ninguém, dissolvendo cada um naquilo que "ele" não é — no alheio eterno, na não-vida, no anorgânico —, na matéria do anal.

Nossa referência ao julgamento do anal se trata, portanto, de uma duplicidade: de uma realidade e um símbolo. Por vezes, formas de vida primeva do prazer corporal inicial que, em um desenvolvimento normal, são retiradas dessa esfera e aceitas em formas de sexualidade mais madura; e por vezes, um processamento alegórico daquilo que já perdeu o invólucro, foi esvaziado do teor de realidade, como meio de expressão da rejeição. Uma terceira referência, fatal entre as outras duas, é possível devido à diferenciação imprecisa, à confusão entre ambas. Ela pode ocorrer porque a proibição inicial foi muito enfática, muito ameaçadora para a criança, de forma que algo de medo e horror ficou associado àqueles atos pulsionais que há muito nasceram da forma de prazer anal; ou, no entanto, porque de fato algo daquele prazer mais infantil se transferiu, inibidor, para as formas sexuais posteriores; ou, por fim, também apenas porque posteriormente a fantasia patológica retoma vivências primárias a fim de aliviar nelas a sua carga. Em todo caso, a vida sexual depende sobretudo de quão completa é a separação entre as relações vitais anais da infância que entram no desenvolvimento posterior, e o anal como a imagem tipicamente duradoura do sujo, do que deve ser repudiado. Se esse trabalho de separação falha, mesmo que apenas em um ponto; se nessa pessoa, que continua se desenvolvendo vividamente, insinua-se mesmo o menor acréscimo da desaprovação simbolizante na forma de inibição pelo nojo, então justamente aquilo que deveria ser alegre, prazeroso, gratificante, transforma-se em seu oposto. "Sedutor" e "impuro" tornam-se indissociáveis; o belo da vida torna-se duvidoso porque é belo; o morto eterno tinge o vívido eterno inextinguivelmente com manchas de decomposição. Caso as pulsões agora não mais legitimadas ainda assim se imponham, elas não se transformam para a harmonia com as outras para as quais significam apenas hostilidades perversas, mas ficam totalmente sujeitas à pressão contrária, empobrecendo assim a existência como um todo. Normalmente surge uma mistura de ambos: as pulsões realmente se impõem vez por outra, mas

Anal e sexual

mascaradas, encobertas pela desaprovação — com semblante dissimulado, no lugar errado, começando com simples segredo, hipocrisia diante de outros, diante do mundo exterior, até chegar enfim à ocultação e à negação diante do próprio consciente — em todas as formas e graus de compromisso entre pulsão e defesa, como Freud as revelou. No incremento patológico, encontramos isso como sintoma neurótico, mas já na forma que imputamos ao normal, como sentimento de culpa. Enquanto no sintoma patológico o recalcamento da pulsão chegou tão longe que não se encontra nada do recalcado no âmbito da consciência, sendo que as suas máscaras são credulamente consideradas reais, no caso do mero sentimento de culpa ainda temos ciência de nossos desejos e artimanhas, percebendo-os, porém, com um desprezo que os coloca, de certa forma, fora de nós mesmos: nós os observamos com "arrependimento" e buscamos uma "penitência" para nos "purificarmos" deles, extraí-los de nós.[4]

---

4 Apenas à primeira vista a essência daquilo que perfaz o sintoma neurótico parece faltar ao sentimento de culpa: o caráter de compromisso. Não é à toa que são justamente os neuróticos — esses mestres em sentir-se culpados; esses arrependidos de tudo e que, ao mesmo tempo, conseguem ter uma opinião monstruosa de si mesmos — que se encontram sempre à menor distância do "complexo de homem-deus". Parece-me que não se trata apenas de mera sobrecompensação, mas da circunstância de que "poder-ser-culpado" corresponde a uma prepotência humana considerável na medida em que a autoconsciência conflituosamente dilacerada no mínimo se associa à satisfação de criar a sina e, ao mesmo tempo, ter sido uma sina ruim. A inocência saudável pensa com mais humildade sobre aquilo que acontece devido a ela (lembremo-nos também das palavras de Hegel, aliás, tão belas: "ser culpado é a honra do grande caráter").

É sabido que a psicanálise se depara constantemente com o sentimento de culpa também como fundamento do sintoma neurótico — sentimento esse que, ao que parece, pode se expressar espontaneamente nas situações mais curiosas, inofensivas, mas que remonta até à força de proibições antigas apenas cada vez mais e mais transferida para ocasiões substitutas, com o que a pequena criatura individual se viu arrancada de sua ingenuidade onipotente e lançada no "lancinante sentimento de seu nada".[5] Mas com isso o sentimento de culpa ainda não seria compreendido, na melhor das hipóteses apenas a inevitabilidade daquele dualismo de nossa existência humana que deve vivenciar na forma do eu e da consciência aquilo que, contudo, só pode se impor no contexto do todo, porque está ao mesmo tempo isolado em si e unificado com tudo. Essa duplicidade da atitude — já vivida da forma mais fundamental perante os pais, que, ao nos gerarem, ao mesmo tempo nos separam de si —, esse entrelaçar de autoimposição e identificação, de tendências egoicas e pulsões sexuais, seja lá como quisermos nomear, ainda não se transforma por si só em dilema sentido como culposo. Nós supomos instintivamente que o sentimento de culpa surge devido a atos que confessamos a nós mesmos, de forma que o esclarecimento de que ele tem suas raízes apenas nos atos não confessados parece inicialmente bastante estranho; que primeiro um lado do dilema precise ser expulso do consciente para ser entregue àquele totalmente negado, obliterado, para o qual o anal

---

5 Nietzsche, F. (1887/1998). *Sobre a genealogia da moral* (P. C. de Souza, trad.). São Paulo: Companhia das Letras, p. 142 [N.T].

Anal e sexual

forneceu a clássica alegoria e no qual nós, portanto, não ousamos nos reconhecer. Certamente, mesmo sem todo o "sentimento de culpa" específico, existem no ser humano guerras e conflitos suficientes das pulsões entre si, e quanto mais rico e extenso ele for, provavelmente mais numerosos e dolorosos eles serão. No entanto, tais dores não devem de forma alguma destruir a totalidade de sua essência, mas podem muitas vezes até mesmo estimulá-la: na medida em que, além das pulsões vencedoras, também as derrotadas passam a ser dolorosamente percebidas; além de que o si-mesmo, como um todo, se torna mais consciente de sua dimensão do que teria sido possível na paz. Entre o prazer e o perder, ele se amplia até uma vida mais intensa — torna-se senhor de si pelo mesmo método descrito no início, de desenvolvimento de uma consciência cada vez mais renovada e ampliada. É certo que, também nesse caso, a pulsão vencida permanece temporariamente presa fora da consciência, acumulando durante essa obstrução sua necessidade de reação até eclodir no lugar errado etc., mas ela não é incapaz de consciência por princípio, fica apenas retida no "pré-consciente" devido ao enfraquecimento sofrido. Por outro lado, aquilo que aflige o ser humano com culpa, que o divide patologicamente em dois, não está em uma batalha real com as suas vitórias e derrotas; mas, ao invés disso, tolera emboscadas, assassinato pérfido, deserção, não quer reconhecer o inimigo como um igual ao qual, como vencido, ainda entregamos a espada, mas se conspurca pela simples admissão de suas hostilidades a serem combatidas. Com isso, é introduzido no lugar do *páthos* da dor — ao qual cada um de nós, como seres humanos, tem um direito inalienável — o nojo do pecado; em vez de uma prova de forças sincera, a doença intoxicante.[6]

Entretanto, a possibilidade de sofrer desse mal, assim como a outra, de executar proveitosamente a batalha das forças, *ambas* se baseiam na supracitada dualidade de tudo o que é humano, assim como sobre aquilo que faz com que a vivência humana da pulsão seja diferente da mera vivência da criatura — em que, pelo menos aos nossos olhos, o ser não humano repousa ainda menos desarticulado ao mundo dentro da existência do todo. Destacam também a doença da alma e a dualidade culposa, ao mesmo tempo tetras e mortais, mas apenas o fato absolutamente cheio de vida de que a humanidade não decorre sem problemas em uma linha reta inalterável, mas nos movimentos alternados de um

---

6 Em povos semicultivados ou que caíram sob o domínio de uma cultura alheia, muitas vezes é possível reconhecer claramente a transição de uma dessas duas posturas para a outra. Nesse caso, a culpa é, por um lado, já sentida como tal e a legitimidade do castigo não é questionada — mais ainda, o castigo é frequentemente aceito como mais inevitável do que é, como uma espécie de consequência catastrófica da natureza, não criada pelo ser humano —; por outro lado, a consciência da culpa não impede que o crime em questão seja louvado como um ato heroico: justamente porque ele desafia, intrépido, tal vingança do céu e da terra. E a pessoa prudentemente evitada devido à ameaça de tais penalidades consequentes será possivelmente evitada com grande respeito. Somente com o cristianismo essa concepção se inverte; pois nele, mesmo com a redenção assegurada, a natureza humana permanece a mesma, e assim sua culpa é, a partir de então, equiparada à sujeira, ao absolutamente repudiado. Se olharmos para trás a partir da "morte redentora do Filho para o Pai", então ainda deparamos com os processos que Freud descreveu de forma extraordinariamente convincente em seu "Totem e tabu" ao tratar do "assassinato do pai": as grandes celebrações para o pai e depois para o Deus Pai que servem tanto como um surto de tristeza quanto de alegria — assim como o "herói trágico" atual, que é ao mesmo tempo culpado e admirado, sublime e adorável.

Anal e sexual

rompimento — um retorno a si mesma, um apossamento de si. Mesmo que um motivo externo para uma penalidade germine inicialmente um sentimento de culpa, que uma doença posterior seja o fruto desse sentimento, ambos remontam, afinal, àquela raiz dupla da essência humana, da qual nenhum desenvolvimento se pode emancipar. Nos variados deveres e normas que se contradizem mutuamente centenas de vezes, que foram consequentemente impostos a nós, seres humanos, desde sempre — e não apenas no chamado mundo cultural; entre os "selvagens mais naturais" talvez sejam tão cruéis que chegam à desnatureza —, apenas se revela como os diversos tipos de espíritos se posicionam diante deles, se resignam a eles. A questão central é: em que medida a "existência" humana se concilia com o "dever" a ser nela assimilado; em que medida ela se desorganiza, se desintegra quando não pode se expressar dentro da lei autoimposta? Nós podemos abordar tais questões em busca de uma resposta a partir de perspectivas bastante diversas: uma delas se volta para nós ao observarmos a simbologia que resta da educação anal e se torna emblema por transferência. O "nojo" como sentinela protetora da "sujeira" — ou seja, daquilo que se encontra no lugar errado, do segregado, que deve ser expurgado — torna-se o marco de uma vida que, humana, tem de distinguir dentro de si mesma, mais uma vez, a morte e a vida.

2

No último congresso da Associação Internacional de Psicanálise, em Munique, no outono de 1913, Freud observou em sua palestra sobre "a disposição para a neurose obsessiva" (ela infelizmente não entrou na respectiva publicação da *Zeitschrift*, Vol. II, n. 6)[7] que os animais com cio regulado vagueiam a maior parte do ano, de certa forma, como eróticos anais e sadistas. De fato, é característico no animal o quanto a orientação genital e a anal caminham lado a lado para ele; mesmo fora de nossa domesticação, não deixado totalmente sem instrução por seus semelhantes, nem mesmo na esfera anal, ele avalia as excreções de seus parceiros da mesma forma em ambos os casos e demonstra, ao farejá-las e acrescentar a elas seus próprios excrementos, amor e honra cerimoniosamente realizados. Pode-se observar algo análogo em povos primitivos, na medida em que a sexualidade para eles parece, por um lado, liberada de forma "mais animalesca" do que em nossas zonas culturais; mas, por outro lado, assim como a liberdade

---

7 No evento, que ocorreu nos dias 7 e 8 de setembro de 1913, Freud ministrou a palestra "Ein Beitrag zum Problem der Neurosenwahl" ["Uma contribuição ao problema da escolha da neurose"]. De fato, como a autora afirma, o texto não foi publicado na revista *Imago*, Vol. II, n. 6 (lançada no mês de dezembro), mas sim em *Internationale Zeitschrift für ärztliche Psychoanalyse* [*Revista internacional de psicanálise médica*], Vol. I, n. 6, pp. 525-532 (lançada em novembro daquele mesmo ano). Em português brasileiro: Freud, S. (1913/2010). A predisposição à neurose obsessiva. In *Observações psicanalíticas sobre um caso de paranoia relatado em autobiografia (O caso Schreber), artigos sobre técnica e outros textos* (pp. 324-338, P. C. de Souza, trad.) (Obras completas, Vol. 10). São Paulo: Companhia das Letras [N.E.].

Anal e sexual

de ação, ela parece presa a uma rigidez — mesmo que a mais festiva — dos costumes: quase como se as regulações fisiológicas e barreiras da vida pulsional ainda se traduzissem diretamente em ligações humanas. Onde isso se afrouxa, onde a pulsão sexual em certa medida só encontra segurança e normas em seu próprio poder de desenvolvimento, somente ali a sexualidade genital vai se separar mais estritamente da anal; só vai se envolver com ela se, devido a algum transtorno, uma inibição patológica, voltar a penetrar em estágios anteriores, regredir. Realmente há tantos parentescos entre os processos anais e genitais — e não apenas no começo, antes que eles tenham se desenvolvido por completo, mas justamente no estágio da maturidade sexual — que podemos achar que as regressões dos eróticos anais são bastante amparadas somaticamente. Não é à toa que o aparelho genital permanece tão próximo e ligado à cloaca (na fêmea, apenas arrendado dela); também na técnica primitiva de representação, os ímpetos periódicos e estímulos deveras se assemelham. Assim como o impulso anal já o fazia em seu descontrole original, também o impulso genital se apresenta como subjugador involuntário do eu. Se também é especialmente bem inserido nos homens na agressividade de suas intenções, de suas tendências egoicas conquistadoras, ele, por outro lado, trabalha por conta própria contra essas tendências, na medida em que tem um efeito desvinculador do eu, paralisando o si-mesmo e a consciência; e justamente como, na educação anal, a batalha entre a pulsão e a abstenção desperta o prazer anal, essas batalhas e tensões entre o eu e sua pulsão também aqui levam este prazer à sua experiência completa. As substâncias procriadoras, segundo sua aparência exterior, possivelmente se diferenciam pouco das diversas substâncias segregadas, as secreções mais vivas de excreções mortas: os dois enormes opostos nos quais tudo fica decidido — doação e expulsão, futuro e transitoriedade — esbarram quase imperceptivelmente um no outro. Justamente na medida em que a sexualidade completa o seu desenvolvimento, durante o qual ela ainda envolveu todo o corpo e encontrou seu lugar em toda parte no simples prazer do órgão, ela retorna cada vez mais profundamente para aquela profundidade corporal mais obscura onde ainda lhe resta finalmente espaço e refúgio para as suas preciosidades: como se vizinha do quarto de depósito daquilo que se tornou inútil, que foi descartado, dos detritos do corpo.

Mas assim como nesse recolhimento ao mais insignificante, ao mais desestruturado do grande organismo corporal, a força total de todos os seus órgãos está concentrada de forma procriadora, também a sexualidade se reúne no centro genital apenas para, a partir dele, envolver todo o entorno, para dele tomar posse. Se o erotismo anal foi colocado de lado após mal ter iniciado a sua carreira — aposentado, afastado de todo desenvolvimento posterior —, então a sexualidade genital, em vez disso, atropela as proibições que também lhe foram lançadas como instigação no caminho para sua meta final, as transforma em intensificações do prazer, como o prazer anal lhe demonstrou durante um curto período; se o âmbito anal foi transformado em símbolo da representação da morte, o sexo genital se transforma em representante da vida: no lugar da matéria expelida do excedente que ainda precisa se lançar na existência para além do indivíduo. Por isso surge

Anal e sexual

como expressão característica do fato que, enquanto o prazer anal permanece estritamente concentrado em torno do autoerotismo, a sexualidade madura demanda o organismo do parceiro; enquanto a pulsão anal, em protesto contra o ambiente, obtém obstinadamente a secreção deleitosa, o prazer se revela completamente à pulsão genital somente no isolamento rompido, e a pulsão de se entregar, de criar, realiza-se no enlace do parceiro. Caso o erotismo "anal" e "genital" pudesse ser completamente caracterizado como tipicamente associado a um parceiro, não haveria transições e interlúdios: tanto o autoerotismo genital (masturbação solitária desacompanhada de fantasias com parceiros) quanto o carinho expressado por meios anais (por exemplo, da criança perante pessoas que cuidam dela).[8] Dentro do âmbito da sexualidade genital, contudo, o momento da parceria torna mais claro como a sexualidade madura consegue dominar a antiga desaprovação sexual de forma muito diferente do erotismo anal. Vergonha e nojo não apenas são associados a ela, mas ainda se intensificam e destacam eventualmente como seus acompanhantes, justamente pelo bem do parceiro. Se no processo anal é justamente a presença de uma segunda pessoa que provoca a vergonha, apesar

---

8 Hans Blüher observa acertadamente que deveríamos, com mais precisão do que já o fazemos, diferenciar entre erotismo anal e erotismo defecatório, de acordo com o que provoca o prazer: se o toque dos órgãos em questão pelo parceiro ou se ele está relacionado aos produtos da defecação e aos processos de esvaziamento dos mesmos. Aqui, o termo "erotismo anal" aparece ainda da forma até agora usual, como designação para ambos. Cf. Blüher, H. (1913). Studien über den perversen Charakter [Estudos sobre o caráter perverso]. Zentralblatt für Psychoanalyse, Vol. IV, n. 1/2, pp. 10-27.

de a criança já aprender desde cedo a exercer a atividade anal sem o desaprovado investimento do prazer, quase que apenas por obrigação, mais ainda a vergonha e o nojo precisam recomeçar no ponto em que o ganho de prazer volta a se anunciar: ainda sob a condição expressa de um parceiro participante, e, por fim, até mesmo relacionado justamente às partes corporais dele também desaprovadas. No entanto, com isso certamente já está dada a nova possibilidade de superação da vergonha: a cumplicidade do parceiro, em seu uso tanto como cúmplice quanto como objeto da vergonha. Sem dúvida, esse é um dos motivos pelos quais o ato sexual executado sem a feliz participação do parceiro, percebido como felicidade apenas por um lado, pode afligir, envergonhar mesmo pessoas não especialmente sensíveis, pois nesse caso a presença do segundo não funciona como a presença do participante, mas do juiz e da vítima ao mesmo tempo. Pois o objeto do amor, de fato, representa tudo isso: a satisfação sexual, assim como o seu julgamento e controle e a eventual rejeição por parte do consciente. No parceiro reflete-se toda a simplicidade do procedimento básico que a cada vez volta a recorrer à despreocupação de uma pulsão que, de certa forma, está voltada contra nossa individualização e surge no órgão das matérias originais; e no parceiro reflete-se também toda a complicação dos envolvimentos do eu e do temperamento que se encontram envolvidos nesse processo. Com isso, cruzam-se nele, no parceiro, a mais antiga vergonha de que temos conhecimento — aquela diante de nossa incontinência corporal — e a última intimidade que seres humanos podem partilhar: a de nossa entrega do eu.

Anal e sexual

Porque o êxtase genital assim se dissemina por tudo, porque nosso eu também é tomado por ele, a nossa reação de vergonha — a antiga desaprovação ao anal, ao longo da qual nós, de certa forma, nos transformamos em eus e a qual executamos de forma cada vez mais consciente — também penetra até a maior profundeza da experiência amorosa. Ela pode imiscuir-se no enlace dos sexos, ainda na total embriaguez normal do empossamento derradeiro, seja como uma gota amarga ou estimulante — pois as resistências do aquecimento da paixão são benéficas ao erotismo competente, como em uma corrida de obstáculos. Então é como se "possuir" fosse algo além do corpo, como se possuíssemos um ao outro nem tanto *por meio*, mas *apesar* do corpo, o qual, na verdade — inclusive, para nós, o nosso próprio corpo — nunca será totalmente idêntico à pessoa como um todo, mas parecerá sempre algo que *está nela*; sempre desliza de volta para algo que resiste ao acesso mais vivaz, ao entrelaçamento mais total, persiste em si mesmo com nosso sentimento de que ainda somos um diferente. E o qual, desse modo, ainda mantém um pouco daquele sentido anterior esquecido, erótico anal, do corporal que aprendemos a rejeitar como o morto, como o não--nós, como o excremento; e diante do qual nos encontramos de novo, talvez justamente nesse mais elevado momento de amor, como em alguma obscura lembrança, como que diante de um pedaço de vida que nos foi extirpado, como que diante de um "cadáver amado". Pois no clímax sexual nada mais importa ao nosso desejo de consciência aturdida do que a ilusão possivelmente desimpedida de penetração mútua; o êxtase momentâneo do ato sexual de certa forma anula os outros, e é somente na medida em que os enamorados voltam "a si" que o parceiro se torna, para eles — como alguém de novo um pouco mais distanciado —, claramente alguém por si mesmo e com vivacidade própria. Ao invés da identidade quase devastadora com ele que comprime tudo em si, esse código secreto enigmático da unidade se resolve, expressando-se em cada uma das relações amorosas mais detalhadas nas quais ele é transcrito apenas indiretamente — mas, em compensação, articulado de forma mais compreensível. Todos os sentidos se oferecem para ajudar eroticamente esse comportamento que denominamos, sem nenhuma ironia, o "mais platônico", a fim de tornar a identidade suspensa ainda mais consciente. Porém, significativamente, apenas um de nossos sentidos consegue talvez tocar sutilmente os mais profundos e obscuros passados da unificação inconcebível: o olfato, o mais animalesco dos sentidos, ou seja, aquele mais negligenciado pela diferenciação humana — na verdade, nela totalmente involuído. Crescendo no solo do prazer anal até chegar ao seu significado erótico, ele atua posteriormente muito mais a serviço de seu significado oposto — como representante do nojo —; em seu lado positivo, no entanto, ele permanece como uma última lembrança que nos rodeia daquela mais primária unidade do mundo e do eu que se apresentava em termos erótico-anais e que, privada de sua bruta materialidade, ainda paira por toda a nossa vida, sobre tudo o que nos excita e que nos afeiçoa, como uma última sanção primordial.

Nossos outros sentidos escolheram zonas erógenas que delimitaram desde o início como mais aptas à sociedade e dotadas de boas maneiras: elas permaneceram nas áreas do

Anal e sexual

desenvolvimento corporal a serviço do eu e se tornaram, assim, de certa forma, cidadãos de dois países. A partir de períodos da vida em que ainda não havia no organismo infantil regulações muito exatas dos limites entre a supremacia do sexo ou do eu, essas existências duplas se tornam tranquilamente, ao mesmo tempo, morada sexual e egoica — com o que suas relações não muito claramente regulamentadas também levam a discórdias e confusões chamadas de "neuroses", o que lhes conferiu uma má reputação. A partir daí, o sexual que nelas ocorre é suspeito de ser avesso à natureza, perverso, de querer sentar-se ao trono indevidamente, apesar de, na verdade, estar sentado apenas entre duas cadeiras. Com isso, facilmente esquecemos a quantidade extraordinária de alegrias normalmente provocadas pelas pulsões parciais, muitas vezes tão egoicamente cultivadas, mas ainda sexualmente infantis. Quando o centro da maturidade sexual chama por elas, essas semiexiladas, mesmo que dispersas pela superfície do corpo, são contagiadas pela excitação e cantam em coro o cântico dos cânticos do amor. Como filhas da mesma casa, reúnem-se em torno da celebração comunitária e levam seu êxtase até os mais distantes e elevados distritos do eu. Animam, por um lado, a experiência sexual pelo fato de terem tido, durante tanto tempo, uma ligação com atividades extrassexuais individualizadas, e de cada afago da mão ou da boca ou olhar ter sido marcado por elas. Mas, por outro lado, nelas se aviva a própria infância da experiência sexual na qual outrora tudo se consumou em cada ponto, a qual ainda não havia sido expelida dos órgãos especializados para o seu campo específico. Isso confere às carícias periféricas, ainda em meio à consumação amorosa madura, o peculiar poder da memória, como se um encanto surgisse incompreensivelmente a partir da provisoriedade do presente. Tendo permanecido ao mesmo tempo infantis-primitivas e mais espiritualizadas — longe da meta sexual, mas mostrando-se ainda além dela como expressão de um vínculo mais individual —, elas redesenham em si algo como um retrato reduzido do processo amoroso completo. Pois faz parte desse processo não apenas o fato de que o ato até agora parcial foi substituído pela centralização genital, mas também de que ela sempre volta a contagiá-lo, apoderando-se assim também do interesse do eu. Às vezes, de modo impreciso, as pessoas citam como "sublimações" tais ingredientes amorosos, aparentemente mais espirituais: mas a uma libido muito "insublimada" falta menos sublimação do que libido, pois ela realmente expressa nas sublimações apenas a essência de sua emoção total. Justamente por isso a experiência sexual se diferencia do atendimento às necessidades de nossos órgãos especializados (como, por exemplo, os órgãos alimentares tomados pela pulsão de autoconservação), nos quais um êxtase generalizado deveria ser imediatamente suspeito de ser patológico — suspeito, na verdade, de cruzamento com a pulsão sexual. Quando, inversamente, a pulsão sexual, por sua vez, deixa transparecer muito pouco desse êxtase, limitando-se a uma excitação particular muito especial, e mal pressupõe pessoalmente o parceiro como tal, então ela no fundo apenas repete algo análogo ao processo anal. Na medida em que o enlace sexual recomeça no mais simples e mais inicial, na união do óvulo e do sêmen, e se consuma pessoalmente invisível por trás desse evento, ele se

Anal e sexual

expressa claramente apenas de forma alegórica ou por meio de tudo o que envolve as atividades parciais em seu entorno. Caso isso não ocorra, então podemos falar igualmente em um cumprimento da necessidade sexual defasado, fragmentado como no neurótico, para o qual a uniformidade desse processo se rompe em algum ponto. Se ele não parece patológico também nesse precário caso normal porque permanece ligado à superfície da vida prática sem perturbações, então isso significa a renúncia à felicidade total natural, comparável a um atrofiamento.

Todavia, é interessante — e somente isso transforma a circunstância no problema real — o fato de que tal atrofiamento não vem, de forma alguma, dos mais obtusos e banais entre os homens, mas, pelo contrário, remonta com espantosa frequência àqueles especialmente elevados. E não apenas no sentido de rudeza primitiva na relação ou no gosto sexual, mas também mais profundamente, como entrave ao desenvolvimento que pressiona o sexual de volta às formas infantis. Assim como uma pessoa medíocre em outros quesitos pode conseguir uma fina harmonia na sexualidade, um adulto de espécie mais elevada também pode ter uma proporção defeituosa, apequenada, nesse ponto. Quase como se alguma pequena insuficiência do desenvolvimento total tivesse de arcar com os custos psíquicos advindos da pretensão do espírito presunçosa de ser o menos corpo possível. Nesse caso, trata-se dos "sublimadores" no sentido mais literal, ou seja, aqueles que desviam toda a fertilidade de seu calor para metas assexuais (o que inclui também o conceito de amor humano, mesmo que com sentido conceitual em vez de pessoal).

Amplamente desgarrados do núcleo do pessoal — e, como tais, ainda sofrendo influência erótica constante sobre seu físico —, eles abandonam o pedaço de raiz da sua sexualidade em um local profundo, a partir de cuja inconsciência privada de sol nenhuma alegria do eu digna de ser celebrada pode florescer, onde nunca pode reunir em si a força da terra e da luz. Com isso, por outro lado, a sua consciência egoica se finca sobre um palmo tão estreito do "terreno", como se entre quedas sobre o íngreme cume de uma montanha de onde apenas um acesso de tontura parece poder trazê-los de volta à realidade abaixo deles — tontura como um puxão secreto para a queda contra a vontade. Certamente uma grande quantidade de erotismo é avivada naquilo que o espírito criativo transmite na forma de obra, enriquecendo todos os que percebem essa obra verdadeiramente. Apenas aquilo que favorece a obra, essas conversões enigmáticas do calor do sangue humano em espírito, traz ao próprio criador um alívio daquilo que o impele não ao mero esgotamento, mas ao esgotamento autodesperdiçador que pode fazer com que ele perca a ligação uniforme com sua própria existência fundamental. Não há nenhum caminho que vá da "sublimação" para a "sublimação", tampouco de cume para cume, sem passar pelo atalho terreno através das profundezas intermediárias.

Possivelmente essas chamadas forças pulsionais "mais inferiores", ou seja, mais subterrâneas, estão em intenso movimento quando há uma predisposição à espiritualidade criativa — sendo que as mais elevadas "sublimações" são, certamente, erupções a partir dessas respectivas profundidades profundas. Provavelmente as intensificações psíquicas e seu

Anal e sexual

êxito total até a criatividade têm seus pressupostos em camadas mais "inferiores" da existência, assim como, segundo Freud, as doenças psíquicas, de acordo com a sua gravidade.

Onde a passagem paulatina do sexual infantil para a experiência madura é inibida ou se realiza de forma incompleta, apenas aí talvez ocorra, no caso bem-sucedido, o salto para o espírito — em vez da queda no patológico. Pois toda a "criação", seja de tipo intelectual, artístico, atuante, ou como quer que se manifeste, é também apenas um método de abranger o mundo objetal junto com o sujeito — contraposto a esse mundo devido ao seu desenvolvimento egoico — em unicidade, de unir-se a ele em comunhão, sendo que, no entanto, esse é um método com orientação diferente daquele que realiza o mesmo por meio da pulsão de procriação — do sentido mais literal até o mais amplo — concentrada no próximo. O fato de que esse outro método precisa se iniciar antes do direcionamento para a parceria, e que ele, portanto, deve partir do mais baixo, da fonte originária do sexual, é algo inerente. E justamente porque a libido ainda está aqui tão individualmente não utilizada, irrepresada, ela talvez possa, como força pulsional nas obras do espírito, ajudar a expressar algo universalmente válido, para além da criatura individual. Portanto, em suas formas mais antigas estão ocultas, sim, segundo o seu cerne, possibilidades não menos ricas do que as que então se manifestam nas formas posteriores — mesmo que essas mais antigas se revelem, quanto mais ancestrais, tanto mais sexual ou socialmente inutilizáveis. Se essas formas de manifestação se tornam, portanto, alvos da desaprovação e não passam para o desenvolvimento habitual, então uma força pode ser consequentemente liberada para atuar em outra direção. Pois elas tinham em seu formato primitivo, em seu atraso da forma posteriormente contestado, o sentido primevo da unidade do sujeito e do objeto, assim como da totalidade do eu e do mundo em si, o qual então precisa se impor de novo de alguma forma e em algum lugar — se uma fixação patológica não se limitar ao mero surgimento de sintomas. O que nele foi desaprovado, recalcado — por ter permanecido muito infantil-subjetivo, como algo que foi pouco ao encontro do objeto a ser nele compreendido —, é então, de certa maneira, complementado de forma suprassubjetiva no processamento espiritual, na medida em que, para além das necessidades existenciais mais estritas, surge um interesse apaixonado por contextos mais amplos do pensamento, da concepção, da ação. Em todo lugar onde objetos são idealizados e pulsões, sublimadas, existe algo enterrado; algo foi descartado, recalcado de forma sepulcral. *Porém, por todo lado há algo mais do que isso em jogo*, e esse "algo mais" diferencia-se de forma especialmente contraditória, de maneira tão fundamentalmente desterrenizada como a ressurreição da sepultura que também nunca será verdadeiramente uma ressurreição dos corpos.

Assim, segundo a concepção de Freud, se a interpreto corretamente, as forças mais desaprovadas e mais valorizadas dependem uma da outra por necessidade natural; são, afinal, raízes unificadas, reunidas justamente em sua diferenciação e apoiando-se mutuamente. Enquanto parecem divergir em desumano e sobre-humano, elas ocultam secretamente, fluindo para sempre, o começo e o fim em uma circunferência irrompível.

Anal e sexual

Aquilo que parece não fazer parte de tal similitude — ao qual é atribuído na vida sexual um papel como o da Gata Borralheira entre as suas irmãs mais bem-vistas, representantes da dignidade e do brilho da casa — também terá o seu momento de brilho quando for levado, em uma encantada carruagem dourada, para um reino ainda mais brilhante, mais digno, onde a coroa lhe está reservada.

3

Se a coerente concepção sexual freudiana mencionada anteriormente volta a desaparecer em seus antigos seguidores, C. G. Jung e A. Adler, é evidente que isso ocorre justamente porque ambos ainda querem sobrepujar essa coerência empiricamente adquirida e, para tanto, apostam demais no lado filosófico.[9]

A revelação por Freud do mesmo processo sexual nas manifestações essenciais mais diversas é tão esclarecedora que, a fim de desemaranhar suas ligações e cruzamentos mútuos, possibilita separar claramente as tendências da libido daquelas do desenvolvimento egoico. Não vamos entrar aqui no mérito da possível motivação filosófica de Jung para, em

---

9 Não abordo aqui de forma alguma o que as obras de A. Adler — estas, fora do campo psicanalítico — e de C. G. Jung significaram para mim, mas atenho-me apenas ao ponto de sua diferenciação do conceito freudiano de libido. Parece-me que é só quando a diferença é reconhecida, de modo preciso e sem misturas, que a congruência pode se revelar claramente.

vez disso, subsumir ambas sob o conceito redefinido de libido. No entanto, uma consequência disso pode ser imediatamente notada: o fato de que, na medida em que a uniformização terminológica é realizada, a forma de julgamento própria de Jung quanto às diferentes fases da libido — nas quais agora manifestações sexuais e egoicas se dividem — apresenta uma disparidade ainda mais dualista. Onde em Freud, como limite de nosso campo de experiências práticas, a dualidade pode continuar existindo sem problemas, sendo que a experiência psíquica pode ser analisada por nós a partir de sua relação mútua, Jung precisa voltar a deixar o dualismo — expulso com uma conceituação demasiado apressada — entrar tranquilamente pela porta dos fundos. Fico satisfeita que isso ocorra a Jung e que ele não lhe possa vetar a entrada com frases do monismo corrente. No entanto, com isso Jung se associa, de fato, à antiga teoria sexual da desaprovação; ele deixa a sua libido, demasiado abastada, constrangida diante de seu próprio "térreo resto, cujo alçar é um fardo",[10] e tem de buscar a melhor forma de livrar-se dela de novo. Apesar de aparentemente o conceito junguiano de libido cortejar deveras a sexualidade, ele também estende a ela o campo egoico que Freud não lhe associou: "tudo isso é teu, se te transferires para o meu nome!". Mas isso apenas para decapitá-la, mal celebrado o pacto, ou melhor: para lhe rasgar a barriga. Pois antes que também possa passar pela nova região, ela precisa ser de

---

10 Goethe, J. W. (1808/1981). *Fausto* (J. Klabin Segall, trad.). São Paulo: EdUSP, p. 447. Adaptação dos versos a seguir: "Os anjos mais perfeitos / De alçar o térreo resto / O fardo nos é dado, / E fosse ele de asbesto, / Não é imaculado" [N.T.].

Anal e sexual

tal forma "dessexualizada" por todos os lados, de modo que mal lhe reste alguma consistência em seu centro, e justamente nessa parte ela é derrotada pelo haraquiri moral.

Observando os trabalhos mais antigos de Jung, pode--se compreender bem como o seu grande reconhecimento (um dos mais impressionantes em todo esse campo) — a sua percepção de que o pensamento patológico em parafrênicos remonta ao pensamento arcaico — o desencaminhou para concessões cada vez mais amplas, no caráter pregresso, de tudo o que é pulsional; no caráter futuro, de tudo o que é determinado pela lógica, orientado pela finalidade. Até que, por fim, a urgência afetiva como tal já faz parte de um mero resíduo da humanidade que dela se liberta de forma cada vez mais elevada — com um valor quase que apenas simbólico para a "potência progressiva de combinações subliminares".[11] Por qual motivo a libido, sozinha, extremamente relevante, deveria devorar a si mesma — a começar pela própria cauda, para, no fim, circular em uma linha cultural mortalmente triunfante — permanece um mistério ao qual já se fez referência frequente. Mas dificilmente podemos nos furtar à impressão de que essa utilização da teoria da evolução — que, de qualquer forma, já tem culpa suficiente no cartório filosófico!

---

11 Livre citação de um trecho do capítulo "O hino ao criador", em que C. G. Jung menciona um conceito do biólogo alemão Hans Driesch (1867-1941). Trata-se, na verdade, da expressão "potência *prospectiva*". Para o original junguiano, cf. Jung, C. G. ([1911]1912). *Wandlungen und Symbole der Libido* [*Transformações e símbolos da libido*]. Leipzig/Wien: Franz Deuticke, p. 54. Em português brasileiro, após as alterações de título pelas quais o livro passou: Jung, C. G. ([1911-50]1952/1986). *Símbolos da transformação* (E. Stern, trad.). Petrópolis: Vozes, p. 43 [N.E.].

— regride para o moralismo antissexual, para aquela equiparação do sexual com o sujo, com o nó que une ao anal primordial, cujo desatar é justamente a tarefa da psicanálise. Se nesse ponto não houvesse de novo um "recalque", segundo o antigo padrão, então seria necessário deixar claro que o que aqui é compreendido em sentido estrito e odiado como sexualidade é apenas a má reputação que lhe foi repassada pela analidade, a ser reutilizada de forma emblemática e alegórica, enquanto, inversamente, aquilo que para Jung se esvai simbolicamente é dotado de uma positividade que se estende por todas as formas de desenvolvimento e ainda empresta sua força pulsional às "progressões" mais culturais. Porque para Jung a essência da sexualidade está, desde o princípio, fora dela mesma; ele simplesmente não vê o ponto no qual, em Freud, por sua vez, a ênfase "ética" — chamemos assim — se inicia: a saber, na superação libertadora justamente dessas resistências que impedem a compreensão da própria essência sexual e a retêm nos antigos equívocos — o que confere plenamente o sentido "final" ao método de tratamento de Freud por meio do procedimento "regressivo". Graças a essa circunstância, cada sentido secundário acrescentado — moralista, pedagógico, religioso, estimulante ou qualquer outro — é somente ominoso:[12] o que torna mais incondicionalmente pressuposto o

---

12 Quase nos sentimos tentados a responder a Jung com o próprio Jung: "Nosso objetivo é única e exclusivamente o conhecimento científico [...]. Se a religião e a moral foram estilhaçadas no processo, pior para elas. É sinal de que não têm mais consistência. [...] A tremenda necessidade das massas de serem guiadas forçará muitos a abandonar o ponto de vista do psicanalista e começar a 'receitar'. Alguns vão receitar moral, outros receitarão 'licenciosidade'. Ambos vêm ao encontro das

Anal e sexual

retorno ao evento sempre psicologicamente individual até as últimas camadas profundas ainda investigáveis — as quais, com isso, não têm seu valor simbólico mais tênue e menos essencial, mas devem, na verdade, possibilitar de forma mais relevante a profusão da vivência consciente. Contudo, acho que para Jung, por outro lado, uma transformação em algo violentamente sublimador não pode ser evitada, já que apenas ela permite um retorno ao ontogenético depois que para ele tudo o que é pulsional ameaça se esvair nas generalidades do simbólico: àquilo do passado que ainda é classificado como meramente "arcaico" adiciona-se um pressentimento do promissor, uma tendência profética que constrói uma ponte de ouro para o indivíduo, a qual conecta sua humanidade com a super-humanidade.[13] De acordo com os dois lados aqui mencionados, porém, me parece que nas ideias de Jung — caso eu

---

massas e obedecem às correntes que empurram as massas de cá para lá. A ciência está acima de tudo isso e empresta a força de suas armas tanto a cristãos como a anticristãos. É claro que a ciência não é confessional" (Jung, C. G. (1910/2012). Comentários ao livro de Wittels: *Die sexuelle Not* [*A necessidade sexual*]. In *A vida simbólica*, Vol. 1 (6a ed, A. Elman, E. Orth, trad.) (Obra completa, Vol. 18/1). Petrópolis: Vozes, pp. 409-410).

13 Tenho a impressão de que a maneira junguiana de pensar foi fatidicamente influenciada pelo fato de ele, desde o princípio, já em seus trabalhos anteriores, tratar o "eu" como "complexo entre complexos" — por assim dizer, nos casos normais, apenas como o mais autônomo entre os por ele chamados "aliançamentos pulsionais" — em vez de diferenciá-lo, como princípio formal, dos respectivos conteúdos do complexo. Com isso, se desvanece para ele a especial relação de interdependência entre o conteúdo da pulsão e a posição do eu; e pulsões "de autoconservação" podem facilmente, de certa forma sempre no mesmo nível, se sexualizar e dessexualizar novamente sem nenhuma confrontação, simplesmente acobertadas pelo nome de libido.

não as tenha compreendido de forma totalmente equivocada, o que também é possível — repetem-se direcionamentos que, até certo grau, foram adotados no início do movimento freudiano e que ele, no entanto, foi deixando cada vez mais para trás com o passar do tempo. Incluo entre eles, primeiramente, uma ênfase excessiva na teoria da evolução em seu monismo filosófico; em segundo lugar, uma prevalência da postura racionalista: ambos estavam de acordo com alguns colaboradores da teoria freudiana, mas logo tiveram de ser superados pela tênue consciência moral de Freud perante todos os fatos reais — mesmo os mais contraditórios, os mais insignificantes, mesmo ainda os mais desagradáveis —, até que se revelou diante de seus olhos uma riqueza que o proibiu de querer enriquecer qualquer coisa artificialmente.

A. Adler, que tanto antecipou Jung, não comete o erro junguiano de subestimar o caso individual em sua psicologia, mas vai longe demais nesse outro caminho. Se ele não abandona a profundidade do psíquico à extensão da gênese e da perspectiva histórica (ou pré-histórica), mesmo assim a soterra na medida em que isola demais o indivíduo, ou seja, como criatura da consciência; na medida em que não o considera suficientemente como criatura das relações subconscientes. Ao invés do otimismo ascético junguiano, Adler recai, portanto, em uma espécie de pessimismo irônico: no lugar da substancialidade moralizada da libido original ele simplesmente a anula — com o que ela evidentemente não precisa mais se tornar eticamente ideal, depois de já ter sido, de certa forma, declarada em vida como parte do nada completo. O entrelaçamento obscuro de contrapostos em Jung cede

Anal e sexual

lugar aqui a um esquematismo claramente parcial. Com isso, ao que parece, o ser humano se livra definitivamente de sua libido, mas se cura, de certa forma, pelo método do Dr. Eisenbart, que faz os paralíticos enxergarem e os cegos andarem:[14] sua sexualidade lhes é extirpada do órgão errado, onde ela não se encontra. Se em Jung a sexualidade mais normal parece atavicamente suspeita, eticamente doente, algo que deve ser energicamente desmaterializado, os doentes em Adler, ao contrário, ainda mostram — de forma apenas um pouco mais impertinente que o normal — que a sua vida pulsional também é mera aparência, delírio, ficção, "arranjo". No fundo, exagerando um pouco, uma "neurose", segundo Adler, não é muito diferente de uma mera evolução infeliz da doença que é o "psiquismo". Poderíamos afirmar jocosamente que o cérebro mais saudável, com todos os seus auxiliares ficcionais — para os quais, segundo Adler, ele de fato se encontra ali —, seria justamente aquele que não precisa estar presente; e que a alma mais saudável seria aquela que nem mesmo é necessária, já que a única compulsão para tanto está simplesmente no somático, em suas inferioridades orgânicas.[15] Podemos ver: o próprio bendito materialismo do tempo passado, que retirou o psíquico do físico sem grandes complicações, era comparativamente inofensivo e benevolente; pois em Adler tudo resulta expressamente apenas das falhas e dos danos do

---

14 Referência a uma canção popular alemã cantada por estudantes quando bebem, em que se diz que o Dr. Eisenbart — que realmente existiu — trata os pacientes à sua maneira, fazendo cegos andarem e paralíticos enxergarem [N.T].

15 Adler, A. (1907). *Studie über Minderwertigkeit von Organen* [*Estudo sobre a inferioridade orgânica*]. Wien: Urban und Schwarzenberg [N.E.].

físico, como a negação de uma negação[16] — um reflexo pendente no ar. Justamente como "protesto masculino" contra essa origem a partir do negativo, da impotência, a aspiração fundamental do psíquico se autodenomina ímpeto por "superioridade", "por potência" — até mesmo onde essa violenta sobrecompensação atinge a sua meta apenas pelo atalho da humildade astuciosa —, "recurso feminino", "proteção secundária", devoção aparente — apenas indiretamente. Nós poderíamos, portanto, realmente considerar que pelo menos aqui uma contraposição se impõe, pois a libido reprimida se vinga de seu dominador disfarçada, por sua vez, de criada. Mas independentemente disso, apenas essa negação total de sua facticidade, essa falta de limites da pulsão por poder, já o torna suficientemente suspeito de sexualização; e é realmente como se Adler houvesse criado o excelente termo "emaranhamento" especialmente para um caso como esse.[17]

---

16 Negação que, afinal, se esconde por trás de ponderações teóricas de reconhecimento da "relatividade da verdade" e, ao fazer referência à obra *Como se*, do kantiano Vaihinger, equipara a essência de ficções delirantes à essência das construções auxiliares teóricas por ele abordadas. Embora Vaihinger pareça ter confirmado a argumentação de Adler, não se pode ignorar a diferença fundamental entre o provisório *consciente* de paliativos científicos que Vaihinger remove cuidadosamente de qualquer *valoração* afora de tais finalidades, e a imensa *sobrevaloração* de combinações realizadas de forma *inconsciente*, cuja existência apenas tem sentido nessa sobrevaloração e arbitrariedade ([N.T.]: Cf. Vaihinger, H. (1911/2011). *A filosofia do como se* (J. Krestschmer, trad.). Chapecó: Argos).

17 Cf. Adler, A. (1908/2018). As expressões da pulsão agressiva na vida e na neurose (C. Padovan, J. J. Schlemm, trad.). *Lacuna: uma revista de psicanálise*, n. -6, p. 9; trad. modificada [N.E].

Anal e sexual

O fato de que a neurose se serve, de maneira compensatória, de falhas e inferioridades recebe, desde o início, grande destaque em Freud, conforme demonstram as expressões "prêmio de prazer", "ganho de prazer" da doença, "fuga na doença" etc., e o esclarecimento nas "Observações sobre um caso de neurose obsessiva": "Mas o resultado da doença já estava na intenção dela; o que parece ser consequência é, na realidade, a causa, o motivo do adoecimento", assim como outros semelhantes em outros lugares.[18] Para ele, o resultado de danos ou inibições internos ou externos recém-surgidos, e não a vivência psíquica em si mesma, sempre devia ser definido como aquilo que transforma os defeitos físicos em algo proveitoso. Isso, na verdade, surge para ele a partir da abundância, da sensação de excesso, do pressuposto da onipotência — do qual, naturalmente, resulta o desapontamento que remete a limitações reais, mas não necessariamente por meio do temor à inferioridade: apenas a comparação social leva a ele. Por isso, aqui certamente se encontra o ponto em que Freud e Adler devem ser mais decisivamente distinguidos do que Freud e Jung: na medida em que o psíquico, em Freud — por ser compreendido positivamente, por não ser indiretamente acessível a partir do físico e negativamente justificado — reserva-se o direito ao seu próprio método, isto é, insiste no direito de deixar para trás, nas fronteiras da investigação empiricamente possível, a obscura incógnita remanescente

---

18 Freud, S. (1909/2013). Observações sobre um caso de neurose obsessiva. In *Observações sobre um caso de neurose obsessiva (O homem dos ratos), uma recordação de infância de Leonardo da Vinci e outros textos* (P. C. de Souza, trad.) (Obras completas, Vol. 9). São Paulo: Companhia das Letras, p. 60 [N.E].

dos problemas restantes, em vez de cedê-la a uma área estranha que não pode acolhê-la com sua peculiaridade — ou seja, não pode esclarecê-la, mas apenas anulá-la. Por isso, este também é, ao mesmo tempo, o ponto em que Freud separa a sua área de pesquisa clara e expressamente tanto de toda especulação filosófica quanto de usurpações territoriais da biologia. A fronteira que ela deve alcançar, que não deve ser ultrapassada, mas defendida, é criada da forma mais inequívoca no conceito, tão relevantemente desenvolvido por Freud nos últimos anos, de narcisismo — o qual, aliás, tanto quanto sei, não foi discutido até agora nem por Adler nem por Jung. Se inicialmente a terminologia para autoerotismo, "narcisismo", emprestada por Freud (de P. Näcke e H. Ellis),[19] significava meramente um nível apenas mais minuciosamente consolidado e adicionado à ascensão para a sexualidade genital, ele posteriormente se tornou importante para Freud em outro sentido: como componente constante que passa por todos os níveis de desenvolvimento. O narcisismo não como "perversão, mas como o complemento libidinal ao egoísmo da pulsão de autoconservação", inclui "a ideia de um originário investimento libidinal do eu, de algo que é depois cedido aos objetos, mas que persiste fundamentalmente, relacionando-se aos investimentos de objeto como o corpo de uma ameba aos

---

19 Cf. Ellis, H. (1898). Auto-erotism: A Psychological Study [Autoerotismo: um estudo psicológico]. *Alienist and Neurologist*, Vol. XIX, n. 2, pp. 260-299. Cf. também: Näcke, P. (1899). Kritisches zum Kapitel der normalen und pathologischen Sexualität [Comentários críticos ao capítulo da sexualidade normal e patológica]. *Archiv für Psychiatrie und Nervenkrankheiten*, Vol. XXXII, n. 2, pp. 356-386 [N.E.].

Anal e sexual

pseudópodes que dele avançam", diz Freud em seu texto "Introdução ao narcisismo". E continua:

> concluímos, quanto à diferenciação das energias psíquicas, que inicialmente estão juntas no estado do narcisismo, sendo indistinguíveis para a nossa grosseira análise, e que apenas com o investimento objetal se torna possível distinguir uma energia sexual, a libido, de uma energia das pulsões egoicas.[20]

Não quero aqui esmiuçar a densa riqueza desse pequeno texto, mas apenas citar, como complemento, ainda algumas asserções da terceira edição ampliada dos "Três ensaios sobre a teoria da sexualidade": "formamos a representação de um *quantum* de libido, cuja representação psíquica denominamos *libido egoica*, cuja produção, aumento ou redução, distribuição e deslocamento deve nos oferecer possibilidades de explicar os fenômenos psicossexuais".[21]

> Também denominamos a libido egoica, em contraposição à libido objetal, de libido *narcísica*. Desde o ponto de observação da psicanálise, olhamos além de uma fronteira, cuja ultrapassagem não nos é permitida,

---

20 Freud, S. (1914/2010). Introdução ao narcisismo. In *Introdução ao narcisismo, ensaios de metapsicologia e outros textos* (P. C. de Souza, trad.) (Obras completas, Vol. 12). São Paulo: Companhia das Letras, pp. 14-15, 17-18; trad. modificada.

21 Freud, S. (1905/2016). Três ensaios sobre a teoria da sexualidade. In *Três ensaios sobre a teoria da sexualidade, análise fragmentária de uma histeria (O caso Dora) e outros textos* (P. C. de Souza, trad.). São Paulo: Companhia das Letras, p. 135; trad. modificada.

para dentro da engrenagem da libido narcísica e formamos uma ideia da relação entre ambas. A libido narcísica ou egoica nos parece o grande reservatório a partir do qual os investimentos objetais são enviados e ao qual voltam a ser integrados; o investimento libidinal narcísico do eu como o estado original, formado na primeira infância, que é apenas ocultado pelas emissões posteriores da libido, no fundo, permanece por trás delas.[22]

Olhando de fora, seria possível ter a impressão de que, na definição "complementação ao egoísmo", a libido em princípio não se diferencia suficientemente, segundo seu teor positivo, da sexualidade suspensa da qual o eu em Adler se serve segundo a vontade de seu poder. Ou no mínimo: observadas a partir daqui, as colocações adlerianas poderiam se apresentar errônea e equivocadamente como uma imagem futura das consequências freudianas — por exemplo, da mesma forma que algumas visões junguianas parecem repetir, de forma exagerada, fases anteriores do freudismo. O conceito de narcisismo, ao amparar o ponto correto, impede a disseminação de tal exagero: na medida em que faz referência à obscura plenitude da reunião ainda não separada das pulsões sexuais e tendências egoicas, em vez de seu claro aguçamento em uma ação da consciência do eu. Com isso, impede-se igualmente

---

22 Freud, S. (1905/2016). Três ensaios sobre a teoria da sexualidade. In *Três ensaios sobre a teoria da sexualidade, análise fragmentária de uma histeria (O caso Dora) e outros textos* (P. C. de Souza, trad.) (Obras completas, Vol. 6). São Paulo: Companhia das Letras, pp. 136-137; trad. modificada.

Anal e sexual

o equívoco de que ele confirma a versão de Adler da negatividade do psíquico, sendo que Freud sempre destacou que, para ele, a "pulsão" parte para a eliminação do desprazer, da falta, do distúrbio ("Em nosso aparelho psíquico reconhecemos sobretudo um expediente para lidar com excitações que de outro modo seriam sentidas como penosas ou de efeito patogênico");[23] e quando a *erogenidade* de um órgão é equiparada a uma hipersensibilidade "que pode ter, na distribuição da libido, o mesmo efeito que a doença material dos órgãos".[24] A erogenidade obriga ao "investimento libidinoso do objeto" para que a libido voltada para o sujeito não adoeça devido à sua própria demasia — depois que o eu e o mundo primeiramente se tornaram confrontamentos conscientes, não mais apenas fluindo narcisisticamente um para dentro do outro no próprio sujeito. Mas o que se realiza factualmente nesse investimento do objeto é apenas uma tentativa de atingir algo semelhante à antiga ligação por um novo caminho: sendo assim, o investimento do objeto é o meio para a *re*-unificação, como o estágio primevo correspondia a uma *ainda*-unidade; dentro dela estaria dada, portanto, não apenas, negativamente, a descarga de um estado de excitação perturbador, mas também, positivamente, um arrastar para dentro de si, um incorporar, "introjetar" do mundo. Aquilo que do ponto de vista

---

23 Freud, S. (1914/2010). Introdução ao narcisismo. In *Introdução ao narcisismo, ensaios de metapsicologia e outros textos* (P. C. de Souza, trad.) (Obras completas, Vol. 12). São Paulo: Companhia das Letras, p. 30.

24 Freud, S. (1914/2010). Introdução ao narcisismo. In *Introdução ao narcisismo, ensaios de metapsicologia e outros textos*. (P. C. de Souza, trad.) (Obras completas, Vol. 12). São Paulo: Companhia das Letras, p. 28.

fisiológico pode surgir como tensão causada pela dor, demasia importunadora, anseio pela tranquilidade, pode ao mesmo tempo estar representado psicologicamente nele como anseio pela sede e pelo desejo (conforme o "no gozo arfo, a ansiar pelo desejo",[25] em todos os sentidos). Daí surge certamente todo o paradoxo, o contraditório, no sexual — pois ele precisa se expressar corporalmente —, cuja linguagem orgânica, estritamente fechada em si mesma, não sabe exatamente como articular essas manifestações para além do nosso isolamento; mas em nossa organização psíquica, a libido sempre volta a se igualar a um substituto especial da plenitude para o ser individual que originalmente incluía tudo dentro de si. Certamente, com Freud, deve-se utilizar "pulsão" como tal, como agressão, e falar apenas em ativa ou passiva no que diz respeito à sua meta. Mas aquilo que é influenciado pela meta apassivadora não precisa ser necessariamente uma mera reação à atividade a ser reprimida; ele eventualmente poderia *reavivar* algo circunstancialmente, a saber, algo daquele estado de espírito que mantinha e ainda mantém o ativo e o passivo original e narcisisticamente inseparados um dentro do outro. Aquilo que se apresenta como "passivo" assim o parece apenas do ponto de vista do eu já desenvolvido nesse meio-tempo; isto lhe parece reativo, negativo, condicionado apenas porque se torna como que invisível no significado positivo da forma egoica estendida sobre ele, sendo, porém, ainda a complementação àquilo onde ambos os lados da existência mais primeva se unem.

---

25 Goethe, J. W. (1808/1981). *Fausto* (J. Klabin Segall, trad.). São Paulo: EdUSP, p. 152 [N.T.].

Anal e sexual

Mas a pulsão sexual, mesmo no anseio de apropriação mais ativo, parece continuamente devotada ao objeto, anuladora do eu, arrebatadora da consciência, sem por isso se enfraquecer. Será que até mesmo a "superestimação sexual" do homem destacada por Freud — a qual, segundo ele, faz com que esse homem se torne o "tipo *de apoio*"[26] — não poderia ser compreendida como um produto complementar, na medida em que o amor-próprio se empobrece justamente pela agressão da forma da libido masculina, pela publicização ao mundo exterior, de forma que precisa voltar a preencher seu narcisismo com o amor retribuído? E não ocorreria o mesmo com a mulher, à qual Freud atribui o narcisismo mais autossuficiente, em um deixar acontecer passivo? Pois a partir dessa passividade sexual surge, ao mesmo tempo, a subordinação totalmente alheia ao eu como aquilo que traz a felicidade.

Certamente não deveríamos ter nem mesmo tocado em todo o tema relacionado, mesmo que apenas em uma menção tão superficial como a que faço aqui. Ademais, tenho consciência de que, com isso, em vez de constatações objetivas, já recaí em obstinadas interpretações da teoria freudiana. Isso ocorre, no entanto, porque sempre me parece que, em relação às formas de ação das tendências egoicas — únicas dentro de nós, para Adler —, a integridade da libido é apenas percebida quando, ao encontro do eu, ela ainda pode atuar positivamente em sua essência, não apenas na aparência. Se uma

---

26 Freud, S. (1914/2010). Introdução ao narcisismo. In *Introdução ao narcisismo, ensaios de metapsicologia e outros textos* (P. C. de Souza, trad.) (Obras completas, Vol. 12). São Paulo: Companhia das Letras, p. 33.

condenação de sua essência por Jung — que, mais uma vez, a divide — ameaça a sua substância especial descoberta consistentemente por Freud, então formas de julgamento como as de Adler ameaçam-na de homicídio: o que só não a atinge porque ela, afinal, já está resguardada *por trás* das intenções egoicas que começam a se revelar — ou seja, onde estas ainda não podem dela se distinguir empiricamente. Isso só ficou claro para mim com o conceito freudiano de narcisismo; portanto, não acredito que esteja usurpando o mesmo além da realidade psíquica há pouco por ele sugerida. Para mim, tal conceito também permanece sendo a regulação da fronteira do campo psicanalítico obtida por Freud, a qual deve impedir tanto a passagem para o biológico quanto para a especulação filosófica. A diferença, a meu ver, reside talvez apenas no fato de que isso, para mim, não permaneceu um marco na forma de uma pedra fria, morta, mas transformou a minha vivência interna em uma árvore da qual colhi um fruto a fim de levá-lo para casa, para o meu próprio jardim.

Anal e sexual

Psicossexualidade

Psychosexualität (1917)

Psicossexualidade[1,2]

Primeira parte | abril de 1917

Com a palavra "sexualidade", as pessoas têm nas mãos o pano vermelho contra o qual, desde o início até hoje, a desaprovação da psicanálise freudiana avança de forma tão intempestiva que ela, na ânsia de pegar o homem pelos chifres, nunca teve total clareza de suas intenções com o pano. Se nos lembrarmos então do termo "psicossexualidade" como aquele estabelecido por Freud desde o início, então não compreendemos de

---

1 Texto publicado em dois números do volume 4 da *Zeitschrift für Sexualwissenschaft* [*Revista de sexologia*]: a primeira parte, no n. 1 (abril de 1917, pp. 1-12); a segunda, no n. 2/3 (maio/junho de 1917, pp. 49-57).

2 O presente trabalho é parte de um livro dedicado à psicanálise freudiana intitulado *Ubw*. Escrito em 1914/1915, ele não chega a se ocupar dos últimos ensaios de Freud na *Internationale Zeitschrift für ärztliche Psychoanalyse* [*Revista internacional de psicanálise médica*], sendo que os apêndices com citações deles — os quais foram acrescidos posteriormente — foram aqui eliminados a fim de não reduzir ainda mais o espaço disponível.

Psicossexualidade

imediato essa oposição combativa; mas, de fato, mesmo entre os apoiadores, podemos dizer que apenas a segunda metade da palavra foi lida — circunstância resultante do fato de que só se poderia travar uma batalha em torno dessa segunda metade, enquanto não houve nenhuma chifrada preconceituosa em torno das sílabas iniciais. Todavia, os mal-entendidos naturais estabeleceram-se não apenas entre o público, mas também entre os colegas, a ponto de tornar possível o surpreendente comentário irônico vindo dos lábios de Pierre Janet no Congresso de Neurologia de 1913, em Londres: que "todas as palavras utilizadas pelos psico-analistas,[3] como instintos sexuais, sensação genital, impulso ao coito, libido etc. designam muito simplesmente o 'elã vital dos metafísicos'".[4] Em reação a esse tipo de comentário, foi questionado, também por aqueles que procuram seriamente compreender Freud, por que então nos aferramos a uma tal palavra que, por si só, provoca resistência. Como mera denominação, ela naturalmente também está entre todas as outras mais socialmente aceitáveis ou batizadas com cunho mais filosófico — Freud, inclusive, seria o último a discutir palavras ou "batismos". Contudo, a intitulação da questão pretende, aqui, cumprir uma finalidade outra que não a formal — uma finalidade prática — e, ao mesmo tempo, realizar uma tarefa: pois é relevante já pronunciar com

---

3 Janet utiliza aqui a grafia antiga do termo [N.E.].

4 A controvérsia entre Janet e Freud tem seu início marcado justamente por este Congresso Internacional de Medicina, em que o francês apresentou, na seção do evento dedicada à psiquiatria, um relatório intitulado "A psico-análise", num tom altamente antifreudiano. Cf. Janet, P. (1913/1914). La psycho-analyse. *Journal de psychologie normale et pathologique*, Vol. XI, p. 122 [N.E.].

a própria palavra em que medida os fenômenos da sexualidade, até então não considerados em sua totalidade ou considerados de forma respeitosa demais, se relacionam entre si. Se escolhêssemos uma outra designação da esfera corporal, algo que soasse, por exemplo, como "desejo corpóreo" de maneira geral, então essa sonoridade neutra demais iria facilmente fazer referência também a processos vitais que servem à manutenção do eu, introduzindo, com isso, um tom inadequado. Mesmo a objeção mais justificada — de que "sexualidade" seria um termo já muito marcado, carregado de definições vigentes; de que derrubá-lo significaria quase um desafio ao desentendimento — pode ser claramente admitida e ao mesmo tempo refutada. Pois justamente o vespeiro de preconceitos e interpretações errôneas que tantas vezes impede uma análise mais profunda das questões da sexualidade deve ser, sim, sobressaltado dessa forma, com suas ferroadas mais venenosas e seu zumbido mais traiçoeiro. Quando essa questão houver sido fundamentalmente esclarecida, então chegará o momento de disputas terminológicas *reais* que até agora, consciente ou inconscientemente, representam quase sempre apenas subterfúgios (proteger-se das vespas). Até esse momento, porém, pode-se afirmar sobre o termo "sexualidade" — assim como sobre alguns freudianos que trazem na fronte o carimbo inconfundível da origem de sua batalha — que existe algo no exagero da expressão que *continua a lutar*: algo que, com seu vermelho-sangue ofuscante, salta aos olhos; olhos que ainda continuam buscando as antigas pinceladas que costumavam encobrir tudo com cores belas. Por isso, aqueles para os quais o sucesso dos resultados dos estudos freudianos é importante

Psicossexualidade

deveriam também declarar publicamente seu apoio a esse nome: honrá-lo em toda a sua autenticidade histórica.

Foram notórias as experiências posteriores com os doentes diagnosticados com histeria e tratados conjuntamente por Josef Breuer e Sigmund[5] Freud, com o que a sexualidade se sobressaiu pela primeira vez para Freud como o traço despercebido na base do quadro da doença. A profusão de casos posteriores, tratados de modo individual, mostrou-lhe cada vez mais indubitavelmente com que constância a histeria poderia ser atribuída, com justeza, a transtornos sexuais, enquanto no tratamento de neuroses obsessivas, o outro fator — transtorno no campo das tendências do eu — se torna mais perceptível e cada vez mais fundamental na passagem das neuroses para as psicoses; até que, por fim, a fórmula atual de Freud inclui a reciprocidade da obstrução de ambos, na medida em que, para ele, já em 1912, também "as neuroses originam-se do conflito entre o eu e a libido".[6] Quem observa o trabalho de Freud a partir dessa perspectiva, como ele procura desenterrar a relação de reciprocidade entre ambos — sempre examinados cuidadosamente com materiais empíricos —, tem logo clareza de que não se trata de forma alguma da revelação de "complexos" (Jung)[7] como "sexuais", mas sim de algo muito

---

5 Grafado "Siegmund" no original [N.E.].

6 Freud, S. (1912/2010). Tipos de adoecimento neurótico. In *Observações psicanalíticas sobre um caso de paranoia relatado em autobiografia (O caso Schreber), artigos sobre técnica e outros textos* (P. C. de Souza, trad.) (Obras completas, Vol. 10). São Paulo: Companhia das Letras, p. 238.

7 A noção de "complexo" havia sido cunhada por Theodor Ziehen no final do XIX a partir de suas pesquisas com testes de associação de palavras. O método foi in-

mais profundo; trata-se da última experiência psíquica possível e determinável. Pois os fatores sexuais ainda estavam bem mais ocultos do que aqueles descobertos e terapeuticamente utilizados no caso de histeria breueriano-freudiana, motivo pelo qual inicialmente passaram despercebidos e ainda continuam assim naqueles cuja resistência dentro de si mesmos ou dos pacientes, ou cujo sucesso no tratamento de sintomas superficiais, se contrapõe a intervenções de psicanálise profunda. E assim Freud mantém a fama inabalável de "buscar a sexualidade" e de, em nome dessa busca, despir a pessoa que, extraviada, ultrapassando a fronteira da psicanálise, chega até ele, assim como o agente aduaneiro desnuda o suspeito de contrabando, que tudo nega. Mesmo assim, é evidente o que faz com que justamente esse contrabando seja importante para a psicanálise: falemos sobre manifestações "anímicas" como aquelas que ultrapassam aquilo que podemos interpretar fisiologicamente, e a sexualidade é realmente algo que pode se beneficiar de ambas as formas de interpretação — a partir tanto do estado somático quanto daquele atingido por meios anímicos. Caso outros estados corporais possam abater ou elevar nosso estado psíquico, então apenas nesse caso

---

troduzido no Hospital Psiquiátrico Universitário de Zurique (o "Burghölzli") por Eugen Bleuler, que deixou a coordenação das pesquisas nesse âmbito a Carl Jung. A investigação em larga escala resultou no livro *Diagnostische Assoziationsstudien* [*Estudos de associação diagnósticos*]. Cf. Ziehen, T. (1898). *Psychophysiologische Erkenntnistheorie* [*Teoria psicofisiológica do conhecimento*]. Jena: Gustav Fischer; Jung, C. G. (1906, 1909). *Diagnostische Assoziationsstudien* [*Estudos de associação diagnóstica*], 2 vols. Leipzig: J. A. Barth — publicado em inglês como *Studies in Word-Association* (New York: Moffat, Yard and Co., 1919) [N.E.].

Psicossexualidade

ainda existe a unidade na qual, para nossa experiência, um ímpeto corporal conflui em uma vivência anímica. Contudo, essa unificação pode ser igualmente considerada sob dois pontos de vista, a partir dos quais ela, de fato, cruza consigo mesma (como se, ao olharmos para ela, envesgássemos), assim como também nosso intelecto distingue claramente a dualidade ali contida. Por isso, em nenhum outro ponto chegamos mais profundamente à base do chamado "anímico" do que nessa excitação dupla, na qual se expressa uma totalidade ainda tão desestruturada, justamente como no ato sexual somático; por sua vez, a totalidade das parcelas da vida também chega à sua expressão, que inclui, primitivamente, tudo. Em todo lugar externo a esse único ponto de cruzamento, reconhecemo-nos apenas em direções separadas: como mundo corpóreo — inclusive aquele ainda existente fora do próprio corpo — ou como o próprio mundo interior, cuja compreensão surge a partir dele mesmo.[8]

Quando Freud retornou ao local onde se encontra esse cruzamento sexual, teve de atuar, inicialmente, como um médico para o qual os fatos patológicos surgiam como obstáculos mútuos dentro dessa relação de situações que se entrecruzam — como nós emaranhados na realização do percurso sexual. Sua incursão estava voltada para os estágios iniciais dos fenômenos sexuais como as condições sob as quais eles se tornam

---

8 Ambas são direções possíveis representadas pelas revistas freudianas, assim como pela presente revista: complementando-se em sua concepção sem poderem influenciar-se metodologicamente por trabalharem em campos que devem ser absolutamente separados um do outro.

218   *Lou Andreas-Salomé*

aquilo que a linguagem tradicional designa com o nome de "sexual": portanto, trata-se das sexualidades patologicamente perturbada e infantil. O termo "sexual infantil" desencadeou o alarme mais estridente nos opositores: a partir daí, tudo mobilizou uma campanha marcial pela boa reputação da criança, e ainda hoje são travadas batalhas em todas as frentes por essa causa. No entanto, de fato, foi a criança — esse pobre, pequeno, infamado bichinho inocente — que nos forneceu os primeiros conhecimentos psicológicos mais profundos sobre a essência da sexualidade atrasada e, consequentemente, patologicamente inibida ou deflagrada de forma associal. Por meio dela, contextos nos quais os estágios iniciais e patológicos se relacionam tornaram-se claros — a sexualidade infantil foi, poderíamos dizer, pega em flagrante com o doente, o louco, o criminoso. Assim, em vez de fazerem o sinal da cruz diante deste fato, como se estivessem diante de uma piada satânica, as pessoas deveriam se alegrar com o fato de que pelo menos um palmo de terra de nosso velho mundo infantil havia sido recuperado para o mais infeliz de todos os humanos. Em vez de achar que a criança foi, com isso, difamada, poderíamos subentender também aqui um pouco daquela redenção com a qual o Paraíso ainda se abriu ao ladrão crucificado no último instante. Pois, indiscutivelmente, uma das maiores conquistas da psicanálise é a possibilidade de pressagiarmos em que profundidade nunca dantes suposta se separa e se une aquilo que deve se tornar posteriormente, segundo nosso julgamento humano consciente, a descarga de forças — a "mais alta" ou a "mais baixa", a mais terrível ou, talvez, a mais destruidora. Só não podemos, nesse ponto, exagerar no extremo

Psicossexualidade

oposto, trivializando a obscuridade das descargas psíquicas por seu ponto em comum com o infantil: interpretando-as como inocuidades às quais recorremos como se fossem um brinquedo do quarto das crianças que serve à mera aparência, assim como, ainda hoje, a própria sexualidade infantil é interpretada como uma brincadeira encantadora. Freud não se detém diante da criança como um dique de inocência insuperável, tampouco o rompe chegando ao ar livre, vazio de abstrações simbolicamente apaziguadoras. O fato de ele ter tido a coragem, a boa coragem, de continuar escavando nesse local mais questionável, de continuar percorrendo confiante, como psicólogo, os corredores escuros e sombrios de sua escavação até o fim, apenas isso permitiu que ele chegasse a conexões subterrâneas diante das quais as fronteiras superiores, mesmo as mais elevadas, perdem seu sentido.

Por esse motivo, o início da sexualidade com a própria existência — o dia de vida mais primevo — ou uma afirmação de Freud a respeito de como, "originalmente, só conhecemos objetos sexuais"[9] devem ser vistos da maneira mais real possível e, apesar de tudo, compreendidos com um significado que despoja de ironia o comentário debochado de Janet, fazendo

---

9 Citado por Jung, C. G. ([1911]1912). *Wandlungen und Symbole der Libido* [*Transformações e símbolos da libido*]. Leipzig/Wien: Franz Deuticke, p. 443. ([N.E.]: Para o original de Freud, do qual Jung extraiu a citação, cf. Freud, S. (1912). Zur Dynamik der Übertragung. *Zentralblatt für Psychoanalyse*, Vol. II, n. 4, p. 171. Em português brasileiro: Freud, S. (1912/2010). A dinâmica da transferência. In *Observações psicanalíticas sobre um caso de paranoia relatado em autobiografia (O caso Schreber), artigos sobre técnica e outros textos* (P. C. de Souza, trad.) (Obras completas, Vol. 10). São Paulo: Companhia das Letras, p. 142).

com que ele se aproxime de uma verdade. Pois, em realidade, é justamente do entrelaçamento total da criatura individual, de nossa unidade com a existência fora de nós, que o filósofo, e não o psicanalista, deve se ocupar — experiência em nenhum lugar mais imediata que no contexto corporal original, que não transpassa nada dentro de nós. Apenas para o recém- -nascido o mundo exterior ainda se abre de modo semelhante a um mundo interior mais amplo, enquanto ainda está ligado ao organismo materno, assim como antes, do lado de fora, e não de dentro. Se ainda não se pode falar muito em "sentimentos" aqui, isso não se deve apenas ao fato de que as habilidades adormecidas ainda mal abrem espaço para algumas sensações corpóreas, mas ocorre também porque dentro da realização dessas unificações ainda falta aos "sentimentos" a pequena distância, digamos, sobre a qual eles devem construir sua ponte unificadora. As primeiras formas de manifestação da criança correspondem a um estado de amor ainda representado pelo próprio ser-envolvido-por-tudo: ela vive a mãe antes de "amar" a mãe — motivo pelo qual esta última se aproxima da criança em sua primeira e posterior busca do objeto não como algo totalmente inédito, mas sim como uma "redescoberta" (Freud),[10] um reencontro. Em meio a essa fusão primeva com o objeto, surgem os primeiros sentimentos de prazer associados ao mundo percebido por meio da satisfação com

---

10 "A descoberta do objeto é, na verdade, uma redescoberta." (Freud, S. (1905/2016). Três ensaios sobre a teoria da sexualidade. In *Três ensaios sobre a teoria da sexualidade, análise fragmentária de uma histeria (O caso Dora) e outros textos* (P. C. de Souza, trad.) (Obras completas, Vol. 6). São Paulo: Companhia das Letras, p. 143) [N.E.].

Psicossexualidade

a própria corporeidade; prazer ainda intimamente associado à pulsão de autoconservação, ao impulso à ingestão de alimentos, à excreção; prazer em chupar, em tocar os membros do próprio corpo; prazer alimentado por cada zona corpórea separadamente — quase como se, nos pormenores de uma apresentação paulatina de seu pequeno corpo, fosse estendido diante da criança algo da abundância da qual o mundo de objetos de sua libido ainda é desprovido. Freud diferenciou com grande ênfase esse período de autoerotismo — no qual todo o corpo da criança representa ainda, de certa forma, um único órgão sexual — da existência que o segue, um pouco mais consciente; existência que já permite reunir os intensos desejos especiais em torno de um objeto central, sendo que, no entanto, a própria pessoa é escolhida como objeto. Mas se o autoerotismo é uma fase sexual também discutida por outros autores — nomeadamente conhecidos por leitores de uma revista como a de Iwan Bloch[11] —, essa segunda fase tem a maior relevância para um especial entendimento de Freud. O nome "narcisismo" — que ele pegou emprestado de Näcke e Ellis, para os quais o termo representa o autoerotismo de forma tautológica[12] — enfatiza para Freud, com a mesma

---

11 Provável referência à *Zeitschrift für Sexualwissenschaft* [*Revista de sexologia*], editada pelo neurologista Albert Eulenburg (1840-1917) e pelo dermatologista Iwan Bloch (1872-1922) — responsável por cunhar o termo "sexologia" [N.T.].

12 Cf. respectivamente: Näcke, P. (1899). Kritisches zum Kapitel der normalen und pathologischen Sexualität [Comentários críticos ao capítulo da sexualidade normal e patológica]. *Archiv für Psychiatrie und Nervenkrankheiten*, Vol. XXXII, pp. 356-386; Ellis, H. (1898). Auto-erotism: A Psychological Study [Autoerotismo: um estudo psicológico]. *Alienist and Neurologist*, Vol. XIX, n. 2, pp. 260-299 [N.E.].

intensidade, tanto a agravação da escolha sexual do eu quanto, inversamente, a sexualização das tendências egoicas.

> Por fim, concluímos, quanto à diferenciação das energias psíquicas, que inicialmente estão juntas no estado do narcisismo, sendo indistinguíveis para a nossa grosseira análise, e que apenas com o investimento de objeto se torna possível distinguir uma energia sexual, a libido, de uma energia das pulsões egoicas.[13]

Pode-se dizer: o narcisismo torna-se, com isso, como conjunto de fatos psíquicos,[14] algo análogo àquilo que acon-

---

13 Freud, S. (1914/2010). Introdução ao narcisismo. In *Introdução ao narcisismo, ensaios de metapsicologia e outros textos* (P. C. de Souza, trad.) (Obras completas, Vol. 12). São Paulo: Companhia das Letras, p. 17; trad. modificada [N.E.].

14 Por isso, esses fatos devem ser levantados o mais minuciosamente possível de acordo com os dois lados que poderiam levar a equívocos — seja com os fatos autoeróticos em um sentido muito generalizado, seja com os fatos voltados para o eu, em sentido muito específico. Assim, me parece que a libido pode, sim, já concernir à unidade corporal sem referir-se, no entanto, à *pessoa do eu* em sua totalidade — e até mesmo uma relaçao de repúdio ou ambivalente com a pessoa psíquico-mental poderia levar ao entorpecimento por meio de atos autoeróticos. E o inverso também ocorre: a pessoa refere-se eroticamente a si mesma como uma totalidade pessoal, mas em tal grau de consciência que leva ao reflexo de si mesma, à vaidade ciente, ao desfrute justamente do fato de que a pessoa desfruta de si mesma. Em ambos os casos, sujeito e objeto não penetram mais um no outro exatamente no sentido da definição freudiana: para o Narciso refletido na água, sua imagem não representaria mais o mundo, e o mundo não representaria seu si-mesmo (essas distinções serão especialmente importantes para a avaliação dos procedimentos mentais criativos que, no entanto, não devem nos deter aqui).

No campo de um certo amor objetal, o amor dos pais pelo filho, vemos analogias com ambos os casos mencionados: de um lado, a ternura física em forma de carinho que envolve maternalmente ainda o próprio organismo na nova criatura ("[...]

Psicossexualidade

teceu no enlaçamento total com repercussões corporais, o aconchego materno do recém-nascido.

Seria possível então compreender erroneamente que esse conceito freudiano não apenas não correspondesse à fase sexual seguinte, mas também correspondesse justamente a um retorno ao momento mais inicial do autoerotismo (o que

No filho que dão à luz, uma parte do seu próprio corpo lhes surge à frente como um objeto estranho, ao qual elas então, a partir do narcisismo, podem dedicar o seu pleno amor objetal" — *Introdução ao narcisismo*, p. 24). O outro caso, por sua vez, é o da obsessão dos pais pela perfeição do filho, no qual eles desejam se gerar de novo como personalidades em edição melhorada. "O bom sinal de superestimação" — assim Freud denomina, no texto citado, esse "estigma narcísico": "o comovente amor parental, no fundo, tão infantil, não é nada mais que o narcisismo renascido dos pais".

Não deixa de ser interessante termos a clareza de como — diferentemente de nosso egoísmo posterior e consciente, o qual compreendemos como separação dos outros — no amor-próprio original se encontram incluídos necessariamente todos os amores objetais, o mundo *in toto*. De fato, é necessário o primeiro vestígio de decepção e desagrado também em relação a nós mesmos para que nos contraponhamos definitiva e praticamente ao objeto como um outro; para que aprendamos o que são o desamor, o ódio, sentimentos de repulsão — em resumo, algo que não queremos mais "introjetar" (Ferenczi), mas que projetamos, criando primeiramente para nós, no sentido libidinoso, um exterior. Se o "mundo exterior" ainda falta na primeira totalidade amorosa inconsciente, então ela é, em compensação, mais duramente "externada", empurrada para fora, posicionada como algo alheio, nessa fronteira das primeiras experiências após as quais nunca mais somos capazes de voltar a nos expandir, amando, em uma totalidade que abraça o mundo, a não ser nos estados de exceção do êxtase sexual ou da criação intelectual.

O provérbio que diz que quem muito suspeita e condena julga a si mesmo, assim como o ditado sobre os erros que odiamos mais intensamente nos outros porque se assemelham aos nossos, ambos reportam à verdade vinda daí. Aquilo que, por nosso amor-próprio, foi desligado de nossa essência vem tentadoramente em nossa direção a partir do mundo objetal, do qual inicialmente não supúnhamos estar separados.

levou até mesmo à maldosa pergunta jocosa de W. Stekel: como Freud supunha, então, a procriação dos selvagens, se estes, segundo ele, haviam permanecido no nível narcísico?).

A aparente contradição segundo a qual o princípio narcísico é superior ao mero autoerótico, mas ao mesmo tempo deve também remontar a algo quase ainda anterior a ele, se resolve no fato de que ele não representa uma simples fase passageira dos nossos desenvolvimentos sexual e egoico, mas continua acompanhando, constantemente, cada uma das fases — como a medida de nosso amor-próprio vitalício. Nas palavras de Freud:

> Formamos assim a ideia de um primevo investimento libidinal do eu, o qual posteriormente será cedido aos objetos, mas que, basicamente, persiste comportando-se em relação aos investimentos de objetos como o corpo de um pequeno animal protoplasmático em relação aos pseudópodes que dele avançam.[15]

Assim, Freud fala também terapeuticamente sobre o narcisismo como aquele ponto até o qual a psicanálise prática deve aspirar chegar, além do qual os procedimentos de repressão não se deixam acompanhar, mas a partir do qual todos os procedimentos de regeneração se iniciam com sua última força possível. A imagem, vinda da biologia, poderia ser complementada por uma segunda imagem da mesma

---

15 Freud, S. (1914/2010). Introdução ao narcisismo. In *Introdução ao narcisismo, ensaios de metapsicologia e outros textos* (P. C. de Souza, trad.) (Obras completas, Vol. 12). São Paulo: Companhia das Letras, p. 17; trad. modificada [N.E.].

Psicossexualidade

área: não apenas o grumo de protoplasma da monera sempre volta a estender membros momentâneos para dentro e para fora, mas também cada uma das células corporais de nosso organismo armazena seu resto de protoplasma — reserva perene por trás de todas as suas diferenciações. O narcisismo, que mantemos em nós para além do período de sua autocracia, se esvai durante a evolução tão pouco quanto aquele fundo de protoplasma. Só que, tanto quanto não se pode ver os pseudópodes como braços e pernas totalmente nascidos, não se deve pensá-lo em termos de formas fixas da consciência: apenas o ferrenho inventário daquilo que é comum se manifesta nele; a base, que sempre volta a se unificar, tanto das antigas especializações autoeróticas quanto dos investimentos objetais posteriores. Isso enfraquece a curiosa acusação, ainda mais surpreendente, levantada por C. G. Jung, que deveria ter esse discernimento, como se a psicologia de Freud recorresse, "apesar de sua posição normalmente psicodinâmica", a algo como os antigos patrimônios psíquicos escolásticos nos quais o "conjunto das pulsões parciais sexuais" se reunia univocamente apenas nos genitais. Em contraposição a ele, a palavra de Freud tem razão: "A psicanálise existe e coincide com o reconhecimento das pulsões sexuais parciais, das zonas erógenas e da consequente ampliação do conceito de 'função sexual' em oposição à 'função genital' mais estrita".[16]

---

16 Freud, S. (1913/2010). A predisposição à neurose obsessiva. In *Observações psicanalíticas sobre um caso de paranoia relatado em autobiografia (O caso Schreber), artigos sobre técnica e outros textos* (P. C. de Souza, trad.) (Obras completas, Vol. 10). São Paulo: Companhia das Letras, p. 333; trad. modificada.

A partir das formas originárias de expressão da libido — esse prazer sensual pulsante que atravessa o corpo todo e se alastra como uma alegria bem-vinda à vida —, ela é cada vez mais restringida a áreas individuais, até que se vê essencialmente dependente de seu alojamento especial genital — sem perder, no entanto, o caráter do desejo de ir além de tudo; aquele ímpeto de incluir os campos do eu na área sexual como o estado narcisista ainda a representava de maneira uniforme. Espacialmente delimitada, ela também só tem êxito momentâneo, temporalmente, no êxtase do todo, por um golpe de surpresa, na mesma medida em que a sexualização total infantil se reduz. Assim, a evolução sexual aparece fundamentalmente como algo que se desenrola em duas direções opostas: uma que se reduz até quase a puberdade e outra que aumenta a partir dessa puberdade; e a mim parece que podemos ilustrar perfeitamente com essa imagem aquilo que Freud denominou período de latência: pois no ponto em que ambas as direções se encontram, mais ou menos no meio do caminho, suas expressões se anulam mutuamente, de certa forma; ou, no mínimo, não deixam que se evidenciem por mais tempo em nosso ponto de vista. Todavia, destaca-se o fato quase divertido de que, enquanto a sexualidade primordial se inicia voltada unicamente para o corpo — para então, ousamos dizer, tatear pouco a pouco na direção de carícias cada vez mais cheias de ânimo —, a maturidade sexual, inversamente, após todas as suas preliminares psíquicas e mentais, encontra sua expressão final na pura corporeidade do ato sexual. Aquilo que costumava se chamar assexual adquire, então, apenas ao se extinguir, aquele tom espiritualizado

Psicossexualidade

no qual posteriormente reside uma ênfase especial, até que seja sobrepujado pelo pleno concerto sexual da puberdade.

O programa de tal concerto, contudo, é então elaborado apenas sob o título da "sexualidade" e vaiado pela moralidade, pois corre o risco de, com uma dissonância bastante estridente, transformar-se naquilo sobre o que a consciência desenvolvida fala individualmente conosco. Por isso, aqui reúne-se a difamação da "sexualidade", da justificativa ou mesmo da simples investigação desse princípio que se contrapõe tanto ao eu individual quanto ao cultural. De fato, não podemos nos furtar à impressão de uma contraposição, caso o si-mesmo do ser humano prefira manter sua sexualidade a rédeas curtas ou largas — como serviçal rebelde ou como demônio que o guia secretamente. A relação básica, porém, continua sempre contraditória, na medida em que o indivíduo, programado para o desenvolvimento egocentrado, busca as forças pulsionais para tanto no entrelaçamento total, do qual ele desperta para si mesmo apenas na forma de sexo — motivo pelo qual E. Bleuler nota acertadamente, em "Der Sexualwiderstand" ["A resistência sexual"], que essa batalha não é realizada somente por inibições culturais, mas já existe dentro da questão como tal.[17] Para Freud, "sexualidade" e "eu" são simplesmente as designações populares que representam esses opostos psíquicos, por ora ainda muito profundos para nós.

---

17 Bleuler, E. (1913). Der Sexualwiderstand [A resistência sexual]. *Jahrbuch für psychoanalytische und psychopathologische Forschungen*, Vol. V, n. 1, pp. 442-452 [N.E.].

O mais precoce dilema resultante dessa circunstância foi descrito por Freud na situação do incesto e do complexo de Édipo do filho — a afirmação mais popular, mais amplamente tradicional da psicanálise. Os pais que nos trazem ao mundo são, por natureza, o ponto de cruzamento para nosso vínculo sexual, assim como para nossa diferenciação egoica — sendo que, quase sempre, a parte que atrapalha (o "rival" paterno ou materno) é tão intensamente negada quanto a outra é identificada. E mesmo que sejam principalmente os neuróticos, para os quais a visão retrospectiva do "incesto infantil" não parece tão sanguinária; e mesmo que também até desejos de morte agressivos costumem advir menos de um desejo assassino do que do equívoco infantil entre morrer e estar ausente, não devemos fazer com que o sentido dessa situação interna perca muito de sua positividade. Devemos ter em mente que são características do infantil tanto a mudança para o involuntário inofensivo quanto toda a veemência da força afetiva ainda não regulada. Pois esse é o ponto de partida a partir do qual ocorre a precipitação da ausência de limites elementar para a estreiteza pessoal, do inconsciente para o consciente egoico, chegando a influências mútuas funestamente explosivas. Não por acaso Freud fala, sem gracejos, sobre o poder das paixões antes do quinto ano de vida, diante das quais as paixões posteriores recaem no idílico, e não o inverso. Assim como o ímpeto daquilo que posteriormente designamos como criminoso e contra o que nos protegemos com sentenças e proibição, seria uma experiência de intensidade jamais igualável ao momento em que se transformou, pela primeira vez, de um "tudo é permitido" na experiência da vinculação humana. Pois não se

Psicossexualidade   229

pode esquecer quão pouco a criança separa seu pensamento, sua fantasia, da realidade que a cerca; como, para ela, o corpo que lhe foi dado é a primeira coisa pela qual ela tudo deve manifestar, feito um boneco no qual deve enfiar exclusivamente tudo o que já se ativou de vida interna e anseia por ser externado. Assim também devem ser vistos os seus "sentimentos incestuosos", em toda a sua infantilidade, como algo direcionado para o físico. Se o neurótico atormentado pelo medo distorce sua própria figura infantil exageradamente, transformando-a em um pequeno Édipo que se embate com um anseio assassino e com o incesto, essa *forma de julgamento* exagerada posteriormente adquirida é, contudo, errada, mas aquilo que lança seu medo de volta para lá não é esse julgamento, e sim aqueles antigos afetos fundamentais não superados que fazem com que ele deslize de novo para dentro da materialidade inconsciente do "querer ter tudo" infantil, da cobiça infantil pela posse individual e exclusiva.

Por esse motivo, parece-me que nada mais duvidoso poderia ser tomado para a compreensão de tais processos do que a sua "simbolização exagerada" — a qual ocorre para atenuá-los —, e isso principalmente por antigos seguidores de Freud: em parte para a escola suíça, na medida em que o desejo incestuoso infantil ali se transforma em mera alegoria do atraso arcaico do pensamento, que compreende tal desejo como o impulso ao retorno ao ventre materno da existência ou o renascimento a partir dele;[18] em parte para A. Adler, na

---

18 Alusão ao trabalho de Jung que marcou sua ruptura com Freud, *Wandlungen und Symbole der Libido* (ver acima, nota 9). Cf. o texto junguiano, reformulado

medida em que o fator sexual ali presente é eliminado em prol de uma ficção da vontade egoica sedenta de poder.[19] Aqui não me parece relevante nem mesmo se algo é mais ou menos "simbolizado", mas sim se a ficção e a realidade não são apresentadas em total inversão, de modo que o único factual deve se mostrar justamente fictício enquanto o mero alegórico é tomado como realidade. Pois a situação incestuosa é vivida originalmente em impressões pessoais extremamente definidas, de maneira que pode ser detectada durante toda a vida por meios psicanalíticos e reúne para sempre toda a excitabilidade afetiva em torno desse ponto de partida que continua pulsando vivamente. Desde que aquilo assim vivenciado, porém, não recaia sobre a existência atenta à consciência de um ser mais evoluído; ou desde que isso tenha sido recalcado dela cedo demais, como algo inadmissível, essa vivência conserva, de certa forma, uma margem para muitas relações ulteriores, com as quais se liga de forma complexa — não muito diferente daquelas "lembranças encobridoras" na ocorrência

---

e ampliado na década de 1950, com um novo título: Jung, C. G. (1911-12/2013). *Obra completa*, Vol. 5: Símbolos da transformação (E. Stern, trad.). Petrópolis: Vozes. Para uma elaboração freudiana sobre o desejo incestuoso em sua relação com o ventre materno, cf. Freud, S. (1919/2021). *O incômodo* (P. S. de Souza Jr., trad.). São Paulo: Blucher, pp. 99-106 [N.E.].

19 Cf. Adler, A. (1911/1973) Die Rolle der Sexualität in der Neurose [O papel da sexualidade na neurose]. In *Heilen und Bilden* (pp. 94-102, C. Furtmüller, org.). Frankfurt: Fischer. Cf. também a comunicação apresentada na Sociedade Psicanalítica de Viena: Adler, A. (1 fev. 1911). Der männliche Protest als Kernproblem der Neurose [O protesto masculino como problema central da neurose]. In *Protokoll der 129. Sitzung der Wiener Psychoanalytischen Vereinigung*. Disponível em: <www.psyalpha.net/en/node/7083> [N.E.].

Psicossexualidade

do conhecido *déjà-vu*, em que, segundo a interpretação de Freud, acredita-se reconhecer algo já visto porque o consciente encontra pontos de igualdade que devem conservar algum pedaço recalcado da identidade real encoberto pelo presente.[20] Essas pessoas ou esses eventos posteriores, avaliados por nós de forma tão pessoal, atual, detalhada, obtêm sua profunda relevância não de si mesmos, mas daqueles primórdios pelos quais eles, no fundo, são ensombreados, transformando-se em meras figuras encobridoras. Isso é, na verdade, aquilo que Freud chama de "transferência". Durante uma vida inteira, nós nos referimos a impressões nas quais uma irrealidade aparentemente se repete para nós — uma irrealidade que só pode ser revivida pouco a pouco, semiencoberta, de forma alegórica, porque sua base emocional remonta à totalidade ainda inconsciente, não fragmentada, pela qual nós, despertando pela primeira vez da vida mais do que de nós mesmos, nos sentimos envolvidos. Quanto mais "realista" a vivência que nos penetra, mais "simbólica" ela se mantém e mais convertida em novas estruturas; mais ainda elas são, digamos, totalizadas por nós com significados, ênfases, ligações. Por outro lado, aquilo que não provoca ou quase não provoca tal movimento de transferência — ou seja, que para nós não se encontra nas incompreensíveis proximidade e distância do passado inextinguível — nunca nos atrai para si, por mais que se apresente como algo disponível e acessível, por mais presente que esteja.

---

20 Freud, S. (1914/2012). Sobre a *fausse reconnaissance* (o *"déjà raconté"*) no trabalho psicanalítico. In *Totem e tabu, contribuição à história do pensamento psicanalítico e outros textos* (pp. 364-372, P. C. de Souza, trad.) (Obras completas, Vol. 11). São Paulo: Companhia das Letras [N.E.].

Na vivência primeva — na primeira unificação do mundo interior e exterior, que resulta na própria vida pessoal — cuida-se para que, a partir de então, a pátria permaneça em nosso entorno, mesmo no mais estrangeiro, e ainda que o mais conhecido permaneça pleno de anseios — como se um último véu nunca tivesse sido totalmente retirado da criança que se liberta para o mundo. A "visão do visionário", assim como a "cegueira" do amor, surge daí: na medida em que temos visões que vão além da pessoa cuja singularidade, cuja "casualidade", despertou em nós a mais típica experiência, somos ainda mais cegos em nosso julgamento objetivo.

Se nós, no afeto maduro de nossa sexualidade, demandamos a união total dos corpos — aquilo que reúne óvulo e sêmen como portadores dos componentes orgânicos originais —, então nosso investimento objetal mais desenvolvido se reúne mais uma vez completamente na mais física expressão da libido, assim como a primeira unificação com o mundo exterior foi realizada para a criança de forma totalmente física. Então é mais uma vez o corpo, para além de todos os métodos de experiência psíquicos e anímicos posteriores — pressupondo ainda distância — que absorve e expressa aquilo que gostaria de ultrapassar a realidade em todos nós e ter efeito universal. E, com isso, até mesmo ele próprio se torna também, de certa forma, justamente essa fatualidade da consumação física entre os indivíduos, o símbolo dos símbolos nesse campo. Certamente por isso o verdadeiro êxtase amoroso, que deixa a pessoa completamente inebriada, necessita também animicamente do intenso suporte vindo do lado animalesco, e essa é, por certo, a razão pela qual o encanto

Psicossexualidade

puramente físico pelo parceiro nos parece tão decisivo: porque esse parceiro parece tão irrefutavelmente, tão humilhantemente rebaixado quando esse encanto arrefece, mesmo que ele saiba que ainda é apreciado por coisas mais valorosas do que lhe valem os quesitos de seu corpo — porque ele se sente como que atingido no âmago do restante do "ser amado por alguém". Pois não amar mais fisicamente significa, por fim, não compreender mais aquilo que é amado como a efígie daquela impressão primeva que experimentamos apenas fisicamente, de início, como a impressão total de nosso mundo e do mundo como tal: significa levar uma pessoa de volta à penúria de sua singularidade, onde ela, independentemente de quanto isso seja valorizado, é aquilo que é, mas sem o acréscimo, por assim dizer, de todo o existente, como a luz em seus olhos, como o brilho de seus cabelos, como o dom mágico de suas mãos. Seja qual for o grau de afeição que lhe pertença, ela não apenas tem um limite em algum lugar, mas é também totalmente caracterizada por esse limite; e essa circunstância confere à sua espiritualidade, mesmo que ainda mais acentuada pela eliminação do vínculo físico, um caráter *mais mundano*, apesar de tudo. Quer dizer que a priva daquele último entusiasmo, o imprevisível, incomensurável, que, por sua vez, é capaz de transformar o chamado amor sensual, em toda a sua terrenidade, no "filho celestial" alado.

Aquela sexualidade duplamente orientada, que pode ser compreendida como sexualidade original decrescente e sexualidade genital crescente,[21] também sempre designa, por-

---

21 Não confundamos essa expressão com a de C. G. Jung : "oposição da libido

tanto, a nossa dupla compreensão do físico: de um lado, como aquilo em que, para nós, na imagem corporal de nós mesmos, o mundo interior e o exterior sempre voltam a se reunir em unidade e realidade; do outro, como aquilo que se diferencia de nossa existência egoica consciente como oposto corpóreo. Esse segundo se destaca, por exemplo, quando Freud descreve a passagem do estágio puramente narcísico para a libido investida do objeto, em um estágio de crescente erogeneidade do corpo, até que o "excesso" de tensão se descarregue num fluxo sobre um objeto externo — essa necessidade "de ultrapassar as fronteiras do narcisismo" surge "quando o investimento do eu com libido superou uma determinada medida".[22] Por isso é tão extraordinariamente esclarecedor ver o debate dos processos da libido colocado no centro de tudo por Freud, no debate em parte sobre a doença orgânica e em parte sobre a hipocondria como um apaixonamento pelo

---

em si mesma [...]; um desejo de avançar e um desejo de recuar ao mesmo tempo" (Jung, C. G. ([1911]1912). *Wandlungen und Symbole der Libido* [*Transformações e símbolos da libido*]. Leipzig/Wien: Franz Deuticke, p. 410). Ou seja, na medida em que o termo junguiano "libido" também implica o assexual de Freud, as tendências egoicas. Isso de forma que, para ele, a direção que deseja avançar significa sair da libido no sentido freudiano, e o "recuar" significa meramente aquilo que deve ser superado; enquanto justamente, para Freud, o que foi vivenciado primordialmente permanece o pressuposto constante de tudo que virá — a sua fonte saudável, que apenas intromissões patológicas podem envenenar. É o mesmo motivo pelo qual a forma de tratamento "retrospectiva" de Freud, repreendida por Jung, também reencontra, a partir dali, a ligação com a recuperação, em vez de se apoiar nessa base "assexual", que deve ser enterrada.

22 Freud, S. (1914/2010). Introdução ao narcisismo. In *Introdução ao narcisismo, ensaios de metapsicologia e outros textos* (P. C. de Souza, trad.) (Obras completas, Vol. 12). São Paulo: Companhia das Letras, p. 29.

Psicossexualidade

próprio corpo — sob sinal negativo, o sinal do desprazer, do sofrimento por ele. Em todos os três casos, trata-se da hipersensibilidade de um órgão que absorve todo interesse e visa apenas ao relaxamento, à tranquilização, à libertação — mas demonstra, mais insistentemente, esse sentido no órgão sexual e no caso do amor. Para a maturidade da libido — para a qual a sexualidade, pode-se dizer, tornou-se uma mera característica do eu dividido em suas diversas zonas —, o prazer sexual, o sobreprazer, torna-se uma carga, uma sobrecarga, já que ele, de acordo com sua essência, não permanece na organização egoica, transgressão de território, com o que se torna adversário do eu: até mesmo o próprio corpo, do qual o prazer se apropria, aparece como opressor perante o eu. Mais ainda, ele o é no comportamento hipocondríaco, nesse amor ambivalente por um algoz que a pessoa deseja que vá ao diabo enquanto permanece anormalmente presa ao interesse pelo seu bem-estar; e principalmente na doença orgânica, quando queremos nos ver, da forma mais amarga e decisiva, apartados de nosso corpo sofredor como um componente externo, um outro estranho e hostil ao nosso si-mesmo interior.

A situação parece diferente quando a observamos a partir da libido mais original, que ainda não percebia a sexualidade como característica do eu e o corpo como componente externo em comparação com um componente interno. Pois nos três casos mencionados, nosso comportamento narcisista primário sempre é já considerado como perturbado, de certa forma: não podemos retornar completamente à plena relação conosco e nossa com o mundo — e nos encontramos, em vez disso, aprisionados nas confrontações das fases de desenvolvimento cada vez mais subdivididas para nós, até, enfim, as mais próprias zonas corporais. Somente a partir daqui compreendemos totalmente a afirmação de Freud sobre nosso empobrecimento em narcisismo como consequência de investimentos objetais:

> Quem ama perdeu, por assim dizer, uma parcela de seu narcisismo, e só pode reavê-la ao ser amado [...]. Nisso nos apoiamos em dois fatos fundamentais: o de que o autossenso é aumentado nas parafrenias e reduzido nas neuroses de transferência; e o de que, na vida amorosa, não ser amado rebaixa o autossenso, ao passo que ser amado o eleva.[23]

Mas na medida em que o narcisismo permanece conosco mesmo assim, mesmo dentro da libido desenvolvida que investe o objeto, ele sempre volta a provocar uma aliança da própria existência com a do parceiro facilmente identificada, assim como das formas de manifestação anímicas com as físicas como seus meios de expressão naturais. O "só é feliz a alma que ama" não significa apenas "porque ela é, e se ela for, amada de volta", mas se exprime a partir da intensificação do sentimento de felicidade e de vida justamente por meio da "introjeção" (Ferenczi)[24] do mundo exterior no próprio inte-

---

23 Freud, S. (1914/2010). Introdução ao narcisismo. In *Introdução ao narcisismo, ensaios de metapsicologia e outros textos* (P. C. de Souza, trad.) (Obras completas, Vol. 12). São Paulo: Companhia das Letras, p. 45; trad. modificada.

24 Ferenczi, S. (1909/1991). Transferência e introjeção. In *Psicanálise I* (pp. 77-108, A. Cabral, trad.). São Paulo: Martins Fontes [N.E.].

Psicossexualidade

rior, o qual, portanto, não pode se sentir, com isso, privado nem empobrecido. Somente o amante sem comoção alguma até a camada mais profunda de sua sexualidade original — e, por conseguinte, principalmente o neurótico com sua ambivalência interna — prescinde dele, porque permanece voltado para o eu dentro da experiência sexual, não chegando a um afluir mútuo entre "mim e você", assim como entre "espírito e corpo", um para dentro do outro. O fato de que não é essa falta, mas os "investimentos excepcionalmente grandes da libido" em si, que são determinantes aqui confirma-se com o comentário de Freud: "A percepção [...] da própria incapacidade de amar, em consequência de perturbações psíquicas ou corporais, tem um efeito altamente rebaixador sobre o autossenso", assim como:

> quando a libido está recalcada, o investimento amoroso é sentido como uma grave redução do eu, a satisfação amorosa é impossível, o reenriquecimento do eu só é possível pela retirada da libido dos objetos. O retorno da libido objetal ao eu, assim como sua transformação em narcisismo, reconstitui um amor feliz. Por outro lado, um amor real e feliz também corresponde ao estado original no qual a libido objetal e a libido egoica não podem ser diferenciadas.[25]

---

25 Freud, S. (1914/2010). Introdução ao narcisismo. In *Introdução ao narcisismo, ensaios de metapsicologia e outros textos* (P. C. de Souza, trad.) (Obras completas, Vol. 12). São Paulo: Companhia das Letras, p. 48; trad. modificada.

De fato, a felicidade do sentimento amoroso, ao lado daquela demasia que demanda o relaxamento — ou seja, que parece querer se livrar da libido —, está sempre ciente da eterna insuficiência para a qual existe apenas o anseio pela libido; apenas a insuficiência que não poderia fazer nada suficiente, a não ser o caráter absoluto da identificação com aquilo que originalmente representava o eu e o você, o corpóreo e o anímico.

(a concluir)

Segunda parte | maio-junho de 1917

(conclusão)

Talvez pudéssemos acreditar que há tempos já se fala demais na progressão desse ponto de partida narcísico (como quando caminhamos em um sonho sem sair do lugar); no entanto, isso se deve à circunstância de que não apenas tudo deve partir daí, mas também chegar nesse ponto, mesmo para os objetivos aparentemente mais distantes. O comportamento comum daquilo que diferenciamos como pulsão sexual e pulsão egoica ("[...] a sexualidade apoia-se primeiro numa das funções que servem à conservação do eu, e somente depois se torna independente dela")[26] continua sendo importante, pois

---

26 Freud, S. (1905/2016). Três ensaios sobre a teoria da sexualidade. In *Três ensaios sobre a teoria da sexualidade, análise fragmentária de uma histeria (O caso Dora)*

Psicossexualidade

"é possível que não ocorra nada de significativo no organismo que não ofereça seus componentes para a estimulação da pulsão sexual".[27] No estágio maduro, então, impõe-se o processo inverso, estendendo-se da sexualidade genital "centralizada" para a vida egoica: "Inúmeras peculiaridades da vida amorosa humana, assim como a própria compulsividade da paixão, só hão de ser compreendidas em referência à infância e como restos de influência dela".[28] Até mesmo os infantilismos que, diferentemente da meta sexual genital, se estabelecem na forma de perversões, voltam a atuar em decorrência do fato de que o objeto é incluído "de corpo e alma" dentro do amor: "É essa superestimação sexual que se dá tão mal com a limitação da meta sexual à união das genitálias enquanto tais e ajuda a elevar atividades envolvendo outras partes do corpo à condição de metas sexuais".[29] No terceiro caso, por fim, a

---

e outros textos (P. C. de Souza, trad.) (Obras completas, Vol. 6). São Paulo: Companhia das Letras, pp. 85-86 ([N.E.]: A citação diverge ligeiramente do original freudiano, em que se pode ler que "a atividade sexual se apoia primeiro numa das funções que servem à conservação da vida, e somente depois se torna independente dela").

27 Freud, S. (1905/2016). Três ensaios sobre a teoria da sexualidade. In *Três ensaios sobre a teoria da sexualidade, análise fragmentária de uma histeria (O caso Dora) e outros textos* (P. C. de Souza, trad.) (Obras completas, Vol. 6). São Paulo: Companhia das Letras, p. 118; trad. modificada.

28 Freud, S. (1905/2016). Três ensaios sobre a teoria da sexualidade. In *Três ensaios sobre a teoria da sexualidade, análise fragmentária de uma histeria (O caso Dora) e outros textos* (P. C. de Souza, trad.) (Obras completas, Vol. 6). São Paulo: Companhia das Letras, p. 152, n. 81; trad. modificada.

29 Freud, S. (1905/2016). Três ensaios sobre a teoria da sexualidade. In *Três ensaios sobre a teoria da sexualidade, análise fragmentária de uma histeria (O caso Dora) e*

sexualidade não se fixa no infantil nem culmina na meta genital, mas desvia suas metas para o assexual, ou seja, no caso das sublimações sexuais, a unidade original do eu e da libido é realmente determinante. Pois o que ocorre nos processos de sublimação senão um novo investimento das forças pulsionais libidinosas no campo egoico consciente, uma volta à infância sublime na pessoa espiritualmente desenvolvida? Em tal fecundação mútua, seus impulsos espirituais recebem a extensão que os lança além de sua mais íntima afirmação do eu; e sua sexualidade, por sua vez, recebe uma espiritualização que faz com que se transforme em novo sentido para um recurso com fins de procriação. Pois, certamente, tudo aquilo visto por nós como criador passa a ter, a partir daí, seu direito indefinível, como se reconstituísse algo de alcance mais profundo e distante que a convivência da sexualidade normal e do egocentrismo normal — uma devoção indistinguível que vai além tanto das próprias demandas de ambos quanto da mera necessidade sexual. Nas sublimações, o passado se unifica da forma mais triunfante com nosso futuro espiritual. Freud, em seu texto "Introdução ao narcisismo", expressa esse fato claramente como o "ponto germinal narcisista da formação do ideal": "O desenvolvimento do eu consiste no distanciamento do narcisismo primário e gera um empenho intenso para recuperá-lo. Esse distanciamento se dá por meio

---

outros textos (P. C. de Souza, trad.) (Obras completas, Vol. 6). São Paulo: Companhia das Letras, p. 42; trad. modificada.

Psicossexualidade

do deslocamento da libido para um ideal de eu [imposto de fora], e a satisfação, por meio da realização desse ideal".[30]

Esse "desvio da meta sexual genital" é tão comum, tanto às sublimações quanto às perversões, que uma audaciosa e verdadeira afirmação médica de Freud pôde admiti-lo: "Talvez devamos reconhecer justamente nas mais abomináveis perversões a mais extensa participação psíquica na transformação da pulsão sexual. Nelas foi realizado um trabalho psíquico ao qual, apesar de seu hediondo sucesso, não podemos negar o valor de uma idealização da pulsão".[31] Mas à perversão, permanecendo no campo da conservação egoica, abusando sexualmente de seus órgãos, falta a relação com o desenvolvimento egoico mais voltado para o espiritual e, com isso, uma idealização *positiva* e uma transformação: ela permanece, assim, no puro negativo da renúncia à meta genital; nas meras "transgressões" e "permanecimentos" (Freud) no infantil.[32] Isso se aplica desde as mais grosseiras perversões —

---

30 Coloco aqui as palavras "imposto de fora" entre colchetes porque senão elas poderiam, *neste ponto*, ser compreendidas erroneamente ([N.E.]: Freud, S. (1914/2010). Introdução ao narcisismo. In *Introdução ao narcisismo, ensaios de metapsicologia e outros textos* (P. C. de Souza, trad.) (Obras completas, Vol. 12). São Paulo: Companhia das Letras, p. 36; trad. modificada).

31 Freud, S. (1905/2016). Três ensaios sobre a teoria da sexualidade. In *Três ensaios sobre a teoria da sexualidade, análise fragmentária de uma histeria (O caso Dora) e outros textos* (P. C. de Souza, trad.) (Obras completas, Vol. 6). São Paulo: Companhia das Letras, p. 57; trad. modificada [N.E.].

32 Freud, S. (1905/2016). Três ensaios sobre a teoria da sexualidade. In *Três ensaios sobre a teoria da sexualidade, análise fragmentária de uma histeria (O caso Dora) e outros textos* (P. C. de Souza, trad.) (Obras completas, Vol. 6). São Paulo: Companhia das Letras, p. 41; trad. modificada [N.E.].

aquelas que não conseguem ocultar de forma alguma sua má reputação e que são toleradas apenas nos primeiros anos de idade — até as mais astuciosas, que não são reconhecidas sob o manto daquilo que Freud desmascarou como "transposição de baixo para cima"[33] e que consegue ainda se assemelhar, em qualquer idade, a uma aparência "sublimada". Na sexualidade original, mais distante da meta genital, encontra-se, por outro lado, ainda uma segunda característica que, como me parece, persevera, sem exceção, ao longo tanto de perversões quanto de sublimações: o fato de que *todas* elas, como sexualidade infantil ainda indiferenciada, decorrem de forma ativo-passiva. No que diz respeito a produtos da libido sublimados, não quero mencionar aqui a suposição feita a partir da perspectiva biológica que confere às pessoas com talentos criativos vantagens de ambos os sexos. De qualquer forma, elas estão duplamente posicionadas no que diz respeito a sua obra: senhor e criatura, entregando-se e executando ao mesmo tempo, movidos pelo inconsciente e determinando conscientemente. Entre as perversidades, me parece que cada uma delas, não importando a que zona erótica se associe, surge caracterizada tanto de forma ativa quanto de forma passiva, quer se trate das atividades "orais, canibais" de Freud — nas quais o chupar da criança já é tanto um momento de prender com

---

33 Ele utiliza essa expressão na segunda edição de *A interpretação dos sonhos*, publicada em 1909: Freud, S. (1909). *Die Traumdeutung* (2a ed.). Leipzig/Wien: Franz Deuticke, p. 194. Em português brasileiro, traduzido a partir das *Gesammelte Werke* [*Obras completas*]: Freud, S. (1900/2019) *A interpretação dos sonhos* (P. C. de Souza, trad.) (Obras completas, Vol. 4). São Paulo: Companhia das Letras, pp. 436, 440 [N.E.].

Psicossexualidade

os lábios quanto um de receber —, quer se trate do erotismo anal, no qual, além do relaxamento produtivo, a "mucosa intestinal erógena [...] se apresenta como órgão, com uma meta sexual passivamente orientada".[34] Nas "pulsões do desejo de olhar e de mostrar, que surgem com certa independência das zonas erógenas"[35] (voyeurismo e exibicionismo), e mais ainda na perversão da crueldade, Freud pressupõe o caráter ativo-passivo e, com isso, a ocorrência em pares opostos como sua marca característica. Ele diz ser

> revelador que a existência do par de opostos sadismo-masoquismo não possa ser simplesmente inferida a partir do elemento de agressão que ali se encontra mesclado. Se assim fosse, ficaríamos tentados a estabelecer uma relação entre tais opostos de ocorrência simultânea e a oposição entre masculino e feminino reunidos na bissexualidade, cujo significado na psicanálise é reduzido à oposição entre ativo e passivo.[36]

---

34 Freud, S. (1905/2016). Três ensaios sobre a teoria da sexualidade. In *Três ensaios sobre a teoria da sexualidade, análise fragmentária de uma histeria (O caso Dora) e outros textos* (P. C. de Souza, trad.) (Obras completas, Vol. 6). São Paulo: Companhia das Letras, p. 109; trad. modificada.

35 Freud, S. (1905/2016). Três ensaios sobre a teoria da sexualidade. In *Três ensaios sobre a teoria da sexualidade, análise fragmentária de uma histeria (O caso Dora) e outros textos* (P. C. de Souza, trad.) (Obras completas, Vol. 6). São Paulo: Companhia das Letras, p. 99; trad. modificada.

36 Freud, S. (1905/2016). Três ensaios sobre a teoria da sexualidade. In *Três ensaios sobre a teoria da sexualidade, análise fragmentária de uma histeria (O caso Dora) e outros textos* (P. C. de Souza, trad.) (Obras completas, Vol. 6). São Paulo: Companhia das Letras, p. 55; trad. modificada.

Freud, no entanto, ainda afirma sobre a parcela passiva dessa perversão: "é lícito questionar se ela alguma vez aparece de forma primária ou se, na verdade, surge regularmente a partir da transformação do sadismo".[37] Mas nós certamente poderíamos pensar na sexualidade original, que ainda contém em si o sujeito e o objeto não separados, como aquilo que jaz ali, pronto para apreciação; justamente ela, como base daquilo de onde então a pulsão de apoderamento do sexual (como uma característica inerente ao eu) cada vez mais consciente se destaca de forma cada vez mais ativa e agressiva, até que o infantil subjacente se apresente como o feminino passivo, simples contraparte reativa. Nesse ponto, o destaque excessivamente unilateral do agressivo masculino e a compreensão excessivamente negativa do feminino passivo se tornaram fatais para A. Adler.[38] Não só me parece expresso, em ambos, o gozo libidinoso equitativamente positivo, como

---

37 Freud, S. (1905/2016). Três ensaios sobre a teoria da sexualidade. In *Três ensaios sobre a teoria da sexualidade, análise fragmentária de uma histeria (O caso Dora) e outros textos* (P. C. de Souza, trad.) (Obras completas, Vol. 6). São Paulo: Companhia das Letras, p. 52; trad. modificada.

38 Em 1910, Adler já havia tratado dessas questões durante o Congresso de Nuremberg — quando empregou a expressão "protesto masculino". No ano seguinte, questionando noções fundamentais da doutrina freudiana, apresentou um trabalho que acabou por acirrar as divergências teóricas com Freud, culminando na ruptura entre eles e na saída de Adler da Sociedade das Quartas-Feiras (da qual era presidente) e da direção do *Zentralblatt für Psychoanalyse* [*Folha central de psicanálise*]. Cf., respectivamente: Adler, A. (1910). Der psychische Hermaphroditismus im Leben und in der Neurose [O hermafroditismo psíquico na vida e na neurose]. *Fortschritte der Medizin*, Vol. XXVIII, pp. 486-493; Adler, A. (1911/1973). Verdrängung und "männlicher Protest": ihre Rolle und Bedeutung für die neurotische Dynamik [Recalcamento e "protesto masculino": papel e significado para

---

Psicossexualidade   245

também me parece que até mesmo um problema da libido voltada para o genital ainda se relaciona estreitamente com isso: a saber, a questão sobre as causas da "fome de estímulos" dessa libido, sobre sua estimulação ao invés de atenuação no caso de concessões temporárias. Se essas concessões, seja lá quanto "prazer preliminar" (Freud)[39] elas despertem, aumentam ao mesmo tempo a fome de estímulos, tornando-a crescentemente excruciante em vez de apaziguá-la, acaso não é como se duas pessoas se dividissem dentro de nós nesse sentimento, uma das quais se compraz enquanto a outra suporta, mas ao mesmo tempo se compraz com o fato de ter de suportar? Nesse caso, não é tudo uma permanência constante na ternura? Acaso toda pulsão de contretação (Moll) não é tamanho algoz para a pulsão de detumescência,[40]

---

a dinâmica neurótica]. In *Heilen und Bilden* (pp. 102-113, C. Furtmüller, org.). Frankfurt: Fischer [N.E.].

39 Freud, S. (1905/2016). Três ensaios sobre a teoria da sexualidade. In *Três ensaios sobre a teoria da sexualidade, análise fragmentária de uma histeria (O caso Dora) e outros textos* (P. C. de Souza, trad.) (Obras completas, Vol. 6). São Paulo: Companhia das Letras, pp. 122-129 [N.E.].

40 Segundo o psiquiatra Albert Moll (1862-1939), a pulsão sexual pode ser dividida em dois componentes: a pulsão de contretação (do latim, *contrectare*, "tocar") e a pulsão de detumescência. "Moll deixa muito claro que cada pulsão, a princípio, funciona com absoluta independência uma da outra, como podemos constatar em crianças que são altamente táteis, mas que não demonstram nenhum concomitante interesse sexual pelos outros até que tenha decorrido mais tempo de desenvolvimento. No caso de se dar uma falha no desenvolvimento da contretação em consequência de experiências táteis inadequadas, a pessoa pode tornar-se fixada na satisfação dessa necessidade, com a consequente exclusão do desenvolvimento da necessidade da detumescência" (Montagu, A. (1971/1988). *Tocar: o significado humano da pele* (9a ed., M. S. Mourão Netto, trad.). São Paulo: Summus, p. 211;

a qual, todavia, se sujeita a ela cheia de desejo, como àquele cujo atormentar lhe faz bem?[41] Na verdade, aqui já está presente o "retorno para a própria pessoa" (Freud),[42] que também está profundamente embrenhado no sadomasoquismo, motivo pelo qual Freud mal quer atribuí-lo às perversões, já que a "oposição fundamental entre atividade e passividade faz parte das características gerais da vida sexual".[43] De fato, no sadomasoquismo é apenas como se toda a pimenta e o sal fossem extraídos da refeição normal da libido e transformados em um gozo separado até que todo o resto se torne completamente insípido. E aqui continua sendo apenas interessante o fato de que esse gosto incendiado por temperos se

---

trad. modificada). Cf. Moll, A. (1898). *Untersuchungen über die Libido sexualis* [*Investigações sobre a* libido sexualis]. Berlin: Kornfeld [N.E.].

41 Imprescindivelmente é o impulso, e não a sensação de dor como tal, que provoca a volúpia, e é, portanto, mais correto, como faz Paul Federn, distinguir a algolagnia do sadismo do que supor, como com I. Sadger, que a pessoa deseja proporcionar justamente o prazer pela dor ao parceiro, porque ela própria se compraz com a dor.

Como cada um de nós contém dentro de si um mandante e um obediente, ou seja, uma hierarquia das pulsões introduzida logo cedo; como nosso próprio corpo se estrutura igualmente com forças relutantes e contraditórias, a possibilidade de perceber o impulso constante — por isso, incluindo a dor — pode se estender ao longo de nossas manifestações sexuais até as últimas disposições de natureza psíquica e orgânica.

42 Freud, S. (1915/2013). *As pulsões e seus destinos* (P. H. Tavares, trad.) (Obras incompletas de Sigmund Freud). Belo Horizonte: Autêntica, p. 35 [N.E.].

43 Freud, S. (1905/2016). Três ensaios sobre a teoria da sexualidade. In *Três ensaios sobre a teoria da sexualidade, análise fragmentária de uma histeria (O caso Dora) e outros textos* (P. C. de Souza, trad.) (Obras completas, Vol. 6). São Paulo: Companhia das Letras, p. 53; trad. modificada.

Psicossexualidade

mantém, mesmo assim, capaz de sentir prazer em uma área mais ampla que o normal; de que seu desejo insaciado não recua nem mesmo diante da barreira normalmente definida para o prazer: a dor. Pois o "prazer" é algo que só pode nos acompanhar por um trecho bastante limitado sem se transformar em avassalamento e em desprazer: apenas no campo sexual ainda o vemos, tornado anônimo, permanecer ativo; vemos o terror, a penúria, o horror da morte se transformarem em excitação libidinosa. Talvez isso seja a coisa mais paradoxal que conseguimos realizar psiquicamente: o fato de que nós, com isso, somos capazes de nos associar sexualmente a nossos antípodas e inimigos e arquirrivais, a aniquilação egoica como uma forma especial de autoincremento. Justamente aqui o mais original da sexualidade entra novamente em ação: o narcisismo, que é capaz de unificar ambos em si sem querer saber nada das limitações egoicas; e que ainda eleva algo de sua volúpia, no último êxtase também da libido genital, como uma chama que se nutre de si mesma, ainda que pareça se acender apenas com o parceiro.

O fato de que essas perversões já incluem um parceiro e o fato de que a libido normal pode regredir a qualquer momento para aquelas que não o incluem, sem renunciar minimamente à relação com um parceiro, levaram Freud, há algum tempo, a inserir uma condição teórica pré-genital entre os atos sexuais autoerótico-narcisistas e aqueles da vida sexual genital. Esta última, por sua vez, inicialmente de orientação anfierótica (Ferenczi),[44] passa a incluir posteriormente todo o

---

44 Ferenczi, S. (1911/2011). O homoerotismo: nosologia da homossexualidade

248   *Lou Andreas-Salomé*

campo da homossexualidade, assim como o da heterossexualidade — basicamente, como parte da norma —, pois

> [a] pesquisa psicanalítica se opõe decididamente às tentativas de colocar os homossexuais à parte do restante das pessoas como um grupo de natureza especial. Ao estudar também outras excitações sexuais que não aquelas claramente manifestas, ela nota que todas as pessoas são capazes de escolher um objeto do mesmo sexo e que, na verdade, alguma vez já realizaram tal escolha no inconsciente. De fato, as ligações de sentimentos libidinosos a pessoas do mesmo sexo, como fatores na vida psíquica normal, não desempenham um papel menos relevante; e como motores do adoecimento, possuem um papel mais relevante do que aquelas voltadas ao sexo oposto. [...] De acordo com a psicanálise, portanto, o exclusivo interesse sexual do homem pela mulher é um problema que demanda esclarecimento, e não algo natural [...].[45]

A própria inversão, além disso, se divide em significados tão diversos como o da tendência andrógina, seja ela mais intensamente orgânica ou psíquica (a da "bissexualidade", de

---

masculina. In *Psicanálise II* (2a ed., A. Cabral, trad.). São Paulo: Martins Fontes, pp. 129-142 [N.E.].

45 Freud, S. (1905/2016). Três ensaios sobre a teoria da sexualidade. In *Três ensaios sobre a teoria da sexualidade, análise fragmentária de uma histeria (O caso Dora) e outros textos* (P. C. de Souza, trad.) (Obras completas, Vol. 6). São Paulo: Companhia das Letras, pp. 34-35, nota 12; trad. modificada.

Psicossexualidade

Fliess;[46] a da "posição intermédia", de Hirschfeld;[47] a do "homoerotismo de sujeito", de Ferenczi);[48] e a do homoerotismo objetivo de uma mera escolha, por gosto, entre pessoas do próprio sexo: "Podemos finalmente exigir que a inversão do objeto sexual seja estritamente separada da mescla das características sexuais no sujeito".[49] Por fim, a respeito da normalidade dos invertidos, talvez ainda seja possível notar que, no primeiro caso, o da "posição intermédia", já há ali incluído um traço de heterossexualidade devido à sexualidade

---

46 Fliess, W. (1897) *Die Beziehungen zwischen Nase und weiblichen Geschlechtsorganen, in ihrer biologischen Bedeutung dargestellt* [*As relações entre o nariz e os órgãos sexuais femininos, apresentadas em sua significação biológica*]. Leipzig / Wien: Deuticke. Cf. também: Masson, J. M. (Org.). (1986). *A correspondência completa de Sigmund Freud para Wilhelm Fliess* (V. Ribeiro, trad.). Rio de Janeiro: Imago, *passim* [N.E.].

47 Magnus Hirschfeld (1868-1935), "um ativista reformador que lutou pela legalização da homossexualidade, buscava despatologizar as sexualidades não normativas. Ele também era um travesti ocasional, bem como uma figura política central no campo incipiente na sexologia na Alemanha. Hirschfeld desenvolveu uma teoria dos intermediários sexuais, alegando que a existência de dois sexos opostos era uma simplificação excessiva e que se podiam observar muitas variedades de intermediários. Pioneiro na luta pelos direitos das pessoas trans, ele argumentou que o trans não poderia ser reduzido a homossexual, fetichista ou a qualquer forma de patologia" (Gherovici, P. (2018). A psicanálise está preparada para a mudança de sexo? (J. M. Loures, trad.). *Trivium*, Vol. X, n. 2, pp. 130-139) [N.E.].

48 Ferenczi, S. (1911/2011). O homoerotismo: nosologia da homossexualidade masculina. In *Psicanálise II* (2a ed., A. Cabral, trad.). São Paulo: Martins Fontes, p. 135 [N.E.].

49 Freud, S. (1905/2016). Três ensaios sobre a teoria da sexualidade. In *Três ensaios sobre a teoria da sexualidade, análise fragmentária de uma histeria (O caso Dora) e outros textos* (P. C. de Souza, trad.) (Obras completas, Vol. 6). São Paulo: Companhia das Letras, p. 35, n. 12; trad. modificada.

dupla, ou seja, uma distância também do próprio sexo — se este, como no segundo caso, for escolhido (o que ocorre com frequência, mas não necessariamente) —, além do fato de que a própria heterossexualidade, por sua vez, apenas se torna possível e compreensível em *seu* problema por nossa relativa homossexualidade infantil, que nos manteve próximos um do outro. Todavia, naturalmente ainda se coloca a questão sobre com que frequência se trata de um transtorno de desenvolvimento quando há uma permanência exclusiva nessa fase, ao ouvirmos a conclusão de Freud:

> Nós verificamos, em todos os casos examinados, que os futuramente invertidos vivem nos primeiros anos de sua infância uma fase de fixação muito intensa, mas curta, na mulher (quase sempre a mãe), sendo que, após a sua superação, eles se identificam com essa mulher e tomam a si mesmos como objeto sexual, ou seja, partindo do narcisismo, procurando jovens ou homens semelhantes à própria pessoa que eles querem amar da mesma forma que a mãe os amou.[50]

E se os principais riscos para uma mudança patológica da inversão estiverem apenas no seu recalcamento, no fato de permanecerem inconscientes (algo de que o psicanalista, sabidamente, tem provas testemunhais advindas da neurose

---

50 Freud, S. (1905/2016). Três ensaios sobre a teoria da sexualidade. In *Três ensaios sobre a teoria da sexualidade, análise fragmentária de uma histeria (O caso Dora) e outros textos* (P. C. de Souza, trad.) (Obras completas, Vol. 6). São Paulo: Companhia das Letras, p. 34, n. 12; trad. modificada.

Psicossexualidade

obsessiva e da paranoia), então, na inversão manifesta, essa reversão originalmente planejada do objeto heterossexual para o homossexual não seria mais consciente e, assim, seria difícil evitar certa inibição. Pois mesmo que todos os nossos objetos amorosos tomem emprestado o seu derradeiro encanto de transferências primevas esquecidas, a referência normal a eles depende essencialmente de quão profundamente no esquecimento essas últimas precisam ser reprimidas para não impedir a nova ilusão. Se o invertido, por mais normal que ele seja, está retido, digamos, em um dos penúltimos graus de desenvolvimento sexual atingíveis, então a ênfase menor da libido genital parece também compreensível[51] — à qual os próprios invertidos frequentemente fizeram referência como um privilégio que favorece sua comunidade espiritual, a idealidade de seu incentivo mútuo. Sim, queremos

---

51 Aqui também se pode pensar tanto em uma postura pré-genital quanto em um simples fenômeno de reação com base em lembranças infantis do erotismo anal, assim como, por fim, em uma renúncia devida às circunstâncias puramente anatômicas. Logo de início, Freud chamou a atenção para o fato de que a criança do sexo masculino pressupõe inicialmente a existência dos próprios órgãos sexuais masculinos na mãe, e comenta: "Em pessoas que se tornam, posteriormente, homossexuais, nos deparamos com a [...] preponderância infantil da zona genital, especialmente do pênis" (Freud, S. (1909/2015). Análise de uma fobia em um menino de cinco anos. In *O delírio e os sonhos na Gradiva, análise da fobia de um garoto de cinco anos e outros textos* (P. C. de Souza, trad.) (Obras completas, Vol. 8). São Paulo: Companhia das Letras, p. 243; trad. modificada). I. Sadger também questiona que "o apreço especial pelo membro masculino [...] falte em qualquer momento" quando se trata de um uranista manifesto (Sadger, J. (1914). Sexuelle Perversionen [Perversões sexuais]. *Jahrbuch für psychoanalytische und psychopathologische Forschungen*, Vol. VI, n. 1, p. 301) ([N.T.]: Publicado pela primeira vez pelo ativista Karl Heinrich Ulrichs e coloquial do século XIX, o termo "uranista" referia-se aos homens homossexuais).

confirmar sua afirmação: se eles também se mantivessem voluntariamente no estágio pré-genital, teriam a possibilidade de sublimar uma parcela de sua libido de forma bastante semelhante àquela que apenas a pessoa criativa faz em suas obras, exercendo seu efeito sobre as pessoas como o faz em suas obras.[52] Se o invertido, por outro lado, também ajusta,

---

52 Se compararmos o homem e a mulher, então deveríamos ter em conta o quanto cabe ao sexo feminino em si uma espécie de dupla sexualidade, uma vez que ele experimenta apenas com a puberdade o retorno à passividade descrito por Freud, o cancelamento da sexualidade clitoridiana que tem efeito masculino. Costuma-se fazer referência a ele apenas como uma fonte de possível neurose. De fato, aqui está dado, também no sentido psíquico, apenas pelo simples desenvolvimento fisiológico, um "recalcamento" que — exatamente como ocorre na inversão masculina — afasta esse componente da libido original, presente até então, da libido genital. Ao mesmo tempo, porém — diferentemente do que ocorre na inversão masculina —, esse componente mais original da libido recebe, com isso, sem mais, acesso a todas as possibilidades sublimadoras, porque a sexualidade da puberdade deve conseguir se descarregar por um novo caminho. Poderíamos dizer que, com isso, ocorre aqui um avanço, endossado pelos próprios impulsos corporais, na direção da sublimação, a qual, em vez disso, o homem (invertido ou não) só atinge por meio da renitência sexual ou da demora no estágio pré-genital, o que certamente está entre as causas que geram dilemas em seu destino sexual, que fazem surgir rivais da mulher em seus interesses "sublimes" etc. Apenas a mulher recebe a unificação de ambos, enlaçados entre si, em toda a amplitude da posse da libido, por natureza um direito à harmonização do eu e do sexo. A sexualidade clitoridiana precocemente desviada corresponde a uma espiritualidade que não pode ser comparada às iniciativas do homem, que é justamente apenas uma "metade" da totalidade feminina, apta a criar a mais elevada união na própria feminilidade por meio da mais inspirada e perfeita expressão de amor. Pois mesmo nos momentos em que uma mulher talentosa parece realizar um verdadeiro sacrifício espiritual, porque ela incorpora à feminilidade "o menino" que há dentro si como um acompanhante, em vez de masculinizá-lo de forma assexual; mesmo nesses momentos ela apenas executa, em uma repetição reforçada e individualizada, aquilo que já tem tipicamente a incumbência de realizar como sexo quando chega à idade nupcial.

Psicossexualidade

a partir da forma de sua libido, apenas o egoísmo erótico a dois, o qual constrói sua estreiteza doméstica em torno das ligações heterossexuais (como em torno daquelas geradoras de seres humanos!), então ele obstrui com tal arquitetura familiar o local para espaços culturais, os quais são adequados para incluir toda a humanidade. Pois a libido homossexual no sentido mais amplo — a qual, sexualmente, nem mesmo chega ao outro sexo, mas se detém antes dele, dentro de seu próprio sexo — chega ainda mais longe dentro do humano, na fraternidade de todos os nascidos do ventre materno. Apenas ela poderia ainda transformar o amor pelo inimigo em uma experiência de vida, a sua última expressão possível (expressão do "único amor verdadeiro", segundo uma famosa frase do velho Tolstói). Freud sempre enfatizou fortemente o significado do elemento homossexual para fins culturais e para o social, e a sobrevivência do caráter original da libido se delineia claramente dentro dele: mais uma vez é um mensageiro do narcisista que aqui surge, mesmo que enriquecido, preciosamente carregado com aquisições obtidas no caminho até ali, capaz de atender às demandas que o espírito lhe impôs.

Na vida real, a homossexualidade e a heterossexualidade não se separam de forma tão estrita quanto conceitualmente. Como elas se sobrepõem, se confundem mutuamente, com ou sem seu próprio conhecimento, é algo que os estudos psicanalíticos esclareceram em inúmeros casos. Em alguns casamentos consanguíneos, no caráter fraternal de algumas propensões heterossexuais, em alguns medos do incesto sobreviventes em meio a uniões em nada incestuosas, é só uma intensa parcela de inversão que se encontra disfarçada.

Quando a amada é buscada e adorada de forma predominantemente maternal ou fraternal, quase com exclusão intencional daquilo que é verdadeiramente inebriante, ela se revela para Freud na mesma extensão que a preferência contrária pelo mais exótico possível ou por características meretrícias como uma tentativa de fuga do risco de inversão. Pois, sem nenhuma dúvida, a libido genital em geral, esse estágio final do amadurecimento sexual, incorpora todas as diferentes apreciações e ternuras, tanto físicas quanto psíquicas, da fase anterior, ainda de orientação bissexual: aqui, pode-se dizer, tudo conflui para a consumação final. A libido genital se torna herdeira que ri de todas as conquistas que a precedem — até mesmo aquelas que seu testador nem mesmo queria realizar, como é o caso, por exemplo, de quando ela deixa a libido invertida, como se não o fosse, transbordar para dentro de si, preenchendo com ela lacunas[53] que teria que, talvez, por vontade própria, deixar vazias. Nesse ponto, não seria inoportuno defender os direitos da inversão. Pois, hoje em dia, tem-se a impressão de que aquilo que define a heterossexualidade, e apenas ela, deveria sugar, como um vampiro, a força e a beleza de todo o resto. No verdadeiro ideal de casamento, que a todos parece natural, mesmo que o considerem quase sempre apenas um ideal, o direito exclusivo e indiscutível à propriedade é concedido a tal açambarcamento. Paralelamente a isso, não resta um local de igualdade para uma amizade total de homem para homem, a não ser a três, e tampouco o amor

---

53 Camaradagem dos sexos dentro da vida amorosa.

Psicossexualidade

conjugal com tal exclusividade é conciliável com a dedicação completa objetiva, seja ela para fins de trabalho mais laborais ou criativos. Justamente em tempos como os nossos, quando as antigas metas religiosas dos seres humanos, limitando benfazejamente a vida amorosa demasiado pessoal, estão desviadas, e suas exaltações não se comparam mais às eróticas, essa porção "livremente flutuante" de religiosidade nos parece ser feita para o ideal amoroso e conjugal. Para a mulher, isso não é igualmente um prejuízo como para o homem: não apenas porque é ela quem sai ganhando na vinculação heterossexual, mas também porque ela pode alojar uma grande parcela de inversão dentro de si, a saber, na maternidade. A mim, a mãe me parece certamente aquela que corresponde, em meio à feminilidade, a algo masculino: a um testemunhar, dominar, liderar, responsabilizar-se, proteger — assim como também, considerando do ponto de vista puramente sexual, os órgãos do parto, que permanecem passivos durante o ato de amor, se tornam os produtores ("detumescentes") quando se trata do filho. Nisto a mulher também é presenteada, por natureza, com uma interação das tendências humanas de diversas orientações, algo que o homem precisa primeiro elaborar a partir de seu espírito. Pelo menos deveríamos, por isso, recordar o quanto a libido heterossexual deve à sua libido homossexual, que a precede na evolução, e que essa dívida lhe deve ser saldada. Pois apenas porque a relação homossexual de uma pessoa com outra pessoa, que em tempos primevos era vinculada ao corpo e que, cada vez mais intensamente cheia de ânimo e espiritualizada, aprendeu, por fim, a envolver internamente o "igual-a-nós"; apenas por isso, nós somos capazes de nos assemelhar tão amplamente ao parceiro do outro sexo. E mesmo assim a agressão sexual na relação genital se baseia retroativamente no mais fisicamente acentuado; de certa forma, novamente no que é mais primitivo. O motivo pelo qual isso me parece da maior importância é o fato de que esse resultado de desenvolvimentos precedentes — ou seja, a capacidade de levar a libido, física e sexualmente, à sua meta não pelo caminho mais curto; de renová-la no percurso; de "sublimá-la" — é disponibilizado assim para a libido genital heterossexual, pronto para o uso, sem sua própria contribuição, que ainda deve ser realizada. Apenas por esse fato ela consegue atingir, *sem enfraquecimento ou processamento de seu caráter psíquico, seu caráter genital*, uma comunhão tão elevada, complexa e amplamente abrangente com seu parceiro; consegue experimentar nela, paralelamente, não abreviados e até mutuamente intensificados, a agressividade e a dedicação, o impulso à descontração e à carícia. Apenas isso, porém, lhe confere o extraordinário que, digamos, a coroa rainha do erotismo; aquilo que a eleva, em seu domínio, a *um* alinhamento com as mais raras atividades do erotismo que se modifica totalmente: as obras criativas, que, como terríveis consumidoras, esgotam prepotentemente aquilo que encontram produzido em trabalho de sublimação preparatório, a fim de se tornarem, assim, realidade — e a fim de enviarem o resto, inútil para tal fim, para o reino fantasmagórico da perversidade.

Assim como a essência do ser humano deve despertar para o espírito criativo nas mais profundas camadas — tomando emprestado o seu mais tenro início, mais infantil, até que tal realidade se eleve ativamente à consciência; assim

Psicossexualidade

como o organismo, para gerar o ser humano, também leva suas forças à plena expressão mais primitiva do corporal, assim também o da experiência sexual pressupõe o adentramento, na inconsciência, da primitividade fisicamente vinculada. Nada mais se torna expressão do ato sexual genital, não importa quanto o tenha precedido, que não o físico grosseiro cuja realidade total não cede mais espaço para uma subdivisão de moções psíquicas, tão esmaecido como uma não existência as esvai em si, como se apenas um milagre pudesse libertá-las em sua profusão anterior. A banalidade e o milagre se encontram aqui em seu problema, de modo que entre o mais primitivo e o mais extraordinário não é mais possível uma última valoração, senão apenas a partir das mais relativas metas baseadas no fato de que somos capazes de acompanhar conscientemente apenas um curto trecho de qualquer processo — sendo que o começo *e* o fim nos escapam, recaindo no banal, apenas como algo material, como algo exterior, imaginável. Na inconsciência de nossa experiência, no entanto, vale quase o inverso: talvez a realização possa ser considerada mais completa quando quase nada se destaca ou se impõe perceptivelmente ao olhar consciente. Ambas as circunstâncias nos lembram, como nenhuma outra, o milagre do sexo. O veredito do consciente parece, por isso, também — apesar da emoção dos amantes — predominantemente engraçado ou comovente, o que envolve, por exemplo, o ato de amor como excesso de comoção corporal, o balbucio da superestimação mútua que ainda escapa aos espíritos aturdidos — mais ou menos como, em contos de fadas, flores e pedras preciosas saltam da boca do príncipe encantado (também poderia ser uma princesa). Todavia, é essencialmente o próprio elemento efusivo que celebra tal surto, ou seja, o fato de que o objeto amado se tornou, com ele, carne e sangue. Continuemos observando nessa mesma linha, após o ato de amor, o ato maternal: ou seja, o definitivo devir-corpo, devir-realidade daquilo que ansiava se unir; assim, nos deparamos desde o início com a mesma coisa. Aquilo que transborda no ser maternal, celebrando e adornando incondicionalmente como se se tratasse da coisa mais preciosa escolhida entre todos os tesouros do universo, advém apenas do fato de ter se tornado corpo, de seu fruto ter se tornado realidade. Ele está voltado para aquilo que cresce em seu ventre como o mais desconhecido, vindo do mais longínquo, como a mais imprevisível de todas as possibilidades, para o milagre em sua banal circunstancialidade. Injustamente repreendeu-se o amor maternal algumas vezes (weiningerianamente!)[54] pela indiscriminação de seu vínculo banal, que mal representa o amor apenas por ser a unidade de experiência com menos distanciamento que conhecemos. Aqui também o ponto de partida para tanto é a própria experiência corporal, é a própria parte do corpo gerada na existência. Na maternidade cruzam-se plenamente o autoerotismo eterno e aquilo que tudo abrange, o mais amplo entorno que a libido pode descrever com seu ponto de ligação no organismo, como que para nos convencer de que toda a nossa ternura, mesmo que ainda continue se "sublimando", permanece

---

54 Referência ao filósofo austríaco Otto Weininger (1880-1903), que publicou a obra *Geschlecht und Charakter* [*Gênero e caráter*] e era defensor de ideias antissemitas e misóginas [N.T.].

Psicossexualidade

incorporada ao acervo de raízes de nossa obsessão pelo eu; mas de que nosso egoísmo, em toda a sua banalidade, também ainda está imerso de acordo com o milagre da existência de sua totalidade. Apenas a partir daquilo que, na unidade de amor maternal pelo filho, leva a uma expressão tão absoluta desse fato, pôde a calidez se impor ao objeto perante si mesmo como um fato universal e penetrar em suas diversas fases e sequências de níveis. Como à essência maternal toda vida parece inerente no próprio filho, isso revive em tudo — em tudo o que vive, retornando em milhares de disfarces, renovações, transformações; com o que era exuberância que tudo unifica em uma única criatura humana, que não para de atuar até assumir todas as formas, até bater à nossa porta na forma mais irreconhecível, no mais desconhecido pedinte, na criatura e até no inimigo.

Posfácio

**Lendo Lou Andreas-Salomé
com Hélène Cixous**

NINA VIRGÍNIA DE ARAÚJO LEITE (1950-) é formada em Psicologia pela Pontifícia Universidade Católica de São Paulo, mestre em Desenvolvimento Infantil e Psicologia Educacional pela Universidade de Londres e doutora em Linguística pela Universidade Estadual de Campinas. Fez estágio de pós-doutoramento no Hospital Infantil do Centro Psiquiátrico do Bronx, em Nova York. Professora titular aposentada do Departamento de Linguística do Instituto de Estudos da Linguagem (Unicamp), nele atua como professora voluntária. É uma das fundadoras do OUTRARTE – Centro de estudos em psicanálise: entre ciência e arte. Coordena a coleção "Terramar" pela editora Mercado de Letras, juntamente com José Guillermo Milán-Ramos; coordenou a coleção "Litorais da Psicanálise" pela Editora da Unicamp, onde atualmente coordena a coleção "Letras da Psicanálise". Publicou o livro *Psicanálise e análise do discurso – estrutura e acontecimento* (Campo Matêmico, 1994); é responsável por vários volumes sobre as pesquisas realizadas no OUTRARTE, bem como por

Lendo Lou Andreas-Salomé com Hélène Cixous

artigos em revistas nacionais e internacionais. Deu início à sua formação psicanalítica no Colégio Freudiano do Rio de Janeiro e pratica a psicanálise na cidade de Campinas, SP.

Lendo Lou-Andreas Salomé com Hélène Cixous

"A carapuça dos tolos impede levar o êxtase a sério"

— Lou-Andreas Salomé

"O 'continente negro' não é nem escuro nem inexplorável"

— Hélène Cixous

Alguém já disse que, enquanto Freud escrevia em prosa, Lou era a poeta da psicanálise.

Para escrever este posfácio debrucei-me em textos de Lou Andreas-Salomé, além de biografias e o que ela denominou *Lebensrückblick* [*Retrospectiva de vida*].[1] A impressão que tive foi de uma escrita difícil de seguir; algumas vezes me perdi na leitura e tive que retornar ao ponto do fio interrompido. Pensei que esse efeito se devesse ao fato de estar lendo uma tradução, mas logo me dei conta de que, apesar

---

1 Andreas-Salomé, L. (1951/1985). *Minha vida* (N. Simone Neto; V. Fernandes, trad.). São Paulo: Brasiliense.

dele — e cabe aqui uma observação quanto à excelente tradução —, uma dificuldade se cristalizava em torno do uso de alguns termos, em especial "espírito" e "espiritual". Além do "psíquico" e do "anímico", por que ela usa esses termos tão insistentemente?

Lembrei-me de uma observação de Jean Allouch[2] em que ele discutia as fragilidades da análise, sendo uma delas o reconhecimento de que, embora Freud se utilize de três termos (*Psyche*, *Seele* e *Geist*), ao longo de seus escritos, apenas o primeiro deles compõe o nome de sua descoberta: *psic*análise. Faz-se notar que, em um de seus últimos textos,[3] o uso de *Geist* [espírito] jamais poderia ser substituído por *Psyche* [psique] ou por *Seele* [alma]. Segundo o autor, isso indicaria que o espírito era o que interessava Freud; é forçoso fazer o trabalho de leitura do texto freudiano para apreender a especificidade do uso desse termo, em contraposição ao uso dos outros dois. Allouch (2014) observa, ainda, que alguns contemporâneos de Freud, como Wittgenstein, Mann, Andreas-Salomé, Jung, Pfister, Auden etc., já tinham se dado conta da importância do uso do termo *Geist*.

Embora já tivesse me deparado com a presença do termo "espírito" em vários textos de Freud, especialmente no livro

---

2 Allouch, J. (2014). Fragilités de l'analyse. *Critique*, Vol. DCCC-DCCCI, n. 1/2, pp. 19-31. Cf. também: Allouch, J. (2007/2014). *A psicanálise é um exercício espiritual? — resposta a Michel Foucault* (M. R. Salzano Moraes; P. S. de Souza Jr., trad.). Campinas: Editora da Unicamp.

3 Freud, S. (1939/2014). *O homem Moisés e a religião monoteísta* (R. Zwick, trad.). São Paulo: L&PM.

O chiste e sua relação com o inconsciente[4] — e lembro aqui a pertinência da tradução do alemão *Witz* por *mot d'esprit*, em francês, sublinhando o caráter intrínseco do *Geist* —, foi apenas a presença tão insistente desse mesmo termo nos textos de Lou Andreas-Salomé que me permitiu relevar a importância e extensão do efeito de dificuldade que a leitura causou; e com isso, enfrentar a tarefa de reler a autora despida dos preconceitos que associam o termo a acepções transcendentais, como ocorre na linguagem cotidiana em um movimento totalmente contraditório às teses freudianas. Mas fez mais: obrigou-me a pensar as distinções conceituais e teóricas implicadas no uso de cada um deles. Se trago aqui essas observações é para indicar um traço importante na escrita de Andreas-Salomé: se por um lado, como bem notou Freud a seu respeito, as suas compreensão e inteligência permitiam que ela avançasse apoiada nos achados, expandindo as hipóteses já estabelecidas; por outro, a sua fidelidade ao pensamento freudiano a colocava como uma defensora intransigente dos fundamentos da psicanálise. Ela escolheu estar ao lado de Freud, e não de Adler, cujos seminários seguiu por certo tempo. Entretanto, as contribuições deste autor não serão descartadas, como se vê na parte 3 do ensaio "Anal e sexual".[5] Podemos considerar que a inclusão das contribuições teóricas adlerianas de algum modo reforça a ideia de uma independência e liberdade no exercício tanto de sua vida pessoal quanto no pensamento

---

4 Freud, S. (1905/2017). *O chiste e sua relação com o inconsciente* (F. C. Matos; P. C. de Souza, trad.) (Obras completas, Vol. 7). São Paulo: Companhia das Letras.

5 Cf. neste volume: Andreas-Salomé, L. (1916). Anal e sexual, pp. 194-209.

teórico. Isso ganha importância principalmente à luz do que ela confessa ao final do texto citado: "Ademais, tenho consciência de que, com isso, em vez de constatações objetivas, já recaí em obstinadas interpretações da teoria freudiana".[6]

Entretanto, na contramão dessa explicação da minha dificuldade de leitura dos textos de Andreas-Salomé, Cixous, em seu manifesto *O riso da medusa*, levanta uma possibilidade outra, absolutamente não prevista por mim, ao afirmar que, ao falar e escrever, a mulher "inscreve o que ela diz porque não nega à pulsão sua parte indisciplinada e apaixonada pela palavra. Seu discurso, mesmo teórico ou político, não é jamais simples, linear, ou 'objetivado' e generalizado: ela traz na história a sua história".[7] A minha posição na primeira leitura não tinha contemplado essa possibilidade, evidenciando muito mais do que preconceitos: mais uma vez, o recalque do feminino.

O próprio texto de Andreas-Salomé já enunciava essa posição feminina, quando ela diz:

> Porém, em vez de lamentar o trágico desse conflito — que é, portanto, inerente à criatura feminina —, melhor seria alegrar-se pelo fato de que a mulher, inserida em sua eterna vivacidade, não pode percorrer seu desenvolvimento em uma linha reta, mas apenas arbitrar as contradições de sua situação a cada caso,

---

6 Cf. neste volume: Andreas-Salomé, L. (1916). Anal e sexual, p. 208.

7 Cixous, H. (1975/2022). *O riso da Medusa* (N. Guerrelus; R. F. Bastos, trad.). Rio de Janeiro: Bazar do Tempo, p. 53.

em um ato extremamente pessoal. Pois isso confere mesmo à mais ínfima sina feminina uma grande relevância, o fato de que ela deve voltar a se confrontar, a cada vez, com sua vida interior e superá-la por iniciativa própria; e isso nada deve às batalhas que o homem travou com a existência "externa" desde a época da selva de tempos primevos.[8]

Delineia-se, assim, uma impossibilidade de comparação da posição feminina com a masculina: trata-se da tarefa da mulher no que ela tem de incomensurável com a lógica masculina.

O reconhecimento dessa possiblidade de leitura me conduziu, então, a tomar como norte o fato de que qualquer apreciação da contribuição que seus trabalhos trouxeram para a psicanálise não pode dispensar o fato de que foram marcados por sua condição de mulher. E aqui não me refiro a nada que possa se confundir com a sua fama de amante, amada, sedutora e etc. Conforme indicado no prefácio deste livro, Lou se firmou como uma pioneira da Modernidade, com tudo o que isso implica quanto às contradições que atravessavam e atravessam a condição da mulher em um universo integralmente masculino. Mas o que significa marcar essa condição hoje? Afinal, não estamos tão distantes daquela condição em que ela viveu e escreveu? É evidente que, por essa razão, o que ela escreveu importa, uma vez que a maneira como ela pensou e teorizou a condição da mulher — além da força das escolhas

---

8 Cf. neste volume: Andreas-Salomé, L. (1910). O erotismo, pp. 107-108.

Lendo Lou Andreas-Salomé com Hélène Cixous

que fez em sua vida pessoal — encontra ressonâncias, como no manifesto de Hélène Cixous. Não que a escrita de Lou possa ser tomada como uma escrita feminina — essa é uma questão que não cabe aqui discutir —, mas que a força criativa do feminino ali se revela e ilumina de forma instigante a *diferença* sexual, e não a *oposição* sexual, como tão bem observou Cixous em sua convocatória às mulheres.

Comentar fragmentos dos textos aqui publicados sob a luz dessa dupla condição (o fato de ser a escrita de uma mulher; o fato de ser uma escrita lida com o que escreve outra mulher, mais de meio século depois, sobre a condição da mulher) talvez ilumine alguns pontos que na primeira leitura permanecem obscuros. Da multiplicidade de questões que os escritos de Lou Andreas-Salomé levantam e avançam, escolho comentar os pontos em que a autora trata especificamente do que está em jogo na diferença sexual. Essa é uma questão candente tanto nas discussões atuais quanto no texto de Cixous, uma vez que a autora retoma e critica as teses freudianas que inspiraram Andreas-Salomé — que, por sua vez, as interpretou de modo singular. Não é possível avaliar a singularidade dessa interpretação sem fazer incidir nessa análise o fato de se tratar da escrita de uma mulher — de uma mulher precursora da Modernidade.

O que poderia sustentar a conversa que pretendo fazer acontecer entre Lou e Cixous parte de uma pergunta, que me ocorreu quando iniciei a leitura dos textos que compõem este volume: será que Cixous consideraria Lou como "uma mulher com olhos e ouvidos na ponta da língua"? Uma mulher com quem ela poderia "enfim fazer justiça à Medusa"?[9] Dificilmente, a julgar pelo que os enunciados mostram. Mas, e se pudermos extrair de seus escritos um dizer não *sobre* a mulher, mas *de* mulher?

Isso não estaria distante da abordagem que Lou Andreas-Salomé busca realizar, como quando afirma, ao final de seu texto sobre o erotismo: "Essas palavras, com seu toque superficial inevitável, podem apenas tatear um processo interno feito uma externalidade muito áspera, com a esperança de que, por baixo, simbolicamente, algo do que nele está ressoe".[10]

E se pudermos fazer ressoar o que sustenta os seus escritos? Essa operação de leitura deverá partir da crítica que Cixous faz incidir sobre as teses psicanalíticas a respeito da feminilidade, tomando essa crítica no sentido específico de não incluírem o traço singular da posição feminina, que é posição intensamente evidenciada no que Andreas-Salomé aventa fundamentando-se nas hipóteses freudianas. Entretanto, cumpre dizer que Freud soube recolher, da riqueza e multiplicidade das elaborações de Lou, aqueles pontos que esclareciam hipóteses por ele levantadas — como é o caso do texto "Anal e sexual", que se baseou no escrito anterior de Freud, "Caráter e erotismo anal".[11]

---

9 Cixous, H. (2010/2022). Efeito de espinho rosa. In *O riso da Medusa* (N. Guerrelus; R. F. Bastos, trad.). Rio de Janeiro: Bazar do Tempo, pp. 27-28; trad. modificada.

10 Cf. neste volume: Andreas-Salomé, L. (1910). O erotismo, p. 129.

11 Freud, S. (1908/2015). Caráter e erotismo anal. In *O delírio e os sonhos na Gra-*

Em 5 de julho de 1914, Lou envia a Freud uma carta em que afirma estar trabalhando em um artigo intitulado "Anal e sexual", mas que não sabia se prestaria à publicação — o que veio a acontecer somente dois anos depois. No artigo, Lou esclarece algumas afirmações importantes de Freud quanto ao fato de a criança extrair da defecação um ganho colateral de prazer, uma vez que aborda de onde e como ele se origina. As implicações de sua abordagem sobre a pulsão anal são inúmeras e tocam pontos que sequer foram abordados pela elaboração freudiana, como veremos mais à frente. Em, pelo menos, duas situações podemos encontrar o reconhecimento de Freud quanto à importância da contribuição de sua discípula, especificamente no que ela propõe em "Anal e sexual": em nota acrescentada em 1920 aos "Três ensaios sobre a teoria da sexualidade" e no texto "Sobre transposições pulsionais, em particular do erotismo anal", escrito em 1915 — logo depois do texto de Lou Andreas-Salomé — e publicado em 1917.[12]

Na nota acrescentada ao segundo ensaio sobre a teoria sexual — a sexualidade infantil —, Freud afirma:

---

diva, *análise da fobia de um garoto de cinco anos e outros textos* (P. C. de Souza, trad.) (Obras completas, Vol. 8). São Paulo: Companhia das Letras, pp. 350-358.

12 Cf. respectivamente: Freud, S. (1905/2016). Três ensaios sobre a teoria da sexualidade. In *Três ensaios sobre a teoria da sexualidade, análise fragmentária de uma histeria (O caso Dora) e outros textos* (P. C. de Souza, trad.) (Obras completas, Vol. 6). São Paulo: Companhia das Letras, p. 93, nota 52; Freud, S. (1917/2010). Sobre transposições pulsionais, em particular do erotismo anal. In *História de uma neurose infantil (O homem dos lobos), além do princípio do prazer e outros textos* (P. C. de Souza, trad.) (Obras completas, Vol. 14). São Paulo: Companhia das Letras, p. 262; trad. modificada.

Num trabalho que aprofunda enormemente a nossa compreensão do significado do erotismo anal ["Anal e sexual"], Lou Andreas-Salomé explicou que a história da primeira proibição imposta à criança — a de obter prazer com a atividade anal e seus produtos — é decisiva para todo o seu desenvolvimento [...].[13]

O autor não deixa de indicar a extensão e riqueza da contribuição de Andreas-Salomé. No ensaio de Freud "Sobre transposições pulsionais...", a referência aos avanços da teorização de Andreas-Salomé não consta em nota de rodapé, mas está incluída no corpo do texto, onde se lê: "a coluna fecal, o pênis e a criança são corpos sólidos que, com sua penetração, excitam um canal de membrana mucosa (o reto e aquela que, na boa expressão de Lou Andreas-Salomé, é como que dele 'arrendada': a vagina)".[14] A partir desta importante observação de Andreas-Salomé, muitas questões poderiam ser elaboradas no contexto da teorização freudiana da feminilidade, conforme atestado pelo excelente artigo de Jacques André: "Freud: impasses et ouvertures" ["Freud: impasses e aberturas"].[15]

---

13 Freud, S. (1905/2016). Três ensaios sobre a teoria da sexualidade. In *Três ensaios sobre a teoria da sexualidade, análise fragmentária de uma histeria (O caso Dora) e outros textos* (P. C. de Souza, Trad.) (Obras completas, Vol. 6). São Paulo: Companhia das Letras, p. 93.

14 Freud, S. (1917/2010). Sobre transposições pulsionais, em particular do erotismo anal. In *História de uma neurose infantil (O homem dos lobos), além do princípio do prazer e outros textos* (P. C. de Souza, trad.) (Obras completas, Vol. 14). São Paulo: Companhia das Letras, p. 262; trad. modificada.

15 André, J. (2004). Freud: impasses et ouvertures. In *Aux origines féminines de la sexualité*. Paris: Presses Universitaires de France, pp. 25-55.

Como Lou Andreas-Salomé nos apresenta a figura do feminino? Mais ainda: como ela faz o feminino ao escrever? E que efeitos os seus escritos tiveram sobre Freud?

Em 31 de janeiro de 1915, Freud envia uma carta a Andreas-Salomé em que aborda os comentários dela recebidos quanto à recente publicação de seu ensaio sobre o narcisismo. Ele começa a carta afirmando: "A senhora é indômita. Parece ter escapado à inibição que nos privou a todos de nossas energias criativas nesses dias".[16] Sublinho o uso do termo "indômita" — aquilo que não se doma, não se domina —, sugerindo tanto uma insubordinação quanto uma mestria. Encontramos esse mesmo termo na afirmação de Cixous quanto ao fato de que elas, as mulheres, retornam de bem longe, e isto porque o inconsciente é indomável — o que encaminha uma estreita associação entre o feminino e o inconsciente enquanto constituído pelo recalcado. Mulher, o seu solo é o inconsciente, nos diz ela. Da mesma forma, poderá dizer de Dora: a indomável, a verdadeira mestra do significante. Se a descoberta do inconsciente se fez *com* as mulheres, o indomável que elas colocaram — e continuam a colocar — em cena foi logo capturado na lógica masculina, e recalcado mais uma vez.

Uma série de indomáveis se apresenta no percurso dessas mulheres. É preciso salientar que o que Freud reconhece quanto ao lugar de Lou Andreas-Salomé no avanço de suas hipóteses testemunha o acolhimento de uma palavra que

---

16 Freud, S. & Andreas-Salomé, L. (1967/1975). *Correspondência completa* (D. Flacksman, trad., E. Pfeiffer, org.). Rio de Janeiro: Imago, p. 42; trad. modificada.

aponta para algo desconhecido para ele, assim como o efeito causado pelas histéricas. Na carta acima citada, Freud reserva a ela o lugar de quem escapou à inibição que vigorou naquele momento para eles, sublinhando a sua potência criativa. O que nos leva a interrogar o esquecimento dos trabalhos de Andreas-Salomé na história da psicanálise, fato que torna ainda mais pertinente a presente publicação.

Retomo uma observação de Cixous ao afirmar que, para as mulheres, "não há lugar para estabelecer um discurso, mas um solo milenar e árido a fissurar".[17] Lou Andreas-Salomé afirma algo que vai nessa direção, mas, desta vez, referindo-se ao criador artístico:

> também é verdadeiro para o criador artístico que a mesma sabedoria ancestral precisa se transformar na lembrança mais pessoal dentro dele, associada ao seu presente, ao que ele tem de mais próprio — uma espécie de chamado que o desperta do sono do passado por meio da agitação da hora.[18]

Poderíamos pensar que, por trás da fidelidade às hipóteses freudianas — ou melhor, com elas —, Andreas-Salomé teria traçado um sulco como porta de entrada para outra forma de pensar o feminino? Essa questão não é menor, se quisermos,

---

17 Cixous, H. (1975/2022). *O riso da Medusa* (N. Guerrelus; R. F. Bastos, Trad.). Rio de Janeiro: Bazar do Tempo, p. 42.

18 Cf. neste volume: Andreas-Salomé, L. (1910). O erotismo, p. 84.

Lendo Lou Andreas-Salomé com Hélène Cixous

de fato, tratá-la como pioneira. Abordemos os seus textos, especialmente "Sobre o tipo feminino".[19]

Entre botões e moedas: como abordar o feminino, tipo ou não

No ensaio de 1914, julguei encontrar os elementos mais interessantes para apreender o modo como a autora apresenta o feminino. Sob a influência do texto de Cixous, estranhei o título, uma vez que em *O riso da medusa* lê-se:

> Mas é preciso dizer, antes de tudo, que não há, ainda hoje, e apesar da enormidade do recalque que as manteve nessa "escuridão" — que se tenta fazê-las reconhecer como atributo seu —, uma mulher genérica, uma mulher-tipo. O que elas têm em comum eu o direi. Mas o que me impressiona é a infinita riqueza de suas constituições singulares [...].[20]

Se o título do texto de Lou Andreas-Salomé faz supor uma mulher genérica, isto se contradiz, logo de início, quando a autora propõe abordar o tema pela via de um método por ela denominado de "passeio reflexivo", que se fundamenta em suas lembranças de infância. Ou seja, é ao confiar ao leitor

---

19 Cf. neste volume: Andreas-Salomé, L. (1914). Sobre o tipo feminino, pp. 131-
-160.

20 Cixous, H. (1975/2022). *O riso da Medusa* (N. Guerrelus; R. F. Bastos, trad.).
Rio de Janeiro: Bazar do Tempo, p. 42.

aquilo que persiste como o mais íntimo de sua experiência de menina, que algo do tal tipo feminino vai se esboçar:

> Pretendo realizar aqui apenas um pequeno passeio reflexivo: passar, de início, por um caminho estreito, pessoalmente delimitado, e depois buscar um horizonte mais amplo para, por fim, mesmo que somente com alguns passos mais largos, ultrapassar a visão objetiva.[21]

O processo da teorização que ela empreende se nutre de suas experiências — retomadas como lembranças analisadas — e, ao mesmo tempo, das hipóteses freudianas da época quanto ao processo de estruturação do sujeito. Entretanto, a descrição que ela apresenta ao narrar suas lembranças ilumina o processo apenas esboçado teoricamente, permitindo uma grande variedade de conexões com outros elementos da teoria; nelas residem a possiblidade de avanço das balizas teóricas das quais ela parte, revelando algo precioso ao pensamento analítico: o singular oferece resistência ao universal. Sua escrita faz ressoar outros sentidos, e talvez não seja sem razão que alguém tenha dito que ela não escrevia prosa, como Freud, mas sim poesia.

A lembrança mais remota que ela traz se refere a uma cena em que brincava com uma caixa (denominada "caixa maravilhosa") em que estavam guardados botões de vários tipos com os quais se divertia, associados por ela a joias, cujos

---

21 Cf. neste volume: Andreas-Salomé, L. (1914). Sobre o tipo feminino, p. 133.

Lendo Lou Andreas-Salomé com Hélène Cixous

nomes aprendeu; eles tinham funcionado primordialmente como representantes de partes inalienáveis — do corpo de sua mãe ou de sua ama —, antes ainda de qualquer diferenciação eu-mundo. Descrevendo as suas percepções e lembranças, a autora revela o percurso em que aqueles botões adquiriram, para ela, o valor de pedras preciosas; aquilo que não se descarta. Esses objetos valiosos serão confrontados com outras percepções concomitantes, também relativas a objetos redondos, mas desta vez ostentando um valor de natureza diversa: as moedas. Uma lembrança com seu pai ensinou-lhe que as moedas/dinheiro podem ser trocadas e partilhadas. Em extremo contraste com as moedas de dinheiro, que são divisíveis, se encontrava a ideia dos tesouros inalienáveis (os botões): "não cambiáveis, ocultos, cuja subtração significaria claramente que nós mesmos teríamos sido roubados, violados".[22] Seus pensamentos contrastantes — que se referem ao que é inalienável e ao que é partilhável — definem duas linhas diversas, que são traçadas do mais infantil até o campo de interesses anais.

Mas qual o ponto originário que permite serem traçadas essas duas linhas de pensamento? A autora explicita que este é o campo em que "nossa função corporal ainda se iguala a nós mesmos e onde uma parte de nós mesmos chega ao consciente como criada por essa função, pela primeira vez também como um objeto, como um não-mais-nós".[23] Os botões configurariam o que posteriormente será tido como o

---

22 Cf. neste volume: Andreas-Salomé, L. (1914). Sobre o tipo feminino, p. 136.

23 Cf. neste volume: Andreas-Salomé, L. (1914). Sobre o tipo feminino, p. 137.

não-mais-eu — aquilo que foi perdido. Os botões, como símbolo, apontariam para os tesouros internos, antes do efeito da socialização que impõe a renúncia pulsional. Os objetos inalienáveis — aquilo de que ninguém pode dispor — configuram um campo em que vige a onipotência dos pensamentos, um lugar não alcançado pela realidade; ao lado da realidade do que pode ser dividido. Nessa construção, a autora encontra a gênese do deus criado pela própria criança, que adquire uma grande importância em sua elaboração.

As teses que serão desenvolvidas no texto de 1914 — tributárias do ensaio freudiano "Caráter e erotismo anal" (1908) — serão retomadas e expandidas no texto de 1917 sobre o "Anal e sexual", em que serão realizados avanços importantes. Se o processo tão belamente descrito da disputa infantil entre "botões e moedas" não leva em conta nenhum aspecto da diferença entre meninos e meninas, evidenciando o que ele tem de estrutural, por outro lado, encontramos as trilhas para, na segunda parte do texto, explorar e compor o que a autora denomina "estado psíquico feminino típico".[24]

Para tratar do específico em jogo para a menina em sua puberdade, Lou Andreas-Salomé retoma uma observação freudiana bastante conhecida e reveladora, indicando que a sexualidade do homem é "mais acessível à nossa compreensão, enquanto na mulher ocorre até mesmo uma espécie de atrofia".[25] Se aqui já se delineia o que há de obscuro para a

---

24 Cf. neste volume: Andreas-Salomé, L. (1914). Sobre o tipo feminino, p. 144.

25 Cf. neste volume: Andreas-Salomé, L. (1914). Sobre o tipo feminino, p. 144.

Lendo Lou Andreas-Salomé com Hélène Cixous

compreensão masculina, a autora dá relevo, justamente, ao fato de que, nessa hipótese, o feminino se vê marcado pelo recalcamento da sexualidade clitoridiana. E conclui: "o feminino é, portanto, aquilo que é lançado de volta para si mesmo, detido pelo processo de sua própria maturação, eliminado pelo desenvolvimento final".[26] Com isso, associa as chamadas virtudes femininas — de abnegação — justamente com aquilo que a mulher quer/se devota a superar de maneira emancipadora: a indomável?

Neste ponto, a autora dá um giro na argumentação, trazendo a discussão para o campo da felicidade, no qual o quadro anteriormente descrito poderá receber outra leitura. É surpreendente trazer à cena o tema da felicidade no contexto do que se espera de um texto sobre o "tipo feminino", mas ela o justifica por ser aquilo para o que se sente mais competente. De que se trata? Como consequência da regressão que opera para a menina como efeito do recalque, uma menor diferenciação gerará uma limitação na vida pulsional que vai ansiar cada vez mais pela dispersão. Lá onde um cerceamento se impõe, surge o desejo de ir além. Mas isso não configura um simples retorno ao estado anterior, e sim a reconstituição em um nível superior. É importante lembrar que a autora trabalha com a teoria freudiana vigente na época, na qual a pulsão sexual se contrapõe às pulsões do eu (e antes da virada teórica com a noção de narcisismo); e, neste sentido, a "emasculação" da pulsão sexual na menina provoca uma diferenciação da agressividade da pulsão do eu. Se no menino a pulsão sexual

---

26 Cf. neste volume: Andreas-Salomé, L. (1914). Sobre o tipo feminino, p. 145.

se externaliza na busca de satisfação, no caso da menina a regressão dará o tom do percurso. O feminino consegue assim realizar, devido à reversão do sexual para si, o paradoxo de separar a sexualidade e a pulsão do eu ao uni-los; mostrando o feminino como ambivalente, ao passo que o masculino permanece claramente agressivo. A ambivalência marca que, para a mulher, a pulsão sexual e as pulsões do eu funcionam como "raios de luz e calor providos pela mesma estrela, pelo mesmo sol".[27] Compreende-se que a unidade, inúmeras vezes referida nos ensaios de Lou Andreas-Salomé, aponta justamente para essa mesma fonte em que se alimentam o espírito (*Geist*) e o corpo.

Apesar das importantes mudanças advindas, é preciso sublinhar que esse processo, embora marcadamente descrito como feminino, não está ausente nos homens de espírito mais avançado, ou seja, os criadores. Segundo a autora, a obra que produzem "só se tornou realidade dentro deles porque o feminino é parte inata de sua capacidade masculina; e essa natureza dupla, que *engendra em obras* aquilo que a mulher é *por essência*, tornou-se criadora dentro deles".[28]

Como observou Cixous, "o continente não é de um escuro impenetrável: eu já fui várias vezes para lá. Lá encontrei, um dia, com alegria, Jean Genet. [...] Existem alguns homens (tão poucos) que não têm medo da feminilidade!".[29] Os poetas,

---

27 Cf. neste volume: Andreas-Salomé, L. (1914). Sobre o tipo feminino, p. 146.

28 Cf. neste volume: Andreas-Salomé, L. (1914). Sobre o tipo feminino, p. 158.

29 Cixous, H. (1975/2022). *O riso da Medusa* (N. Guerrelus; R. F. Bastos, trad.). Rio de Janeiro: Bazar do Tempo, p. 63.

Lendo Lou Andreas-Salomé com Hélène Cixous

certamente; isso porque, como ela tão bem indica, os romancistas são solidários da representação — e nisso se apartam da força do inconsciente. Sendo o inconsciente um território sem limites, o lugar em que sobrevive o que é recalcado, seria o "continente negro" — atribuído às mulheres como efeito do limite da compreensão masculina — penetrável, porém infinito? Esta parece ser a posição tanto de Andreas-Salomé quanto de Cixous; essas duas mulheres que ousaram dar voz ao que não cabe na lógica masculina. Alerta Cixous: mulher, é preciso que seu corpo se faça ouvir para que jorrem as fontes do inconsciente. E se "nossa nafta vai se alastrar sobre o mundo, sem dólares ou dourados",[30] colocando no mundo valores não cotados na lógica vigente, poderíamos pensar que a reserva de botões faz pulsar e irrompe — subvertendo — (n)o jogo das moedas.

A lógica na relação entre botões e moedas — que podemos associar, respectivamente, aos objetos parciais e ao falo — estará presente também no texto "Anal e sexual", que faz referência às teses freudianas sobre o narcisismo. A autora elabora o conflito entre libido do objeto e libido do eu, a partir do que ela releva como a primeira proibição — a exigência externa de abstenção pulsional —, quando a criança é induzida a realizar um ato contra si mesma, impondo um limite dentro do próprio impulso em jogo na pulsão anal.

Uma descoberta fundamental se revela nesse ponto da elaboração da autora. Ela afirma que, a partir desse ato,

---

30 Cixous, H. (1975/2022). *O riso da Medusa* (N. Guerrelus; R. F. Bastos, trad.). Rio de Janeiro: Bazar do Tempo, p. 51.

"o pequeno germe do eu se manifesta logo de início sob a pressão do 'ascetismo' que o eleva",[31] sendo este ascetismo o que diferencia o seu crescimento dos estímulos pulsionais. A consequência deste processo, nas palavras da autora, é que

> o eu humano se vê inserido nas contradições já originalmente disputantes de inibições externas e impulsos internos como uma espécie de execução compensadora; em certa medida, como uma forma de ação que intermedeia essas duas circunstâncias, mas que somente consegue manifestar sua essência na contraposição de ambas, na medida em que deve, em princípio, expressar a unidade entre o anseio e a renúncia, entre ser e dever, ou — se quisermos logo acrescentar a essas designações já muito antecipadas a mais empática de todas, que se tornará a mais antagônica em uma trajetória posterior — entre "corpo" e "espírito".[32]

Reencontramos aqui o termo *Geist* associado ao que advém como efeito do processo civilizatório, uma vez que a unidade entre o anseio e a renúncia pressupõe o recalcamento constitutivo da separação, no organismo, entre o corpo (outro) e o eu. Isto indicaria que "a arma decisiva na batalha pela vida não é mais apenas a arma puramente material da animalidade, de força tão superior, mas sim um *ato da imaginação*".[33]

---

31 Cf. neste volume: Andreas-Salomé, L. (1916). Anal e sexual, p. 165.

32 Cf. neste volume: Andreas-Salomé, L. (1916). Anal e sexual, p. 166.

33 Cf. neste volume: Andreas-Salomé, L. (1916). O erotismo, pp. 88-89.

Lendo Lou Andreas-Salomé com Hélène Cixous

Retomando a pergunta que forjei quanto ao fato de Lou Andreas-Salomé poder ser considerada parceira de Hélène Cixous, no sentido de ser uma mulher com olhos e ouvidos na ponta da língua, capaz de fazer justiça à Medusa, eu encontro, no que elas dizem sobre o amor de que uma mulher é capaz — o amor outro, segundo Cixous, e o amor mais profundamente espiritual, para Andreas-Salomé —, uma forma de tecer alguns fios que as enlaçam. Segundo Cixous, "o novo amor ousa o outro, o quer, se furta a voos vertiginosos entre o conhecimento e a invenção",[34] e aí desfruta o tornar-se. A palavra de ordem é o desespecularizar, o desespecular. Fazendo esse outro lugar, ela doa, sem saber o que dá. E nele, é certo que não cabe o cálculo do acerto de contas, apenas a repetição das diferenças.

Ao finalizar o texto sobre o erotismo, Lou Andreas-Salomé nos conduz a conceber o amor mais profundamente espiritual como capaz de produzir a oportunidade para desencadear em nós, ao gerar a vida, *aquilo* que não estava previsto em nossa própria evolução. Quanto

> mais amplamente uma mulher atua como mulher, tanto maiores as dimensões em que isso lhe é possível — tanto mais ela consegue abranger amplas possibilidades, forças intensas, podendo incorporá-las organicamente à totalidade de seu ser, por mais que elas sejam alheias ao feminino, mesmo que se contraponham

---

34 Cixous, H. (1975/2022). *O riso da Medusa* (N. Guerrelus; R. F. Bastos, Trad.). Rio de Janeiro: Bazar do Tempo, p. 79.

a ele. Nunca e em nenhum lugar há traços individuais ou tendências específicas, mesmo que eles sejam proclamados, pelo seu conteúdo, especificamente "femininos", com os quais ela se diferencia da essência masculina: ela se diferencia apenas nessa relação mútua de todos os seus traços com a quintessência da vida.[35]

A contradição é sua marca.

---

35 Cf. neste volume: Andreas-Salomé, L. (1916). O erotismo, p. 109.

Lendo Lou Andreas-Salomé com Hélène Cixous

Índice onomástico

Adler, Alfred, 194, 199, 200, 201, 202, 203, 205, 206, 209, 230, 245, 267

Allouch, Jean, 266

Andreas, Friedrich Carl, 19, 51, 52

Apel, Marie, 51, 52

Auden, Wystan Hugh, 266

Balint, Michael, 49

Biederman, Alois, 18

Bjerre, Poul, 38

Bleuler, Eugen, 228

Bloch, Iwan, 222

Blüher, Hans, 184

Breuer, Josef, 216, 217

Buber, Martin, 20

Bülow, Frieda von, 21, 22

Cixous, Hélène, 265, 268, 270, 271, 272, 274, 275, 276, 281, 282, 284

Dalton, Hermann, 16

Dilthey, Wilhelm, 40

Dohm, Hedwig, 20, 21

Federn, Paul, 247

Ferenczi, Sándor, 167, 224, 237, 248, 250

Fliess, Wilhelm, 250

Forel, August, 106

Freud, Anna, 31, 39

Freud, Sigmund, 13, 15, 17, 25, 38, 39, 40, 41, 42, 43, 44, 48, 49, 57, 58, 68, 137, 139, 140, 141, 145, 147, 149, 150, 152, 154, 155, 158, 163, 166, 167, 168, 169, 171, 172, 176, 179, 181, 192, 193, 194, 195, 197, 199, 202, 203, 204, 205, 206, 207, 208, 209, 213, 214, 216, 217, 218, 220, 221, 222, 223, 224, 225, 226, 227, 228, 229, 230, 231, 232, 235, 237, 238, 239, 240, 241, 242, 243, 244, 245, 246, 248, 249, 250, 251, 252, 253, 254, 255, 265, 266, 267, 271, 272, 273, 274, 275, 277

Genet, Jean, 281

Gillot, Hendrik, 15, 16, 17, 18, 52

Grass, Günther, 51

Havelock Ellis, Henry, 203, 222

Hirschfeld, Magnus, 250

Ibsen, Henrik, 21

Janet, Pierre, 214, 220

Jung, Carl Gustav, 194, 195, 196, 197, 198, 199, 200, 202, 203, 205, 209, 216, 217, 220, 226, 230, 231, 234, 235, 266

Kant, Immanuel, 17, 172, 201

Kleist, Heinrich von, 50, 110

Kohut, Heinz, 49

Lacan, Jacques, 21, 48, 57

Lange, Helene, 21

Leibniz, Gottfried Wilhelm, 17

Mann, Thomas, 266

Mayreder, Rosa, 21

Merleau-Ponty, Maurice, 40, 48, 50

Meysenbug, Malwida von, 19

Moll, Albert, 246

Montinari, Mazzino, 20

Musil, Robert, 33

Näcke, Paul, 203, 222

Nietzsche, Friedrich, 13, 15, 19, 20, 48, 52

Pfeiffer, Ernst, 50

Pfister, Oskar, 266

Pineles, Friedrich, 47, 48

Rée, Paul, 19

Rilke, Rainer Maria, 16, 26, 27, 28, 29, 30, 31, 32, 33, 34, 35, 36, 37, 38, 41, 44, 45, 46, 47, 48, 49, 52, 53

Rodin, Auguste, 36

Sadger, Isidor, 247, 252

Schopenhauer, Arthur, 17, 80

Spinoza, Baruch, 17

Stekel, Wilhelm, 225

Stöcker, Helene, 21

Tolstói, Nikolai, 31, 254

Triêpov, Fiódor, 33

Vaihinger, Hans, 201

Vogeler, Heinrich, 35

Volynsky, Akim, 29

Voronina, Yelena M., 32

Weininger, Otto, 259

Westhoff, Clara, 35

Winnicott, Donald, 49

Wittgenstein, Ludwig, 266

Zassúlitch, Vera, 33

Índice onomástico

Índice remissivo

A

adolescência, 24, 41, 43, 170

alcoolismo, 149

altruísmo, 95, 147

amizade, 79, 113, 255

amor, 67, 71, 72, 78, 80, 85, 92, 94, 95,
97, 105, 107, 108, 113, 114, 115,
120, 125, 128, 141, 154, 155, 167,
181, 185, 186, 188, 233, 236, 240,
254, 289

a Deus, 141

ambivalente, 236

apetite amoroso, 149

ato de, 78, 256, 258, 259

canções de, 82

conjugal, 256

e liberdade, 66

erótico, 123

escolha amorosa, 67

êxtase amoroso, 79, 82, 114, 121,
122, 123, 125, 233

feminino, 100, 155, 157

fidelidade ao, 125

físico, 101

humano, 100, 191

ideal de, 110

ilusão de, 80

impulso de, 76

incestuoso, 167

infeliz, 78

insensatez de, 78

materno, 99, 259

natureza do, 110

objetal, 223

objeto de, 42, 185, 252

ofensa amorosa, 124

parental, 224

pelo inimigo, 254

problema amoroso, 126

-próprio, 42, 171, 208, 229

prova de, 71

real propósito do, 73

relacionamento amoroso, 47

segredos do, 128

sensual, 234

sexual, 98, 102, 117

símbolo amoroso, 103

social, 98

sonhos de, 75, 121, 128

união amorosa, 168

vida amorosa, 71,155, 240, 256

androginia, 249

artista, 43, 84, 85, 92, 112, 169, 192, 275

assexual, 190, 227, 235, 241, 253

ato

contra si mesmo, 165, 282

criminoso, 173

cultural, 157

da imaginação, 89

de amor, 78, 101, 256

de criação, 88, 99

heroico, 179

maternal, 259

maternidade como, 101

parcial, 189

parcial e físico, 76

sexual, 70, 74, 77, 91, 104, 126, 185, 186, 218, 227, 258

autoconsciência, 176

feminina, 145

autoerotismo, 150, 166, 184, 203, 222, 223, 224, 226, 248, 259

anal, 137

genital, 184

autossenso, 43, 237, 238

B

bissexualidade, 112, 244, 249, 255

C

camaradagem, 255

casamento, 24, 67, 125, 126

consanguíneo, 254

indesejado, 67

pedido de, 18

platônico, 19, 47

castidade, 104

complexo de Édipo, 229

compulsão, 89, 200

à abstinência pulsional, 164, 166

à proibição, 165

ao asseio, 164, 167

de se deixar dominar, 34

produtiva, 34

concepção, 89, 104, 113, 147

contretação, 150, 246

corpo, 23, 75, 76, 77, 81, 85, 91, 101, 111, 113, 117, 121, 122, 186, 193, 218, 222, 224, 227, 235, 236, 238, 247, 256, 259, 282

boca, 167, 168, 188, 258

cadáver, 186

cérebro, 79, 117, 118, 200

clareza corporal, 80

clitóris, 145, 253, 280

cloaca, 182

comoção do, 258

corporeidade, 69, 106, 114, 166, 170, 173, 222, 227

criatividade do, 84, 86

cultura do, 68

da ama, 278

da criança, 222

da mãe, 278

desenvolvimento do, 188

detritos do, 183

devir-, 259

dos pais, 164

e alma, 48, 77, 105, 111, 240

e espírito, 159, 166, 238, 281, 283

epitélio, 67

erogeneidade do, 235

-Estado, 80

estados do, 217

gametas, 77, 80

imagem do, 235

impulsos corporais, 253

incontinência do, 185

infantil, 66

memória do, 84

mucosa intestinal, 244, 273

necessidades do, 65, 71

órgãos do parto, 256

pênis, 66, 252, 273

percepção corporal, 50

perturbações do, 238

ressurreição do, 193

reto, 273

seio, 193

superfície do, 188

união total dos, 233

unidade do, 223

útero, 45, 66

vagina, 273

D

desamor, 224

desejo, 118, 126, 166, 169, 176, 186, 207, 222, 227

corpóreo, 215

de morte, 229

de mudança, 149

de reparar um mal, 156

de ser eterno, 120

de sobrevivência, 122

erótico, 119

final, 153

incestuoso, 230

desprazer, 206, 236, 248

devoração, 77, 89, 196

Dido, 153

dinheiro, 135, 136, 137, 278

acúmulo de, 135

dor, 178, 247

dualidade, 112

Índice remissivo

E

egocentrismo, 97, 241

desenvolvimento egocentrado, 228

gozo egocêntrico, 167

egoísmo, 95, 97, 98, 111, 137, 138, 142, 157, 203, 205, 260

da felicidade, 147

erótico, 79, 98, 254

espiritual, 97

excitação, 66, 70, 71, 72, 77, 91, 114, 117, 118, 124, 188, 189, 206, 218, 248

F

fecundação, 90, 241

gametas, 147, 189, 233

feminilidade, 103, 107, 108, 157, 253, 256, 271, 273, 281

frigidez, 155

imagens da, 22

natureza feminina, 20, 110

feminismo

antifeminismo, 20

emancipação da mulher, 20, 21, 22, 23

fezes, 273

excreção, 148, 166, 183, 272

fidelidade, 71, 103, 119, 123, 156

filho, 73, 74, 75, 84, 87, 98, 99, 101, 102, 111, 114, 121, 126, 127, 157, 256, 260

celestial, 234

como propósito do amor, 73

como totalidade, 102

eterno, 111

fruto-, 104

interação mãe e, 49

mulher sem, 157

renúncia ao, 47

G

genital

aparelho, 182

ato sexual, 258

autoerotismo, 184

centralização, 183, 189

erotismo, 184

êxtase, 186

função, 226

impulso, 182

libido, 248, 252, 253, 255, 257

meta sexual, 240, 242, 243

pré-, 248, 252, 253

pulsão, 184

relação, 257

sensação, 214

sexo, 183

sexualidade, 182, 183, 203, 234, 240, 248

zona, 252

gozo, 207, 247

egocêntrico, 167

libidinoso, 245

preliminar, 149

H

heterossexualidade, 249, 250, 254, 255, 256
    ligações, 254
    objeto, 252
    propensão à, 254
    vinculação na, 256
histeria, 172, 216, 217, 275
homossexualidade, 114, 249, 251
    fins sociais e culturais, 254
    homoerotismo, 250
    inversão, 146, 249, 250, 252, 255
    relação homossexual, 256

I

ideal
    amoroso, 256
    conjugal, 256
    de casamento, 255
    de eu, 146, 172, 242
    eu ideal, 171
idealização, 43, 67, 69, 76, 81, 86, 87, 88, 89, 99, 140, 146, 153, 154, 170, 252
    da pulsão, 242
    do objeto, 193
    positiva, 242
identificação, 177, 239
    auto-, 157
    com o anal, 137
    com tudo, 42

imortalidade, 74, 75, 103
incesto, 152, 167, 229, 230, 254
infância, 26, 37, 43, 114, 139, 142, 150, 152, 166, 167, 168, 169, 172, 175, 184, 188, 205, 219, 221, 222, 229, 233, 240, 241, 245, 251, 272, 276, 279, 282
    e arte, 25
infidelidade, 71, 144
introjeção, 136, 164, 172, 206, 224, 237

J

joias, 134, 135, 136, 137, 139, 142, 277, 278
    pedras preciosas, 134, 135, 139, 258, 277

L

lembranças encobridoras, 231
libido, 42, 66, 144, 167, 169, 189, 192, 194, 195, 199, 200, 201, 203, 204, 205, 206, 207, 208, 214, 216, 222, 223, 225, 227, 233, 235, 236, 237, 238, 239, 241, 242, 243, 245, 246, 247, 248, 252, 253, 254, 255, 256, 257, 259
    anal, 168
    egoica, 204, 205, 282
    genital, 248, 252, 255
    heterossexual, 256
    homossexual, 254, 256
    masculina, 208
    maturidade da, 236

Índice remissivo

M

masculinidade, 256, 281
  e agressividade, 146, 245, 281
  essência, 109, 285
  força da, 147
  inversão, 253
  lógica masculina, 282
  medo, 22
  natureza masculina da libido, 144
  protesto masculino, 201
  universo masculino, 269
masturbação, 184
maternidade, 99, 100, 101, 102, 103, 104, 107, 109, 256, 259
  universal, 100
medo, 34, 36, 175, 230
  da feminilidade, 281
  do incesto, 254
monogamia, 117
morte, 74, 103, 108, 115, 122, 148, 157, 174, 180, 183, 229, 248

N

narcisismo, 41, 43, 44, 203, 204, 205, 208, 209, 222, 223, 224, 225, 226, 235, 237, 238, 248, 251, 274, 280, 282
  duplicidade do, 42
  feminino, 159
  infantil, 43
  na arte, 43
  primário, 42, 43, 49, 236, 241
  secundário, 42
nascimento, 100, 138
  de irmãos, 169
  do eu, 87
  re-, 70, 230
neurose, 143, 188, 216, 229, 230
  ambivalência na, 238
  compromisso, 143
  de transferência, 237
  fantasia de culpa na, 168
  obsessiva, 251-252
  resistência na, 164
  sintoma na, 176
nojo, 164, 169, 173, 174, 178, 180, 184, 185, 187

O

ódio, 97, 224
onipotência dos pensamentos, 139, 171, 279

P

parafrenia, 172, 237
paranoia, 252
paternidade, 101
período de latência, 140, 227
perversão, 75, 152, 175, 188, 203, 240, 242, 243, 244, 245, 247, 248, 257
plenitude, 93, 129, 140, 205, 207
  oniplenitude, 14
posse/exclusividade, 135, 138, 142, 170, 230, 255

prazer, 70, 91, 104, 106, 123, 166, 167, 178, 184, 185, 248, 273

anal, 166, 167, 172, 173, 182, 183, 184, 187

autoerótico, 166

corporal inicial, 174

da criação, 169

da sucção, 222

do órgão, 183

do toque, 222

excesso de, 236

fisiológico, 106

fragmentário, 118-119

ganho colateral de, 272

ganho de, 202

infantil, 164, 175, 272

pela dor, 248

preliminar, 153, 246

prêmio de, 202

primeiros sentimentos de, 221

sensual, 227

sexual, 236

psicose, 169, 216

puberdade, 142, 144, 227, 228, 279

pulsão, 76, 118, 123, 145, 146, 148, 149, 150, 152, 166, 176, 178, 179, 182, 185, 189, 192, 201, 203, 206, 207, 208, 226, 239, 241, 242, 244, 245, 268, 280, 281

amorosa, 92

anal, 184, 272, 282

artística, 83

de acasalamento, 88

de apoderamento, 245

de autoconservação, 75, 151, 189, 203, 222

de contretação, 246

de defecação, 148

de detumescência, 246

de procriação, 192

de voracidade, 76, 148

do eu, 145, 146, 204, 239, 280

física, 105

genital, 184

psíquica, 105

R

regressão, 41, 42, 77, 197, 280, 281

religião, 89, 90, 91, 92, 93, 94, 95, 139, 197, 219

comportamento, 95

Deus/deuses, 14, 16, 49, 79, 88, 93, 95, 103, 104, 129, 139, 140, 141, 142, 146, 176, 179, 279

Diabo/demônios, 77, 141

experiência, 95

fé, 14, 93, 140

fenômeno, 91

fervor, 91

Jesus Cristo, 27

Madona, 103, 104, 105, 106, 157

metas, 256

pecado, 118, 179

sagrado, 88, 103, 105, 108

Índice remissivo

Virgem Maria, 23, 103

reprodução, 74, 75, 97, 98, 112, 114, 148,149, 169, 182, 183, 226, 241

romance familiar, 140

Rússia, 13, 17, 18, 26, 28, 29, 30, 31, 32, 34, 47, 135

S

sensualidade, 104, 152, 156, 157

sexualidade

anal, 164, 197, 273

clitoridiana, 145, 253, 280

infantil, 164, 192, 219, 220, 243, 272

negligenciamento da, 66

si-mesmo, 75, 87, 90, 103, 106, 153, 171, 178, 182, 228, 236

sobrecompensação, 176, 201

solidão original, 100

solitude, 42

sublimação, 89, 117, 118, 151, 154, 167, 189, 190, 191, 198, 241, 242, 243, 253, 257, 259

T

totalidade, 48, 61, 73, 76, 84, 101, 108, 112, 136, 178, 223, 232

amorosa, 224

Deus como, 49

do eu, 193

do ser, 109, 284

feminina, 253

o filho como, 102

pessoal, 223

todunicidade, 49

todunidade, 97, 107

transferência, 154, 180, 232, 237

narcisista, 43

primeva, 252

U

unidade/unicidade, 87, 88, 90, 91, 103, 105, 112, 114, 118, 122, 125, 152, 154, 158, 187, 218, 221, 235, 281, 283

ativo e passivo, 150

de amor maternal, 260

espírito e sentidos, 158

no divino, 89

primeva, 154, 193, 206, 234

pulsional, 152

sujeito-objeto, 43, 171

suprapessoal, 115

todunicidade, 49

todunidade, 97, 107

total, 103

V

velhice, 67, 108

vergonha, 169, 173, 184, 185

superação da, 185

virgindade, 23, 135

X

xenofobia, 89